城市轨道交通专业培训系列教材

城市轨道交通变配电技术

（第二版）

上海申通地铁集团有限公司
轨道交通培训中心 编著

中国铁道出版社有限公司

2024年·北京

内 容 简 介

本书为城市轨道交通专业培训系列教材之一，主要内容包括城市轨道交通供电系统及其主要设备、城市轨道交通供电一次接线、继电保护和自动化、城市轨道交通变电站所用电系统、电气试验、电力监控与综合自动化。

本书可作为城市轨道交通职工培训教材，也可作为职业院校相关专业教学参考书。

图书在版编目(CIP)数据

城市轨道交通变配电技术 / 上海申通地铁集团有限公司轨道交通培训中心编著. -- 2 版. -- 北京 ：中国铁道出版社有限公司，2024. 12. --（城市轨道交通专业培训系列教材）. -- ISBN 978-7-113-31993-9

Ⅰ. U239.5

中国国家版本馆 CIP 数据核字第 2024AJ4702 号

书　　名：城市轨道交通变配电技术
作　　者：上海申通地铁集团有限公司轨道交通培训中心

责任编辑：奚　琦　　编辑部电话：(010)51873134　　电子邮箱：xiqi_4869@163.com
封面设计：崔丽芳
责任校对：刘　畅
责任印制：高春晓

出版发行：中国铁道出版社有限公司(100054，北京市西城区右安门西街 8 号)
网　　址：https://www.tdpress.com
印　　刷：河北宝昌佳彩印刷有限公司
版　　次：2012 年 3 月第 1 版　2024 年 12 月第 2 版　2024 年 12 月第 1 次印刷
开　　本：710 mm×1 000 mm 1/16　印张：15.75　字数：292 千
书　　号：ISBN 978-7-113-31993-9
定　　价：72.00 元

城市轨道交通专业培训系列教材

编写委员会

主　　任：申伟强
副 主 任：刘加华　叶华平
委　　员：(按姓氏笔画排序)
马伟杰　王大庆　王子强　王生华　王晓保
艾文伟　印祯民　吕　玮　朱　翔　伍　敏
刘金叶　牟振英　李　垚　吴　强　吴晓红
邹　松　沈世昉　宋　键　张　郁　张春明
张凌翔　陈　匡　陈立康　周　亮　殷　峻
郭德龙　盛雄伟　崔　勇　管国良

编 写 组

主　　任：叶华平
副 主 任：林　宏　沈　涛　时伶媛
委　　员：(按姓氏笔画排序)
王晓刚　包于顺　孙沪澄　李　缨　陈一鸣
林　晨　姚　军　姚晓荣　徐　凯　黄浩强
曹求实　彭　博

《城市轨道交通变配电技术》
编写人员

主　　编：徐　凯

主　　审：邓霄云

编　　写：第1章　徐　凯　严羽婕　蔡　健

第2章　徐　杰　解惠亮　蔡　健

第3章　徐　凯　解惠亮　徐维甲

第4章　徐　杰　裘　俊　陈　柳

第5章　徐　杰　裘　俊　陈　柳

第6章　徐　凯　袁俊杰　黄晓阳

第7章　陈　亮　赵屹俊　吉　敏

序

随着城市化进程的加快，城市“出行难”的问题越来越突出，在“以人为本、公交优先”的方针指引下，城市轨道交通因运能大、速度快、安全准点、节约资源、保护环境等优点，日益成为广大市民出行的首选，深受市民欢迎。当前我国的城市轨道交通正处在大发展、大建设时期，尤其是北京、上海、广州、深圳等先期发展的大城市未来即将步入超大规模网络发展阶段，工作重心也由以建设为主、建管并重到现在的运营经营高质量发展。便捷的城市轨道交通运营网络在为市民带来出行便利的同时，也为轨道交通运营部门带来了新的管理课题。

城市轨道交通的自身特点决定了：一旦开通运营，就必须持续保持高度的安全性、可靠性和服务的人性化。网络化运营带来的客流迅猛增长，对客运组织和客运服务提出了高要求。城市轨道交通的发展需要有一大批专业人才，急需一套能满足城市轨道交通网络化运营要求的人才培训教材。

“城市轨道交通专业培训系列教材”是以上海城市轨道交通三十余年运营实践为基础并结合全国轨道交通发展状况，推出的面向国内、面向未来的教材。城市轨道交通多专业“联动”的要求决定了专业技术人才的“一专多能”要求，因此本“系列教材”既是城市轨道交通各专业人员的入门和提升培训教材，也能满足非本专业人员对其他专业的业务进修。

多位具有运营实践的专业技术人员提炼总结多年积累的地铁各专业运营管理与维护方面的经验及解决实际问题的思路和方法，汇编成本系列教材，期望能给轨道交通运营管理与维护人员以启迪和帮助。

“源于实践、高于实践”“符合国情”是本系列教材的两大特点，不但可以满足当前运营管理培训的需要，也为今后的城市轨道交通网络化发展的管理提出了新的思考和知识点。随着城市轨道交通不断引进新技术，运营管理的要求越来越高，虽然书中阐述的技术和管理的基本原理是相同的，但是“城市轨道交通专业培训系列教材”必然还要在实践中不断补充实例、不断完善，希望本系列教材能真正成为技术和管理人员的“良师益友”。

编写委员会

2024 年 10 月

前　言

城市轨道交通是集线路、车辆、供电、通信、信号、自动售检票、运营管理等专业工种于一体的综合系统；新工艺、新技术在城市轨道交通各个专业得到充分运用；城市轨道交通相关岗位是新的职业工种，所以对从业职工的岗前培训、岗位培训以及技能考核，成为城市轨道交通职业教育的重要任务。

《城市轨道交通变配电技术》由工作在第一线的专业培训师及相关专业技术人员撰写，结合上海地铁三十余年来运营维护工作的经验，对变电专业的重要设备、重要参数、重要性能特点作了较全面的阐述，并总结概括了专业新技术、新工艺、新理念。作为一本面向城市轨道交通一线职工的教材，理论联系实际是本教材的特色。

本书结合当前城市轨道交通最新的发展形势，在第一版基础上更新了相关数据、补充了最新技术。本书在编写过程中得到了上海地铁维护保障有限公司供电分公司领导和变电技术团队的指导和帮助，也得到了相关企业的大力支持，在此由衷地表示感谢！

由于编者水平有限，书中难免有遗漏和不妥之处，诚请读者批评指正。

编著者

2024 年 10 月

目　　录

第 1 章　城市轨道交通供电系统

城市轨道交通供电系统是为轨道交通运营提供动力能源的一个庞大系统，是国家电网和城市电网中的用电特大户。它从国家电网和城市电网获取电能，通过变配电，将合适的电源提供给城市轨道交通各个部门和系统。城市轨道交通供电系统是国家电力系统中的一部分，它的安全可靠运行离不开国家电力系统的支撑，国家电力系统运行的稳定性将最终影响城市轨道交通供电系统的可靠性。

1.1　电力系统基本知识

随着城市轨道交通的迅猛发展，其对电能的需求越来越大。城市轨道交通的电能取自城市电网，电网的电能由发电厂提供。发电厂是电能的生产单位，发电厂发出的电能是不能储存的，电能的生产和消耗必须随时平衡，也就是说电力的生产、输送、分配和使用的全过程，是由发电厂、变电站和用户紧密联系起来的一个整体在同一瞬间实现的。在这一条链上的每一个环节都必须在同一瞬间共同发挥作用，才能使电力生产维持下去。城市轨道交通供电系统就是这条链上的重要用户，城市电网中任何一个环节出现问题，都会影响城市轨道交通供电系统的质量和可靠性。同样，如果城市轨道交通供电系统出现故障，也会影响城市电网的电力平衡。

1.1.1　发电厂

发电厂是把不同形式的能源（例如化学能、水能、原子能等）转换成电能的工厂。发电厂根据其利用的能源的不同，分为火力发电厂、水力发电厂、原子能发电厂、潮汐发电厂、地热发电厂、风力发电厂、太阳能发电厂等。

1. 火力发电厂

利用煤、石油、天然气等燃料来发电的称为火力发电厂，简称火电厂，其利用可燃物（例如煤）作为燃料生产电能。它的基本生产过程是：燃料在燃烧时加热水生成蒸汽，将燃料的化学能转变成热能，蒸汽压力推动汽轮机旋转，热能转换成机械能，然后汽轮机带动发电机旋转，将机械能转变成电能。

2. 水力发电厂

水力发电厂是把水的位能和动能转换成电能的工厂，简称水电厂。它的基本生产过程是：从河流高处或其他水库内引水，利用水的压力或流速冲动水轮机旋转，将重力势能和动能转变成机械能，然后水轮机带动发电机旋转，将机械能转变成电能。水电站一般主要由挡水建筑物（坝）、泄洪建筑物（溢洪道或闸）、引水建筑物（引水渠或隧洞，包括调压井）及水电站厂房（包括尾水渠、升压站）四大部分组成。这样的能源是环保清洁的，是今后能源发展的一个方向。

3. 原子能发电厂

原子能发电厂又称核电厂，是由一座或若干座动力反应堆所产生的热能来发电或发电兼供热的动力设施，利用核能（原子核结构发生裂变所释放的能量）来产生电能。它与火力发电厂生产过程相似，所不同的仅是以原子反应堆和蒸发器代替锅炉，以少量核燃料（如铀 235）代替大量的煤、石油或天然气。原子能发电厂的核心装置是一个原子反应堆。

我国现有的发电厂以火力发电厂为主，其中凝汽式火力发电厂仍占多数。同时正在大力发展水力和风能发电，例如长江口崇明岛的风能发电。

1.1.2 变电站及电网

电网是输配电线路以及由它联系起来的各类变电站的总称。电网将相近的电厂、送变电站联络起来，形成地区或全国性网络，以便进行统一管理和运行调度，为电能的输送提供一个庞大的网络。另外，为了把电能输送到较远的用电地区，降低输电线路对电压的损耗，通常发电厂发出的电能都须经升压变压器升高电压（例如到 110 kV、220 kV、500 kV 等），然后通过电网和输电线路送到用电地区，再经变电站的降压变压器把电压逐级降低后分配使用。变电站的主要任务是变换电压，还承担集中和分配电能，控制电能的流向和调整电压的任务。目前的输配电电压等级中，6 kV、10 kV、20 kV、35 kV、66 kV 为中压，110 kV、220 kV 为高压，330 kV、500 kV、750 kV 为超高压，直流 800 kV、交流 1 000 kV 及以上为特高压。城市轨道交通电源进线电压为 110 kV。发电厂不能直接向用户供电，必须通过电网变配电后供给用户。

1.1.3 电力系统及其额定电压

1. 电力系统

电力系统是指电力生产、变配电、输送和用户使用组成的发、供、用的整体，通常是由两个及以上的发电厂和若干个变配电站及其输电线、配电网和它们的用户组成的一个庞大整体，其中输电线和相连的变电站部分称为电力网。发电厂向电网输送电能，用户从电网接受电能。在这当中电网起着电能调节、分配和输送的重要作用。如果电能不够，它可以通过增加发电厂连接数量或减少用户连接数量（减负荷)来平衡电能;如果电能富余,它可以通过减少发电厂连接数量或向其他电网输送电能来平衡电能。电力系统供电原理如图 1-1 所示。

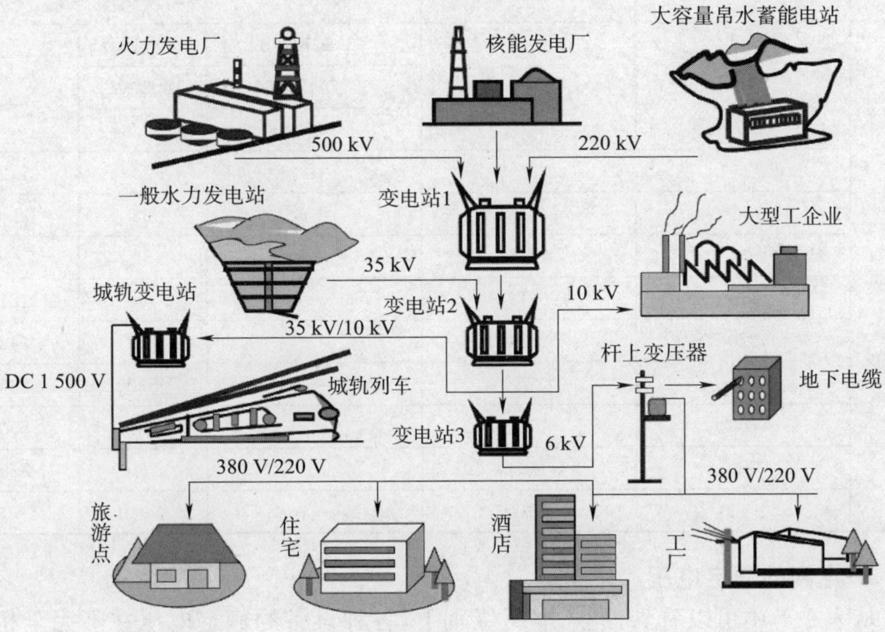

图 1-1　电力系统供电原理

2. 电力系统的额定电压

电力系统中所有电气设备都在一指定电压下工作,此电压称为额定电压。我国对三相交流系统标称电压、最高电压和电力设备的额定电压值的规定见表 1-1。

表 1-1　三相交流系统的标称电压、最高电压和电力设备的额定电压

单位:kV

分类	标称电压(额定电压)	最高电压	发电机额定电压	电力变压器额定电压	
				一次绕组	二次绕组
低压	0.38	—	0.4	0.22,0.38	0.23,0.4
	0.66	—	0.69	0.38,0.66	0.4,0.69
高压	3	3.6	3.15	3,3.15	3.15,3.3
	6	7.2	6.3	6,6.3	6.3,6.6
	10	12	10.5	10,10.5	10.5,11

续上表

分类	标称电压(额定电压)	最高电压	发电机额定电压	电力变压器额定电压	
				一次绕组	二次绕组
高压	—	—	13.8,15.75	13.8,15.75	—
			18,20,22,24	18,20,22	
			26	24,26	
	20	24	—	20	21,22
	35	40.5	—	35	38.5
	66	72.5	—	66	72.6
	110	126(123)	—	110	121
	220	252(245)	—	220	242
	330	363	—	330	363
	500	550	—	500	550
	750	800	—	750	820
	1 000	1 100	—	1 000	1 100

3. 电网的额定电压

从表1-1中可以看到,同一电压级别下,各种设备的额定电压并不完全相等,为了使各种相互连接的电气设备都能运行在较有利的电压下,各电气设备的额定电压之间须相互配合。为此,可让电力线路的额定电压和系统的额定电压相等,将它称为电网的额定电压。

4. 电气设备的额定电压

电气设备的额定电压就是电气设备能够长时间工作的最适合电压。在额定电压下,电气设备中的元器件都工作在最佳状态。只有工作在最佳状态时,电气设备的性能才能比较稳定地发挥,电气设备的寿命才得以延长。

变压器的额定电压较为复杂,一次绕组与系统的额定电压相同,二次绕组比系统的额定电压高10%,如果变压器的短路阻抗小于7%或直接与用户连接时,则规定其额定电压比系统的额定电压高5%。

1.1.4 建立统一电力系统的优点

1. 降低最高负荷

在同一电网中,当某一地区出现用电高峰时,另一地区可能是用电低谷,电网中总电能需求量的增加或减少是很少的,此时电网不需额外增加电能供给。电网越大、容量越大,出现上述情况的可能性越多,越容易调节,因此可以相对减少发电机的装机容量。

2. 减少备用容量

只要各电厂错开检修时间，就可以利用系统中有些发电厂的备用机组互相支援，不必每个电厂都装备用机组，这样就减少了总的备用容量。

3. 提高供电可靠性和电能质量

电网越大，上网供电的发电机组越多，系统容量也越大，个别机组的容量占整个电网容量的比重相对较小，所以故障时对系统的影响较小，从而提高了供电可靠性和电能质量。

4. 提高发电设备的经济运行效率

充分利用水电厂在电力系统中的调峰作用，可以使高效率的大机组得到充分利用。

1.1.5　电力系统的中性点

根据中性点（主要是指发电机和主变压器的中性点）的运行方式，电力系统一般分为中性点不接地系统和中性点直接接地系统。其中中性点直接接地系统又可分为中性点经消弧线圈或接地变接地系统和中性点经接地电阻接地系统。中性点不接地系统通常称为小电流接地系统；中性点直接接地系统通常称为大接地电流系统。我国 3 kV～10 kV 系统，大多采取中性点不接地的运行方式，允许其单项接地时继续运行 2 h，以提高供电的可靠性。3 kV～10 kV 架空线路构成的系统和所有 35 kV、66 kV 电网，单相接地故障电流大于 10 A；3 kV～10 kV 电缆线路构成的系统，单相接地故障电流大于 30 A。110 kV 及以上的系统，一般采取中性点直接接地的运行方式。380 V/220 V 低压配电网络，为得到两个不同的电压等级也采取中性点直接接地的三相四线制电网。

对于电网系统的设备来说，其中性点的运行方式不同，技术特性和工作条件也不同。这导致对整个电网系统运行的可靠性及其设备的绝缘和继电保护也提出了不同要求，下面分别予以讨论。

1. 中性点不接地系统

我国的 3 kV～10 kV 系统，大多采用中性点不接地的运行方式。这主要是因为电压等级不高，单相接地时，虽然非故障相电压升高$\sqrt{3}$倍，但设备的绝缘是根据系统的线电压设计的，对设备绝缘影响不大。当单项接地时系统可以允许继续运行 2 h，这就为查找故障赢得了时间，大大提高了供电的可靠性。系统故障的 70%以上是接地故障，对线路的损害主要由接地点的电容电流造成。

正常运行时，三相系统是对称的，用 $\dot{I}_{CA}$、$\dot{I}_{CB}$、$\dot{I}_{CC}$表示各相对地电容的电流，同时不考虑相间电容，电路如图 1-2 所示。

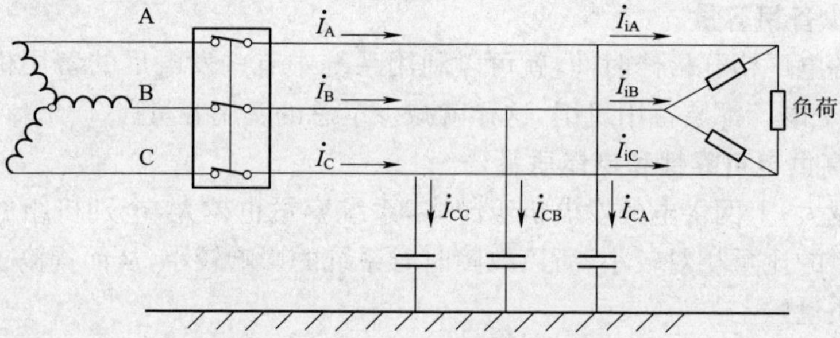

图 1-2　正常运行时的系统电路

(1)系统正常运行

系统正常运行时，理想情况下，负荷是对称的，那么三相电压 $\dot{U}_A$、$\dot{U}_B$、$\dot{U}_C$ 也是对称的，中性点的电位为零，各相对地电容电流也是对称的(各相对地的电容是相等的)。

(2)系统发生单相接地故障

当任何一相(例如 C 相)绝缘受到破坏而接地时的电路，如图 1-3 所示。此时，C 相对地的电压变为零，中性点电位偏移，未故障两相对地的电压升高至原来的 $\sqrt{3}$倍，即变为线电压。

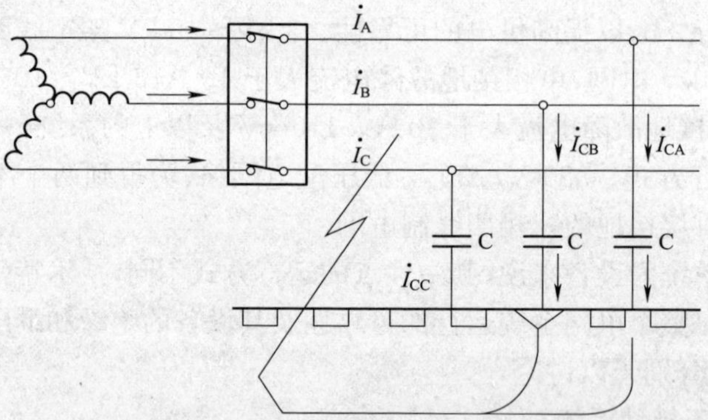

图 1-3　C 相发生接地时的系统电路

实际使用中，架空线路接地电流可近似地用式(1-1)计算。

$$I=\frac{Ul}{350} \tag{1-1}$$

式中　U ——电网的线电压，kV；

　　　l ——线路长度，km；

　　　I ——接地电流，A。

在实际使用中，电缆线路接地电流可近似地用式(1-2)计算。

$$I=\frac{Ul}{10} \tag{1-2}$$

在非金属性接地（包括经过一定电阻或消弧线圈接地）系统中，接地相对地的电压大于零而小于相电压，非接地相对地的电压大于相电压而小于线电压。

由前面分析可知，当中性点不接地系统中发生单相接地时，网络非故障相线电压的大小和相位差仍维持不变，在这种系统中相对地的绝缘水平是根据线电压设计的，虽然未故障相的相电压会升高$\sqrt{3}$ 倍，但对设备的绝缘没有多大影响。因此，中性点不接地系统在发生单相接地时，可以继续运行，但是不允许长期运行，因为长期运行时可能引起未故障相绝缘薄弱的地方损坏而造成相间短路。为此，在这种系统中，一般都装设专门的绝缘监察装置，以监视有无接地故障发生。中性点不接地系统中发生单相接地时，按规定一般允许暂时继续运行不超过 2 h。

2. 中性点不接地系统的优缺点

(1)优点：中性点不接地系统限制了单相接地电流，对通信的干扰较小；单相接地可以运行一段时间，提高了供电的可靠性。

(2)缺点：中性点不接地系统当一相接地时，另两相对地电压升高$\sqrt{3}$倍，易产生间歇性电弧，使绝缘薄弱地方被击穿，从而造成两相接地短路。

3. 中性点直接接地系统

将系统的中性点直接接地也是防止单相接地时产生间歇电弧过电压的一种方法，如图 1-4 所示。由于单相短路电流很大，导致零序保护动作，继电保护装置能可靠动作，将接地的线路切除，使系统的其他部分恢复正常运行。这样在发生单相接地时，就不会产生间歇电弧。同时，因中性点电位为接地体所固定，非故障相对地的电压不升高，因而各相对地的绝缘水平只需按相电压考虑，这就降低了设备对绝缘的要求，进一步降低了高压电气设备的造价。所以 110 kV 以上的超高压系统，一般采取中性点直接接地的方式。

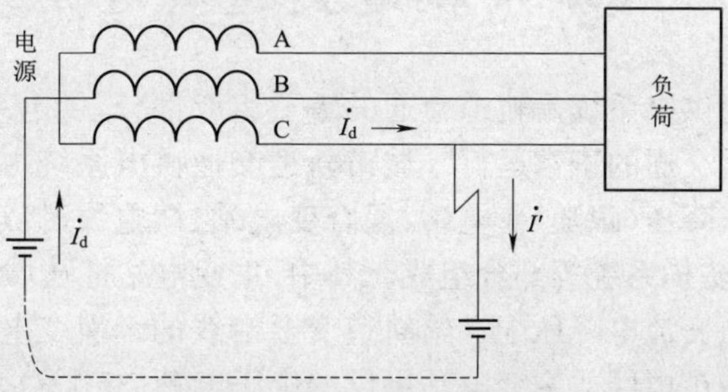

图 1-4　中性点直接接地系统

4. 中性点直接接地系统的优缺点

(1)优点:中性点直接接地系统若发生某单相接地,另两相电压不升高,这样可使整个系统绝缘水平降低;单相接地会产生较大的短路电流,从而使保护装置(继电器、熔断器等)迅速准确地动作,提高了保护的可靠性。

(2)缺点:①单相接地时,短路电流值很大,故障被切除前将引起电压降低,会影响系统稳定。另外,拥有强大的短路电流的导体周围将形成较强的单相磁场,干扰邻近的电子设备,例如城市轨道交通的信号和通信设备。因此,在大容量的电力系统中,为了减小单相短路电流,也有采用中性点经电抗器接地的(这样可限制单相短路电流值,但损失了部分零序保护的灵敏度)。②在发生单相接地时,必须断开故障线路,因此不得不中断用户供电。为了克服这一缺点,提高供电的可靠性,在中性点直接接地系统中,普遍装设了自动重合闸装置。当发生单相接地故障时,在继电保护的作用下断路器自动断开,经一定延时后再自动重合,若故障消除,用户供电即可得到恢复。如果单相接地为永久性的,则继电保护将再次断开断路器,这样供电设备还要遭受二次故障电流的损害。对于重要的一类负荷,为保证不间断供电,应安装备用电源。

5. 各种电压等级供电线路的接地方式

(1)110 kV 及以上的高压或超高压系统一般采用中性点直接接地方式,其目的是降低电气设备绝缘水平,提高继电保护的灵敏性,避免由于单相接地后继续运行而形成的不对称性。

(2)工厂供电系统采用 1 kV～35 kV 电压,一般为中性点不接地系统。因为工厂供电距离短,对地电容小,单相接地电流小,在单相接地后允许运行一段时间,提高了系统的稳定性和供电可靠性,对通信干扰小。

(3)1 kV 以下(380 V/220 V)的供电系统,除某些特殊情况下(井下、游泳池),绝大部分是中性点直接接地系统,主要是为了防止绝缘损坏导致触电。

1.2 城市轨道交通供电系统

城市轨道交通供电系统是轨道交通的重要组成部分,供电系统的可靠安全供电保障着城市轨道交通的正常运行。城市轨道交通供电系统由主变电站、电源开闭站、牵引变电站、降压(跟随)变电站、混合变电站、馈电线、接触网(轨)、走行轨、回流线、杂散电流防护系统等部分组成。其中,主变电站把从城市电网 110 kV 电源引入的三相高压交流电降压配送给轨道交通沿线的牵引变电站和降压变电站。电源开闭站接受城市电网或主变电站提供的中压电源(35 kV),为牵引变电站、降压变电站转供中压电源。牵引变电站将交流电经降压整流后换成适合于电动列车应用的直流电(1 500 V)。降压(跟随)变电站将交流电经降压后转换成适合于车站负荷应用的交流电(400 V)。混合变电站是牵引变电站与降压变电站的综合体。直流馈电线将牵引变电站的直流电输送到接触网上。接触网(轨)是沿电动列车行驶轨迹架设的特殊供电线路,电动列车通过其受电器(集电器)与接触网(轨)直接接触获得电能。走行轨是牵引供电回路的一部分。回流线将轨道回流引向牵引变电站。杂散电流防护系统将经轨道流入大地的杂散电流通过迷流网收集起来,通过排流柜及其电缆将迷流送回整流器的负端,避免杂散电流对附近结构钢筋、金属管件的电化学腐蚀,并对杂散电流进行监测。

1.2.1 特点及要求

1. 供电的可靠性和安全性

城市轨道交通供电系统不同于一般工业、企业供电系统和民用供电系统,它主要为运送乘客的列车提供持续的电能。这些电动列车往往处于交通线路沿线的不同线段、不同运行状态之中,如高架地面、地下;上坡、下坡;牵引(包括启动状态)、滑行、制动(包括电气再生制动)等。列车的运行工况比较复杂,对供电的质量和可靠性要求高。因此,城市轨道交通需要一个稳定且沿线路敷设经济合理的供电电网。

此外,城市轨道交通供电系统还要对为乘客运营服务的辅助设施进行供电。这些设施包括照明、自动扶梯、通信、信号、通风、给排水、防灾报警、自动售/检票机等。城市轨道交通供电系统是城市电网中的重要用户,大量人群在车站和列车上的时间长短不一,交通供电的中断不仅会造成交通运输的全线瘫痪,还可能导致生命和财产的重大损失。因此,城市轨道交通供电系统必须具备高度的可靠性和安全性。

2. 供电负荷多样性

(1)供电系统中各级变配电设备本身负荷不同。这类设备的负荷主要包括变压器损耗、线路损耗,各种电流、电压互感器的线圈损耗等。一般这类负荷随着客运量的增加,只是稍有增加。

(2)客运列车的负荷是城市轨道交通供电系统中的主要负荷。负荷特性随着客运高峰低谷的变化而变化,夜间列车停运,负荷为零,这类负荷可靠性要求最高。

(3)车站用户的负荷主要包括电梯和自动扶梯、环控设备、车站照明、售检票系统、通信、信号、消防报警系统、给排水系统等。这类负荷高峰在客运时间段,低谷在列车停运时间段。车站用户多为低压用户,其中通信、信号等对电能质量要求最高。

(4)车辆段维修负荷,这类负荷低谷在客运时间段,高峰在列车停运时间段。

(5)车站商业用电负荷主要包括商铺、广告等,特点是种类多,负荷量大,负荷高峰主要在线路运营期间。

综上分析可以看出整个系统总的负荷变化情况。一般来说客运高峰时是供电的负荷高峰，客运低谷时是供电的负荷低谷。城市轨道交通供电系统必须满足这些负荷的变化，才能保证整个轨道交通的正常运营。

3. 供电系统运行的经济性

城市轨道交通供电系统是国家电网的一个特大用户，也是一个耗能大户，必须实行经济运行。城市轨道交通供电系统经济运行的基本原则是：在保证电力系统安全可靠运行和电能质量符合标准的前提下，尽量降低总电能的损耗量，提高电能的使用效率。这就对整个电力系统耗电设备从设计、选型到运行、管理提出了更高的要求。运行中的变配电设备要降低损耗，首先必须从合理安排系统运行方式入手，因为这些措施不需要增加投资，在降低损耗的技术措施中，是最合理和经济的。通过适当调整各级电网的运行电压、合理组织变压器的经济运行、调整用户的负荷曲线、安排好设备检修计划等措施来加强电网的运行管理，才能实现电网的经济运行，从而达到降低系统损耗的目的。

要想实现系统的经济运行，就必须把握负荷的变化情况，及时调整运行方式。要想保证用户电压稳定在额定值附近，就必须了解系统无功的变化情况，平衡系统的无功负荷，合理调整主变压器分接头开关的位置，使供电系统能满足经济运行要求。

1.2.2 城市轨道交通供电系统的电力电源

1. 系统电源受电方式

城市轨道交通供电系统的电源来自城市电网，系统电源的受电方式是根据城市电网构成的不同特征而确定的，如电压等级、电源点的分布及容量、电网管理等。

城市轨道交通供电系统的供电方式有分散式和集中式两种。目前在上海的交通供电领域，只有电车供电系统采用分散式供电，轨道交通（如地铁、轻轨）供电系统均采用设置主变电站的集中式供电。

2. 系统的电力制式

按接触网的电流制式划分，牵引供电制式有直流制式和交流制式两种。直流制式将高压、三相交流电源经牵引变电站降压和整流后，向接触网提供直流电。交流制式将高压、三相交流电源在变电站降压后，向接触网提供交流电。我国电气化铁路的牵引供电制式就采用单相工频（50 Hz）25 kV 交流制式。

城市轨道交通牵引供电制式的确定和电气化铁路有很大不同。电气化铁路站点间距长，周围空间宽，绝缘安全距离大，可选用较高的接触网电压；城市轨道交通站点间距短，周围空间狭窄，绝缘安全距离小，接触网电压不能选得很高，但考虑到电压损失，接触网电压又不能太低，所以采用直流供电较为合适。直流电不产生电抗压降，所以在相同的电压等级下，其电压损失小于交流电，且接触网结构也较简单，因此城市轨道交通几乎都采用直流供电制式。

城市轨道交通列车采用何种牵引电机受制于当时的技术条件和水平。我国初期的城轨列车多为直流传动电动车组，采用凸轮调阻或斩波调阻的牵引控制方式，牵引电机为直流电机。这种电机的控制简单、经济、可靠，但直流电机的维护成本较高，输出功率一般不超过500 kW，不能适应频繁、快速启动。所以近几年建设的地铁项目均采用了交流传动电动车组，牵引控制方式为VVVF逆变器控制，牵引电机为异步电机。与直流传动系统相比，交流传动系统采用异步电机和VVVF无接点控制，省去了直流传动所需的换向器和牵引制动转换开关，实现了牵引系统的小型化、轻量化，维修作业量显著减少。目前采用VVVF交流传动系统已成为地铁车辆发展的趋势。

世界各国城市在不同的历史发展时期采用的交通模式不同，采用直流供电制式较多，电压等级主要集中在550～1 500 V。

3. 地铁供电系统的电压指标

(1)AC 110 kV为额定电压的－3%～＋7%。

(2)AC 35 kV(33 kV)为额定电压的－5%～＋5%。

(3)AC 10 kV及以下为额定电压的－7%～＋7%。

(4)AC 0.4 kV为额定电压的－10%～＋5%。

(5)DC 1 500 V为额定电压的－33%～＋20%。

1.2.3　主变电站

1. 主变电站的作用

主变电站(简称主变)将城市电网供给的110 kV三相交流电降至35 kV，并通过中压供电网络，配送到轨道交通沿线的各个牵引变电站和降压变电站。它为轨道交通所有负荷供电，是供电源头。一旦因故失电，将直接影响一、二级负荷的供电。即使恢复供电后，也可能因主变运行方式的变化，导致供电的可靠性降低。主变电站必须具备很高的供电可靠性，一般每座都设有两路及以上的进线电源。每条线路，一般设有两座及以上主变电站，可以相互支援，互为备用。

2. 主变电站110 V进线电源

主变电站110 V进线电源一般取自城市各供电区域110 kV电网，通常情况下一座主变电站的两路进线电源应取自市网不同的变电站，是不同源的。例如：地铁线路通常设有两座以上的主变电站，它们的110 kV电源取自市网的不同变电站，是不同源的。

3. 主变电站 35 kV 馈出线

城市轨道交通供电系统主变电站的 35 kV、10 kV 侧采用单母线分段加分段断路器的接线方式。35 kV 馈线直接配电给沿线牵引变电站、牵引降压混合站、降压变电站和中心降压变电站。当某一主变故障或退出时，为确保原管辖区域内牵引变电站和降压变电站的供电，由相邻的主变电站通过 35 kV 环网分断处的两台联络开关，将其 35 kV 电源送至本主变电站 35 kV Ⅰ或Ⅱ母线，通过母线上的馈线开关，实现跨区域供电。实际跨区供电系统如图 1-5 所示。

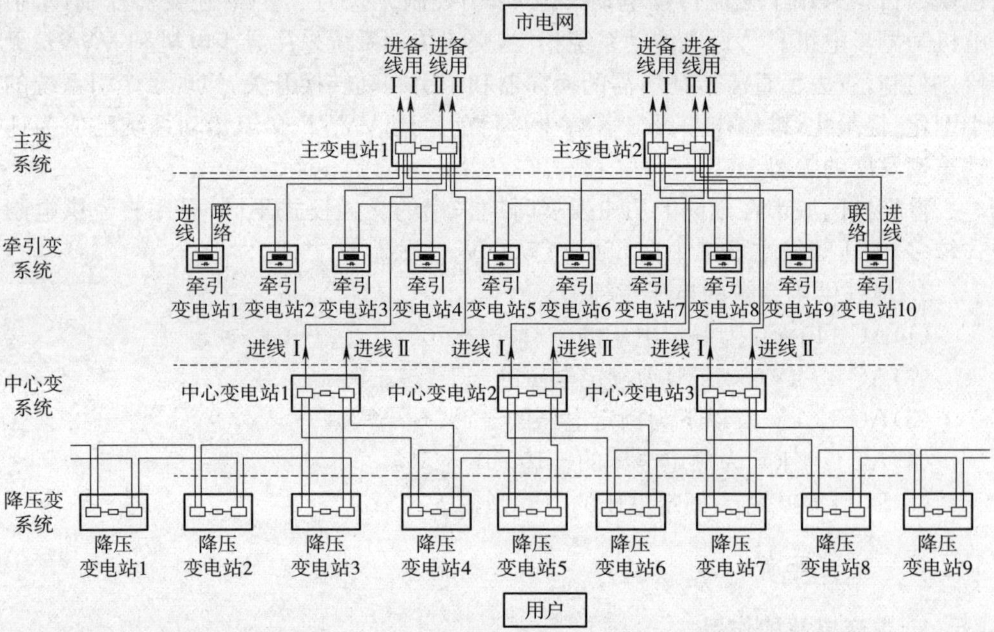

图 1-5 实际跨区供电系统

1.2.4 牵引变电站

1. 牵引变电站的作用

城市轨道交通电动列车采用直流驱动，从接触网(轨)获得电源。由于主变电站输出的是 35 kV 交流电，因此需要将交流电经降压、整流变换成适合列车使用的直流电。为提供电动列车电源而进行的降压、整流场所，就是牵引变电站。

需根据线路条件、车站位置、区间长短、运营组织、列车类型等各种因素综合考虑，设置数量及位置合理的牵引变电站。使当其中一座牵引变电站解列时，通过大双边供电确保列车运行供电可靠。

2. 牵引变电站 35 kV 进出线

牵引变电站 35 kV(33 kV)侧为单母线接线,但也有单母线分段及环网进出线的形式。35 kV(33 kV)联络电缆构成环网系统,一路为进线,另一路为联络线。牵引变电站从主变电站的 35 kVⅠ或Ⅱ段母线上引入一路电源,如果某一牵引变电站的进线电源取自主变的 35 kV Ⅰ段,那么相邻牵引变电站的进线电源就取自主变 35 kVⅡ段。图 1-5 中,两路供电线路以联络线热备用方式工作,当一路进线失压时另一路进线由 PLC 控制自动投入。相邻两个牵引变电站的进线和联络线开关采用四投三的供电模式,从而实现相邻两座牵引站的电源互为备用。

牵引变电站 35 kV 的母线通过两台整流变的 35 kV 开关分别接至 1 号、2 号整流变压器,整流变降压后输出交流 1 220 V,分别送至 1 号、2 号整流器,经两个整流器的输出端分别接直流 1 号、2 号整流器正极闸刀和 1 号、2 号整流器负极闸刀。单台整流变压器为 12 脉波,两台并联后,构成等效 24 脉波整流,以减小送入电力系统的谐波量,提高供电质量。

3. 牵引变电站 1 500 V 馈出线

DC 1 500 V 主接线采用单母线形式,整流器组的正极通过电动正极闸刀与 1500V 正母线相连,负极通过负极闸刀与负极柜中的负母排相连,并由正母线引出四条馈出线,经直流高速开关、接触网隔离闸刀分别接至路线上下行的接触网(轨)。

4. 接触网(轨)闸刀

接触网(轨)闸刀的额定电压为 DC 1 500 V,是在空载条件下分合线路的电力设备,常用于直流高速开关的出线电缆与接触网(轨)之间的连接、停车场接触网不同车道之间的供电连接和接触网(轨)跨区供电的连接,使不同设备之间形成明显断开点。接触网(轨)闸刀在分断形式上有二位置闸刀(合闸位和分闸位)和三位置闸刀(合闸位、分闸位和接地位)两种;在结构形式上有单刀和双刀两种。

5. 钢轨电位限制器

钢轨电位限制器的作用是将钢轨电位限制在一个安全范围,保护乘客和工作人员的人身安全。因为除了停车场钢轨以外,正线钢轨与大地是绝缘的,所以钢轨对地有一个电位差。随着列车各种工况的转变、列车载荷的变化、接触网电压的变化等,钢轨电位也会发生变化,有时还会很高,当超过人身安全保护值(90 V 左右)时,钢轨电位限制器就将钢轨与大地短接,从而保证乘客与工作人员的人身安全。

6. 直流高速开关

直流高速开关主要用于使直流电路在正常负荷下接通和断开,以及在短路时切断短路电流。通常一所牵引变电站有四台直流高速开关,两台分别供上行线的上行和下行方向的接触网(轨)使用,另外两台分别供下行线的上行和下行方向的接触网(轨)使用。每一台开关除了配置过流、速断和电流增量等保护以外,还与相邻站同一供电区域的直流高速开关构成连跳保护。

7. 正极闸刀

正极闸刀布置在整流器正极端与正极母线之间，用于接通或断开 DC 1 500 V 的对外输出电路，通常有两台。除了满足倒闸操作的要求以外，还构成了整流器正端与 DC 1 500 V 正母线之间的明显断开点，保证检修的安全。正极闸刀还受到 35 kV 整流变开关的闭锁，当 35 kV 整流变开关合闸时，正极闸刀不能操作，只有当 35 kV 整流变开关分闸时，正极闸刀才能操作。

8. 负极闸刀

电动列车电机的回流电流，经钢轨、回流箱、回流电缆、负极闸刀等，流回至整流器负极端。负极闸刀负责接通或断开回流电路，通常一台设备设置两把闸刀。除了满足倒闸操作的要求以外，还构成了整流器负端与负母线或回流柜之间的明显断开点，避免钢轨回流电的倒送，保证检修的安全。负极闸刀还受到正极闸刀的闭锁，当正极闸刀合闸时，负极闸刀不能操作，只有当正极闸刀分闸时，负极闸刀才能操作。

9. 回流线和回流箱

回流箱位于钢轨和负母排之间，其中有汇流排，负责汇集回流电缆送来的回流电。从阻抗棒来的回流电通过汇流排收集再经电缆送往负母线，这样构成一个完整的电路。

10. 单向导通装置

因为站场的钢轨与大地直接接地，而正线的钢轨与大地绝缘，为了保证正线回流电流充分流回牵引站，避免回流不畅，在场站与正线之间的钢轨间设立单向导通装置，阻止正线回流电流流向站场钢轨，保证正线回流正常。

1.2.5 牵引回流系统

牵引回流系统由走行轨、负回流电缆和均流电缆等构成。列车电流进入走行轨后将通过负回流电缆回流至牵引变电站负母线。负回流电缆一般采用多根截面为 150 mm^2 的直流铜芯软电缆引至回流电缆转换箱，然后用多根截面为 400 mm^2 的直流铜芯软电缆引至牵引变电站负母线。

1. 牵引回流的接线方式与轨道电路的关系

钢轨不仅是回流系统的一部分，同时也是轨道电路的一部分。目前有很大一部分车辆运行时的检测和控制是通过轨道电路实现的(如上海地铁的 1 号、2 号、3 号、4 号线)。如果将回流电缆直接与钢轨连接，就会破坏轨道电路，将一部分轨道信号旁路，造成车辆控制故障，影响正常运行。所以牵引回流的接线方式不仅要使得回流电流畅通，还要保证轨道信号不被旁路。为了防止不同电路间的相互干扰，对信号轨道电路做如下特殊安排：①采用不同电流制或不同电流频率。对于直流电气化轨道，信号轨道电路可采用交流电源。②在两根钢轨之间设置均流线和阻抗棒(图 1-6)。牵引回流通过阻抗棒及中点连线可在钢轨中顺利流通。由于牵引回流在阻抗棒上下两部分产生的磁势是互相抵消的，因此轨道中的牵引回流不会影响信号轨道电路的正常工作。③牵引回流的引出线(包括将轨道牵引回流引回牵引变电站的回流线)必须在信号阻抗棒中点连接。

2. 牵引回流系统各元件在回流中的作用

(1)钢轨：回流电流的载体。

(2)阻抗棒：阻止流经轨道上的高频信号被旁路，确保直流回流电畅通。

(3)均流线：均衡两根钢轨之间的电位和电流，确保轨道信号不被干扰。

(4)回流线：从阻抗棒的中点引出，与回流箱连接，作为回流电流的载体。

(5)回流箱：通过汇流排与各个回流线连接，并与回流电缆转接。

(6)回流电缆：将回流电流引入牵引站整流器负极。

3. 轨道电路

轨道电路是以一段轨道线路的钢轨为导体构成的电路，用于自动、连续检测这段线路是否被电动列车占用，也用于控制信号装置或转辙装置等保证行车安全的设备。轨道电路是利用轨道作为区间信号自动控制的电路，又是信号联锁的室外重要设备，它能监督检查某一固定区段内的线路(包括站线)是否有列车运行、调车作业或车辆占用的情况，并能显示该区段内的钢轨是否完整。

4. 第一种牵引回流方式

第一种牵引回流方式如图 1-6 所示。

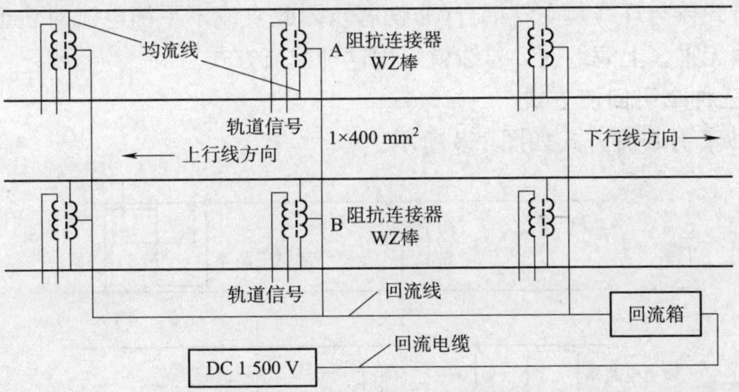

图 1-6　第一种牵引回流方式

回流线从阻抗连接器 WZ 棒的中心抽出，经回流箱连接到牵引变电站的负极。当两条轨道直流牵引回流电流严重不平衡时，由于 WZ 棒的铁芯尺寸有限，会因直流磁化而饱和，引起这种回流方式的轨道信息非线性畸变失真。上海地铁 1 号线就是这种回流方式。

5. 第二种牵引回流方式

第二种牵引回流方式如图 1-7 所示。

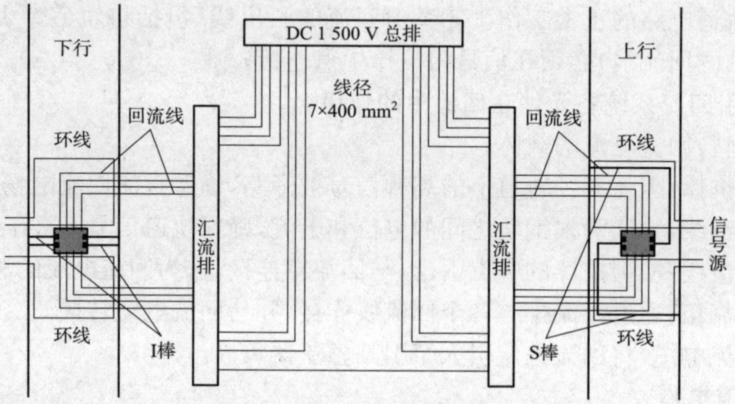

图 1-7 第二种牵引回流方式

第二种牵引供电回流方式的牵引回流点是在“S”棒(或“I”棒)处设置的一个铁牌,棒线用螺栓拧在铁牌上,同时牵引回流线也用螺栓固定在铁牌的两边,不同的牵引回流点使用的牵引回流线根数也不一样,一般是 6～8 根。为保证两条钢轨上牵引电流的平衡度,牵引回流点的抽头位于两条钢轨的铁牌中间。由于第二种牵引回流方式在牵引回流点使用的电缆较多,所以回流效果比第一种方式更好,而且各牵引回流点直接回到牵引变电站负极,减少了上、下行牵引电流串扰的可能性。由于第二种牵引回流方式棒与环线是空气耦合(非铁芯),因此直流不平衡电流对轨道电路信息(音频)传输无害。上海地铁 2 号线就采用这种回流方式。

6. 第三种牵引回流方式

第三种牵引回流方式如图 1-8 所示。

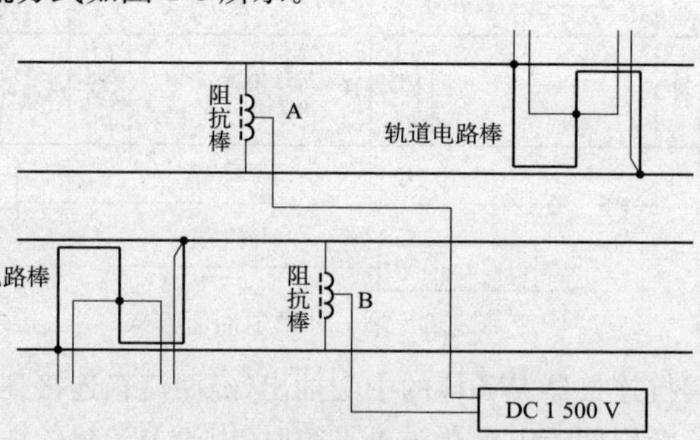

图 1-8 第三种牵引回流方式

第三种牵引回流方式和第一、二种牵引回流方式都不相同，它的牵引回流点的设置和轨道电路的棒线分开，专设具有隔交走直特性的阻抗棒构成牵引回流通道，即上、下行的信号电流不再通过阻抗棒而产生相互串扰，牵引电流可以通过阻抗棒电缆连接回到牵引变电站负极。这样设置减少了牵引回流对轨道电路信息传输系统的干扰，也降低了上、下行串扰的可能性。根据采用第三种回流方式的信号系统开通后的故障记录来看，采用第三种回流方式的轨道电路的故障率比采用第一、二种牵引回流方式的轨道电路的故障率都低。

7. 三种牵引回流方式比较

第一种方式的牵引回流线和轨道电路棒线连接在一起，上、下行两条线路也相互连接在一起，这既干扰了同线路的轨道电路。又干扰了相邻线路的轨道电路。由于第一种方式中 WZ 棒使用铁芯，当钢轨的牵引电流不平衡时，非常容易造成磁饱和。

第二种牵引回流方式在布线方式上和第一种类似，也是从轨道电路棒线中间引出牵引回流线，也是上、下行连接在一起，所以，单纯从回流方式看，第二种也非常容易出现受钢轨的牵引不平衡电流影响导致轨道电路无法正常工作的故障。但是，由于第二种方式中轨道电路采用环线(非铁磁耦合)将轨道电路信号耦合至钢轨传输信息，环线的介质是空气，所以不会造成磁饱和，只有牵引不平衡电流的交流部分才能对轨道电路产生影响。

第三种牵引回流接线方式最大的优点是将牵引回流点与轨道电路分开，以降低牵引不平衡电流干扰轨道电路信息传输的概率。但是，由于它的轨道电路采用注入式，将信号传输至钢轨，所以，无法避免由牵引不平衡电流造成轨道电路耦合单元磁饱和的可能性。

1.2.6　降压变的电站

1. 降压变电站的作用

线路上的每个车站都设置降压变电站，有 35 kV/0.4 kV 和 10 kV/0.4 kV 两种变电方式。除电动列车外，其他设备和设施所需电源均由降压变电站提供。降压变电站从中心变电站或主变电站引入两路电源，经配电变压器将电压降至 0.4 kV，为车站用电设备提供电源。

2. 降压变电站 10 kV 进出线

降压变电站从主变电站或中心降压站的 10 kV Ⅰ/Ⅱ段母线上各引入一路电源构成单母线分段接线方式。10 kV Ⅰ/Ⅱ段母线上各有一进线和联络开关，每段母线电源采用环进环出接线方式,和其他的降压站构成 10 kV 环网。降压变电站 10 kV和 0.4 kV 侧采用单母线分段接线,从城市轨道供电 10 kV 系统网络中接引两路电源,分别引至两段母线,两台电力变压器分别接在高压侧两段母线上。图 1-9为城市轨道交通供电系统的 35 kV 和 10 kV 环网,从中可以看出环网的接线方式。

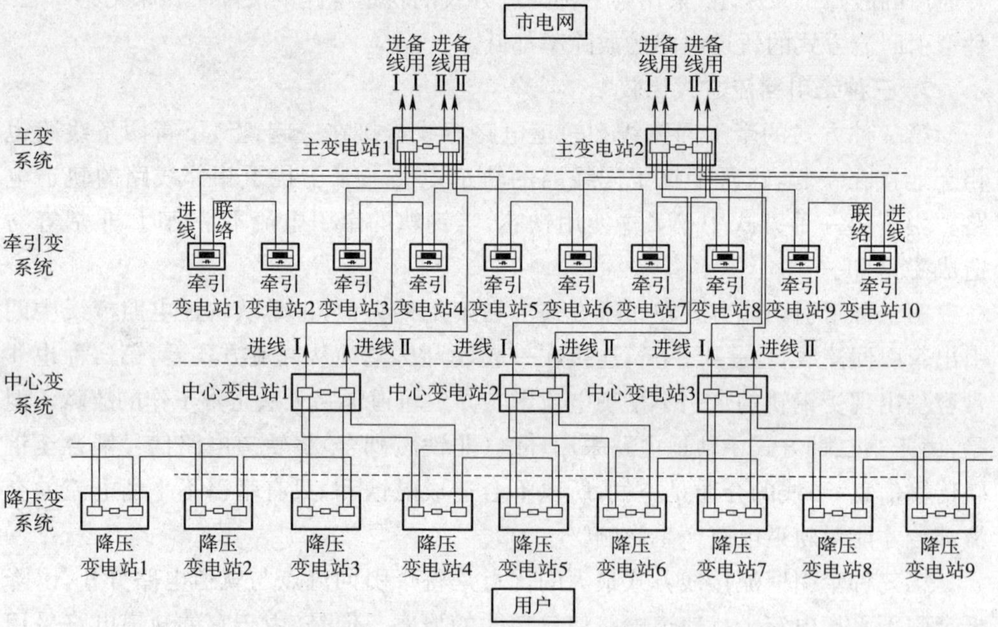

图 1-9 城市轨道交通供电系统环网

3. 降压变电站 35 kV 进出线

降压变电站从主变电站或电源开闭站的 35 kV Ⅰ/Ⅱ段母线上各引入一路电源构成单母线分段接线方式。35 kV Ⅰ/Ⅱ段母线上各有一进线和联络开关,每段母线电源采用环进环出接线方式,和其他的变电站构成 35 kV 环网。降压变电站35 kV和 0.4 kV 侧采用单母线分段接线,从城市轨道供电 35 kV系统网络中接引两路电源,分别引至两段母线,两台电力变压器分别接在高压侧两段母线上。

4. 降压变电站 0.4 kV 馈出线

0.4 kV Ⅰ/Ⅱ段馈出线供车站的一、二、三类负荷用电,当进线电源故障时,三类负荷被自动切除。低压配电室两段 0.4 kV 母线均设自动补偿装置,补偿后功率因数在 0.9 以上,低压系统采用 TN-S 制式。降压变电站采用综合接地网,接地电阻 $R \leqslant 0.5\ \Omega$。

1.2.7　城市轨道交通供电系统负荷

1. 概念

连接在电力系统中一切用电设备所消耗的电能，称为电力系统的负荷。由电能转换成其他能量（如机械能、光能、热能）所消耗的功率，是用电设备中真实消耗的功率，称为有功功率。此外，用电设备为了转换能量或传递能量，自身所消耗的功率（如励磁），称为无功功率。变压器为了传递能量，自身也需要消耗无功功率。无功功率和有功功率同样重要，没有无功功率的消耗，也就没有有功功率的传递。

发电机能够既发有功功率，又发无功功率。发电机的全部功率称为视在功率，等于它的额定电流和额定电压的乘积（单位为 kV・A）。有功功率与视在功率的比值为功率因数，发电机的额定功率因数一般在 0.8～0.9 之间。电动机在额定负荷下的功率因数为 0.8 左右。普通电灯（即白炽灯）和电炉几乎将全部电能转换为光和热，自身不消耗无功功率，所以功率因数为 1。

2. 分类

(1)按用途分

①用电负荷：用户的用电设备在某一时刻实际取用的功率总和，即用户在某一时刻对电力系统所要求的功率。从电力系统的角度来看，是指在某一时刻为了满足用户用电所需具备的发电能力。

②线路损失负荷：电能在输送过程中发生的功率和能量损失。

③供电负荷：用电负荷及同一时刻的线路损失负荷之和。

④厂用负荷：发电厂厂用设备消耗的功率。

⑤发电负荷：供电负荷及同一时刻各发电厂的厂用负荷构成电网的全部生产负荷，称为电网发电负荷。

(2)按电力系统中负荷产生的时间分

①高峰负荷：电网或用户在一天（24 h）内所产生的最大负荷值。通常选取一天中最高的一个小时的平均负荷为最大负荷。

②最低负荷：电网或用户在一天（24 h）内产生用电量最小的一个小时的平均负荷。

③平均负荷：电网或用户在某一段确定时间内的平均小时用电负荷。

(3)按突然中断供电造成的损失程度及对安全产生的影响分

①一类负荷

a. 对政治、经济有重大意义或有重要影响的用电单位为重要电力负荷，如重要交通枢纽、通信枢纽、广播电台、机场、经常用于国际活动有大量人员集中的公共场所，如大型的地铁换乘站等。

b. 供电中断将造成人身死亡、重大财产损失的电力负荷，如医院、煤矿等单位。

c. 供电中断将在政治、经济上造成严重损失（如高价值的重要设备损坏、重大原材料或产品报废、连续生产过程被打乱需要长时间才能恢复）的重要电力负荷，如化工厂的反应装置、炼钢厂的转炉等。

城市轨道交通车站一类负荷主要包括：通信系统、信号系统、牵引供电系统、电力监控系统、防灾报警系统、机电设备监控系统、屏蔽门、防淹门、消防泵、废水泵、雨水泵、事故风机及其风阀、排烟风机及其风阀、站厅和站台照明、事故照明。

②二类负荷

a. 供电中断将影响重要用电单位正常工作的电力负荷，如交通枢纽、通信枢纽等单位。

b. 中断供电后会引起公共场所秩序混乱甚至社会动乱的电力负荷。

城市轨道交通车站二类负荷主要包括：非事故风机及其风阀、排污泵、自动扶梯、设备区照明和管理区照明、自动售检票、楼梯升降机、民用通信电源、冷冻机组控制器电源、维修电源。

③三类负荷

不属于一类、二类负荷的一般电力负荷称为三类负荷。城市轨道交通车站三类负荷主要包括：冷水机组、冷冻水泵、冷却水泵、冷却塔风机、广告照明、电开水器、清扫电源等负荷。

3. 组成

(1)系统中各级电网变配电设备本身负荷。这类设备的负荷主要包括：变压器损耗，线路损耗，各种电流、电压互感器的线圈损耗等。一般这类电阻性负荷不大，负荷主要以感性无功负荷为主，但随着用户用电设备的不断增多，输电电缆线也不断增多、增长，所以容性无功负荷也不断增加，往往在空载的情况下容性无功大于感性无功。但运行中的供电网络变配电设备本身负荷总量是比较稳定的，随着客运量的变化，只是稍有变化。

(2)客运列车的负荷。这类负荷是城市轨道交通供电系统中的主要负荷，主要呈感性，随着客运高峰低谷的变化而变化，夜间列车停运，负荷处于低谷。

(3)车站用户的负荷。这类负荷主要包括：电梯和自动扶梯、环控设备、车站照明系统、售检票系统、通信系统、信号系统、消防报警系统、给排水系统等。这类负荷在客运时间段是高峰，在列车停运时间段是低谷。车站用户负荷中阻性和感性负荷都有，容性负荷较少。

(4)车辆段维修负荷。这类负荷在客运时间段是低谷，在列车停运时间段是高峰。车辆段维修负荷中阻性和感性负荷都有，容性负荷较少。

(5)车站商业用电。这类负荷为三类负荷，高峰在线路运营期间，面广量大，电器种类繁多，会产生大量的谐波，损害供电电能质量。

综上分析，如果把上面五种负荷经统计后又描绘出的曲线图叠加起来，就会看出整个系统总的负荷变化情况。一般来说客运高峰时是供电的负荷高峰，客运低谷时是供电的负荷低谷。容性无功在夜间大于感性无功，在客运高峰和低谷时容性无功和感性无功互有变化。要想实现系统的经济运行，就必须把握负荷的变化情况。要想保证用户的电压稳定在额定值附近，就必须了解系统无功的变化情况，平衡系统的无功负荷。

第2章　城市轨道交通供电一次接线

2.1　城市轨道交通变电站一次接线

2.1.1　一次接线及要求

变电站的电气主接线，是由特定符号表示的各种电气设备及其连线和母线所组成的输送和分配电能的电路。主接线图通常也称为一次接线图。

一次接线的确定对变电站电气设备的选择、继电保护装置的配置以及运行的可靠性和经济性有着重要的影响。

1. 一次接线的基本要求

(1)根据上级电网结构和用户的要求，应保证供电的可靠性和电能质量。

(2)接线应力求精简、明晰、调度和操作方便。电路中无多余的设备，以此可以减少操作次数，避免发生误操作。

(3)倒闸操作方便，能保障工作人员以及设备的安全。

(4)检修维护方便，能保障检修工作的安全进行。

(5)应使接线投资和运行的方案最经济，具备扩建的可能性。

2. 一次接线图标画法

一次接线图和其他电路图不同，图中以单根连线代表交流电的三相导线，根据实际工作需要，在一次接线图上可选择是否注明设备的型号、规格。如果仅画出主要一次设备，可作为倒闸操作用的模拟图。一次接线的基本环节是变压器、引出线、断路器、闸刀和母线。

2.1.2　主变电站一次接线

1. 桥式接线

当只有两台变压器和两条线路时，可采用桥式接线。桥式接线按照连接桥的位置可分为内桥式接线和外桥式接线。

内桥式接线电路如图2-1所示，其连接桥设在变压器侧，连接桥上设有断路器。两台断路器(103和104动力变35 kV进线开关)接在进线电源线路上，因此进线电源线路的切除和投入比较方便。当线路发生短路故障时，仅故障线路(虹宁

Ⅰ或虹宁Ⅱ)的断路器断开,非故障线路仍可继续工作。但是当变压器(如1号变压器)故障时,与1号变压器连接的两台断路器(103和100)都将断开,1号变压器所辖负荷将失电,此时可以合上303 10 kV分段开关,恢复1号变压器所辖负荷。断开1号变压器侧闸刀后,合上Ⅰ路(虹宁Ⅰ)进线断路器,Ⅰ路(虹宁Ⅰ)电源仍可作为Ⅱ路(虹宁Ⅱ)进线的后备。此外,这种接线方式在切除和投入变压器时,操作比较复杂。如切除1号变压器时,必须先断开103 1号动力变35 kV进线开关和3011 1号动力变10 kV开关,然后再断开1号动力变35 kV隔离闸刀。所以内桥式接线适用于故障较多的长线路和变压器不需要经常切换的运行方式。

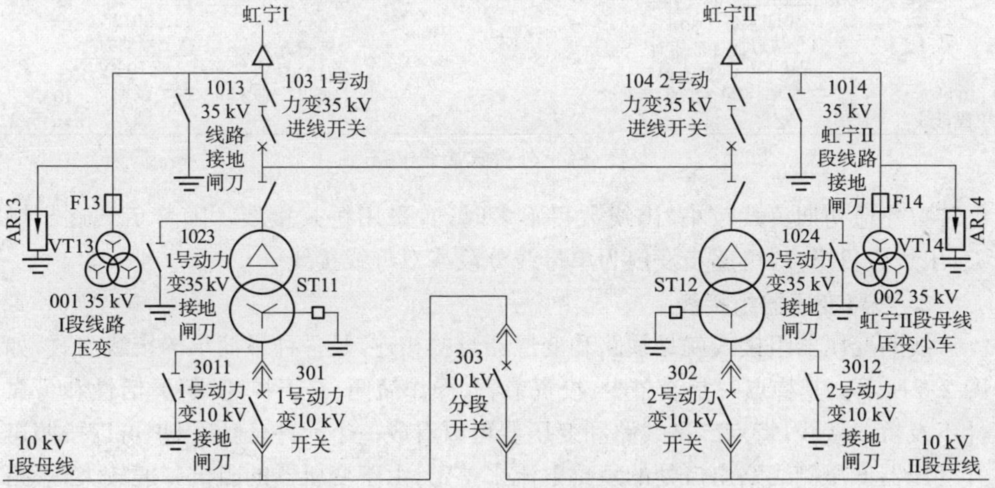

图2-1 内桥式接线电路

外桥式接线电路如图2-2所示,外桥式接线电路的特点与内桥式相反。当1号动力变压器发生故障或运行中需要切除时,只要断开103 1号动力变35 kV进线开关即可,并不影响Ⅱ段的工作。但当Ⅰ路进线故障,103 1号动力变35 kV进线开关也要断开,100 35 kV联络开关也应在断开状态,为此1号动力35 kV变压器也将被切除。为了恢复1号动力35 kV变压器的正常运行,必须在断开Ⅰ路线路隔离闸刀后,再接通103 1号动力变35 kV进线开关和100 35 kV联络开关。因此外桥式接线电路适用于线路较短和变压器按经济运行需要经常切换的情况。此外,当电力系统有穿越性功率经过变电站时,也应采用外桥式接线,这时穿越性功率仅经过100 35 kV联络开关;若采用内桥式接线,穿越性功率将经过三台断路器,其中任意一台断路器故障或检修,将影响穿越功率的传送。如果两条引出线接入环形电网,也应采用外桥式接线,使环形电网断开机会减少。

桥式接线工作可靠、灵活、使用的电器少,装置简单、清晰,建造费用低。当配

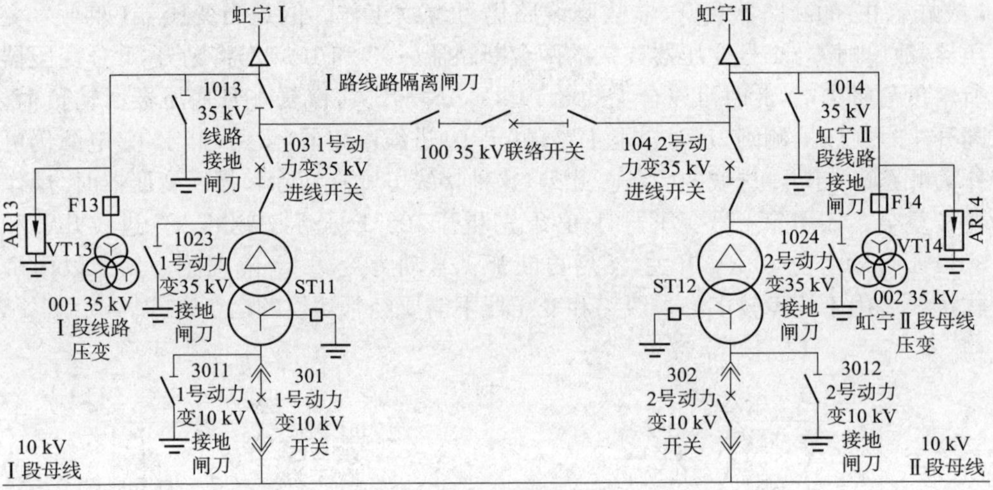

图 2-2　外桥式接线电路

电装置建造初期负载较小、出线数目不多时，宜采用桥式接线。随着负载逐步增大，出线数目增多，可逐步发展为单母线分段或双母线接线。

2. 线路变压器组接线

线路变压器组接线就是线路和变压器直接相连，是一种最简单的接线方式，如图 2-3 所示。其特点一是设备少、投资节省、操作简便、易于扩建，但灵活性和可靠性不及桥式接线；特点二是线路和变压器可以看成一个元件，速断保护可以按照避开变压器低压侧线路出口处的短路电流来整定，由于变压器的阻抗一般较大，短路点的电流就很小，这样整定之后，电流速断就可以保护全部线路。

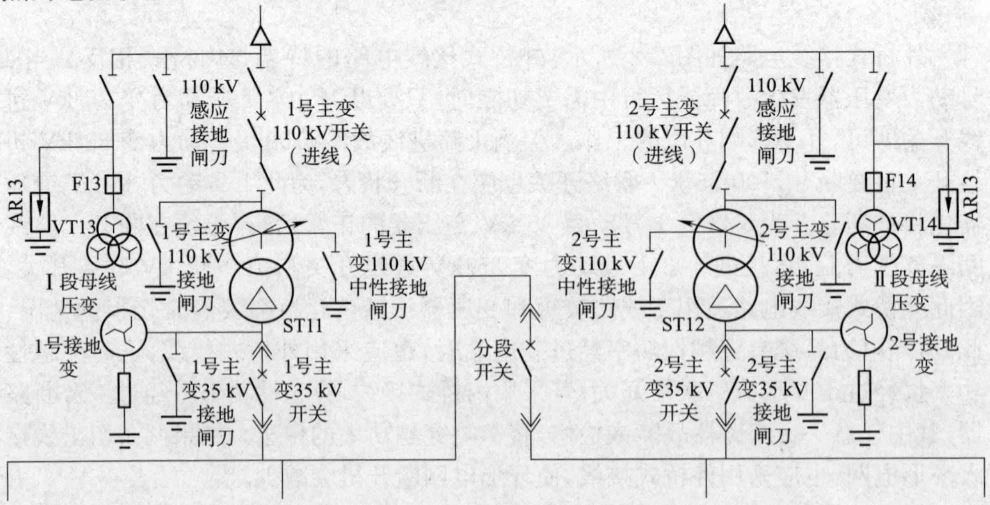

图 2-3　线路变压器组接线

3. 主变电站 110 kV 一次接线

主变电站 110 kV 一次接线通常有三种方式。

(1)内桥式接线方式。此种接线方式供电灵活性较好，两路电源互为备用。当一路电源故障退出运行时，可以通过桥断路器，使另一路电源同时向两台变压器供电。

(2)线路变压器组接线方式。此种接线方式供电灵活性比内桥式接线方式稍差。当一路电源故障退出运行时，另一路电源能继续供给主变电站原供电区域中的负荷。

(3)环进环出线路变压器组接线方式。此种接线方式兼顾了地区高压配电作用，有利于城市电网电源与电源之间的联络，提高了地区电网可靠性，但增加了主变电站工程的投资。

4. 主变电站 35 kV 一次接线

图 2-4 为上海地铁 4 号线张杨路主变 110 kV 和 35 kV 接线示意，其中110 kV Ⅰ段和Ⅱ段、35 kV Ⅰ段和Ⅱ段分别为单母线接线，35 kV Ⅲ段和Ⅳ段为单母线分段接线。在大多数城市轨道交通主变电站中，35 kV 接线方式一般都为单母线分段接线。

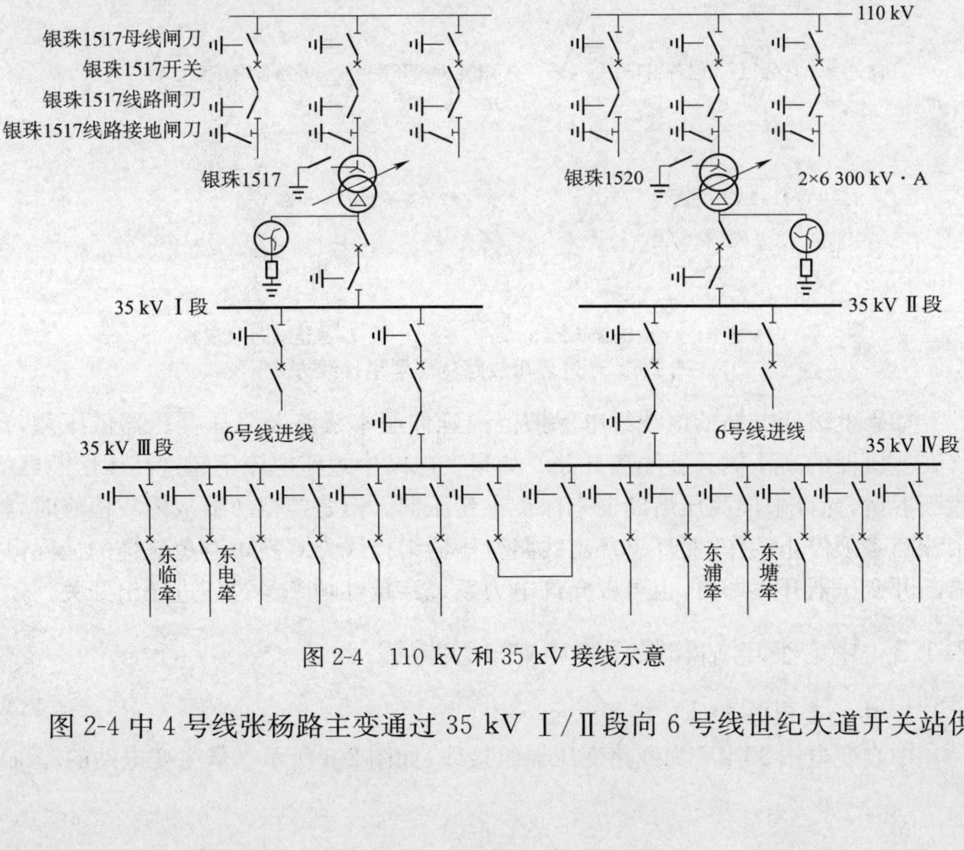

图 2-4　110 kV 和 35 kV 接线示意

图 2-4 中 4 号线张杨路主变通过 35 kV Ⅰ/Ⅱ段向 6 号线世纪大道开关站供

电，而该主变所辖4号线负荷通过35 kV Ⅲ/Ⅳ段母线馈出，正常运行时，Ⅲ/Ⅳ段母线35 kV分段开关处于分闸状态，自切装置投入。当Ⅰ/Ⅱ段母线故障时，主变压器35 kV开关跳闸，35 kV Ⅰ/Ⅱ段母联开关跳闸，35 kV Ⅲ/Ⅳ段分段开关自切。此时6号线世纪大道开关站负荷自动被切除，保证4号线负荷供电。当Ⅲ/Ⅳ段母线故障时，35 kV Ⅰ/Ⅱ段母联开关跳闸，35 kV Ⅲ/Ⅳ段分段开关不自切，此时6号线世纪大道开关站馈线开关仍能保证供电。可以看出这样的接线方式使得4号线和6号线相互之间的供电运行干扰最少。

环进环出线路变压器组接线方式如图2-5所示。因为进线和联络开关相当于市电网在本站的延伸，所以变压器开关相当于直接和市电网线路连接，故称为环进环出线路变压器组接线方式，实际上是线路变压器组接线方式的一种。这种接线方式和线路变压器组接线方式相比，高压侧多了环进环出开关，虽然用的电气设备较多，但留出了发展的空间。

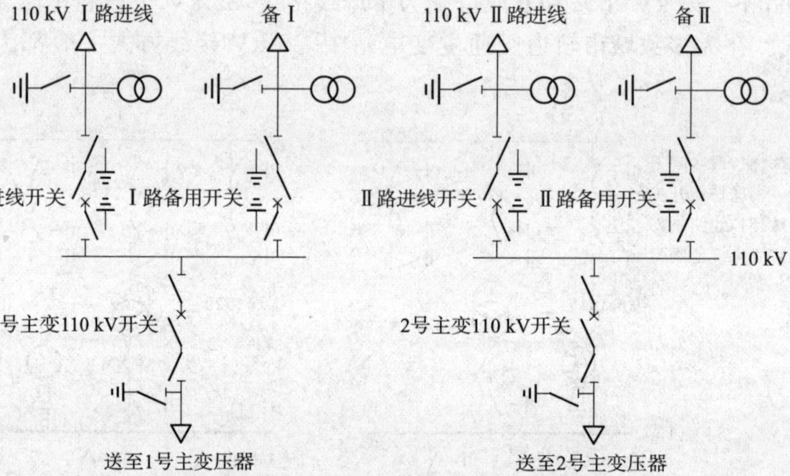

图2-5　环进环出线路变压器组接线方式

如果上级变电站的馈线继电保护范围延伸至本线路及降压变压器低压侧，允许在变压器的高压侧只装隔离开关。如果变电站中短路电流不超过高压熔断器的遮断容量，允许采用高压熔断器来保护主变压器。但是当变压器故障或检修时，整个线路必须停止工作，而环进环出线路变压器组接线方式就可避免这样的情况，只需断开变压器开关即可，也可以允许电力系统穿越性功率经过环进环出开关。

2.1.3　中心变电站和降压变电站一次接线

1. 中心变电站35 kV接线

中心变电站35 kV为线路变压器组接线，如图2-6所示。从主变电站的35 kV

Ⅰ/Ⅱ段母线上各引入一路电源构成线路变压器组接线方式，35 kV Ⅰ/Ⅱ路电源经动力变降压至 10 kV，供给 10 kV Ⅰ/Ⅱ段母线，并和各个降压站 10 kV 侧构成 10 kV 环网供电系统。

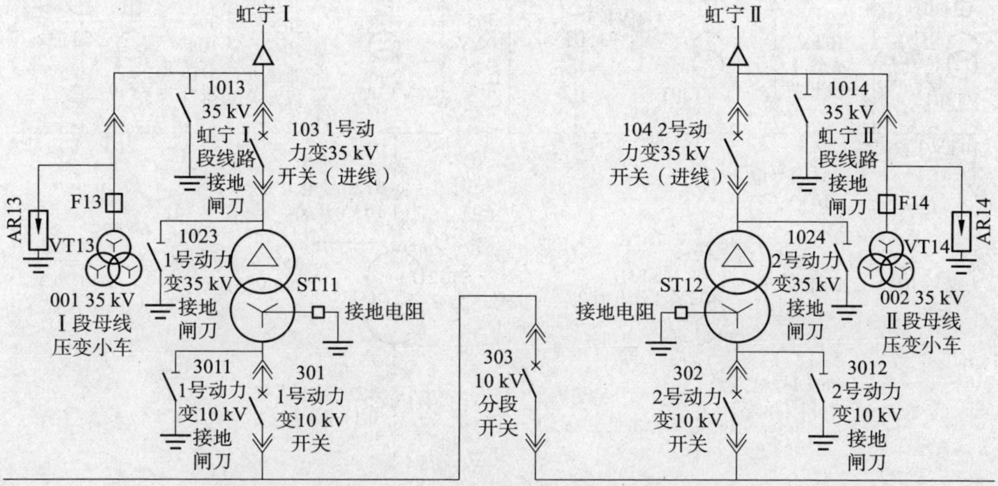

图 2-6　中心变电站 35 kV 接线

2. 三级供电降压变电站 10 kV 接线

降压变电站接线在单母线的基础上将母线分为两段，由分段开关进行连接，称为单母线分段接线，如图 2-7 所示。Ⅰ/Ⅱ段母线上分别接 10 kV 进线、馈出线和电力变开关。当其中一段母线或分段开关需要清扫、维修时，可以将分段开关改至检修位置，另一段母线仍可照常工作。如果有一段母线发生故障，继电保护装置可迅速断开 10 kV 电力变开关和故障母线上的电源开关，而没有故障的一段母线仍能继续工作，这样可达到很高的供电可靠性。

目前有些城市轨道交通降压变电站正常运行时，其 10 kV 分段开关的自切功能是退出的。

3. 两级供电降压变电站 35 kV 接线

降压变电站接线在单母线的基础上将母线分为两段，由分段开关进行连接，称为单母线分段接线。Ⅰ/Ⅱ段母线上分别接 35 kV 进线、馈出线和电力变开关。当其中一段母线或分段开关需要清扫、维修时，可以将分段开关改至检修位置，另一段母线仍可照常工作。如果有一段母线发生故障，继电保护装置可迅速断开 35 kV电力变开关和故障母线上的电源开关，而没有故障的一段母线仍能继续工作，这样可达到很高的供电可靠性。

4. 降压变电站 0.4 kV 接线

降压变电站 0.4 kV 接线为单母线分段接线，这种接线方式的最大优点是供

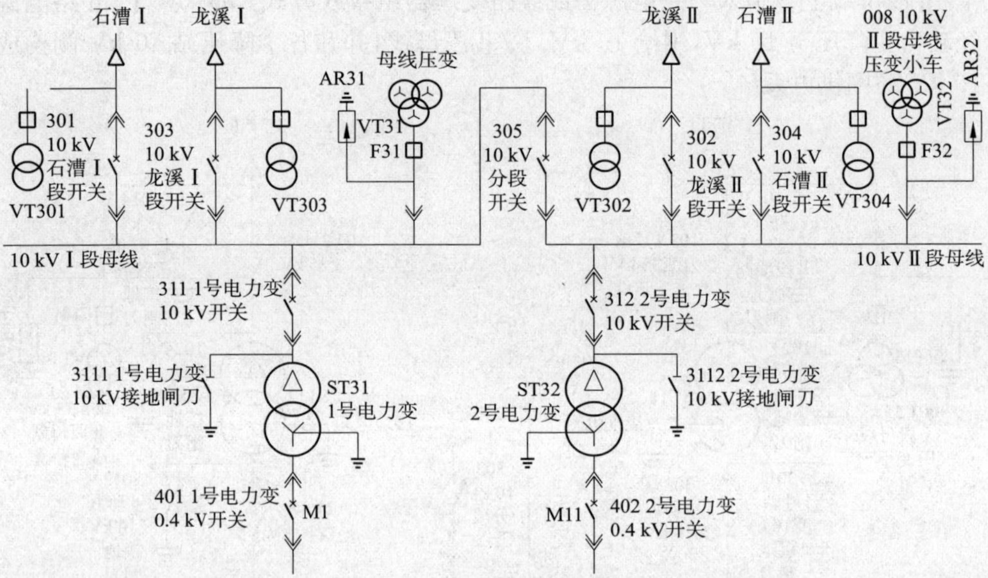

图 2-7 降压变电站接线

电可靠性高，任何一路失电，0.4 kV 分段开关都会自切，保证失电段正常供电。与主变 35 kV 接线不同的是，0.4 kV Ⅰ/Ⅱ段母线上专门设有三类负荷开关，将所有三类负荷的出线都归纳其下，当 0.4 kV 分段开关自切时，失电段的三类负荷被自动切除，以保证重要负荷的供电。另外，0.4 kV Ⅰ/Ⅱ段母线上还各设有补偿电容器组或有源滤波装置，根据本站 0.4 kV 电力系统无功负荷情况自动进行补偿。当功率因数低于 0.8 时自动进行补偿，当功率因数高于 0.95 时自动退出补偿。

2.1.4 牵引变电站一次接线

1. 35 kV 接线

牵引变电站 35 kV 接线为单母线接线方式，母线上有 35 kV 进线和联络开关各一台，有两台整流变开关，这样的接线方式结构清晰简单，倒闸操作方便，节省投资。35 kV 接线方式如图 2-8 所示，图中 35 kV 开关是小车式的，维修开关时，只需将开关小车拉至仓外检修位置，就可对开关进行检修。在进线开关一侧，有测量线路电压的电压互感器或电容感应式来电显示器，如图 2-8 中的 VT11 和 VT12，可以很方便地观察线路电压。打开线路开关，合上线路接地闸刀，就可以进行线路检修。此时本站电源由另一条联络线路供给，不受线路检修影响。为了防止牵引变电站遭受雷击，在进线线路一侧装有避雷器，如图 2-8 中的 AR11 和 AR12。为方便检修，一般在整流变 35 kV 一侧设有接地闸刀。

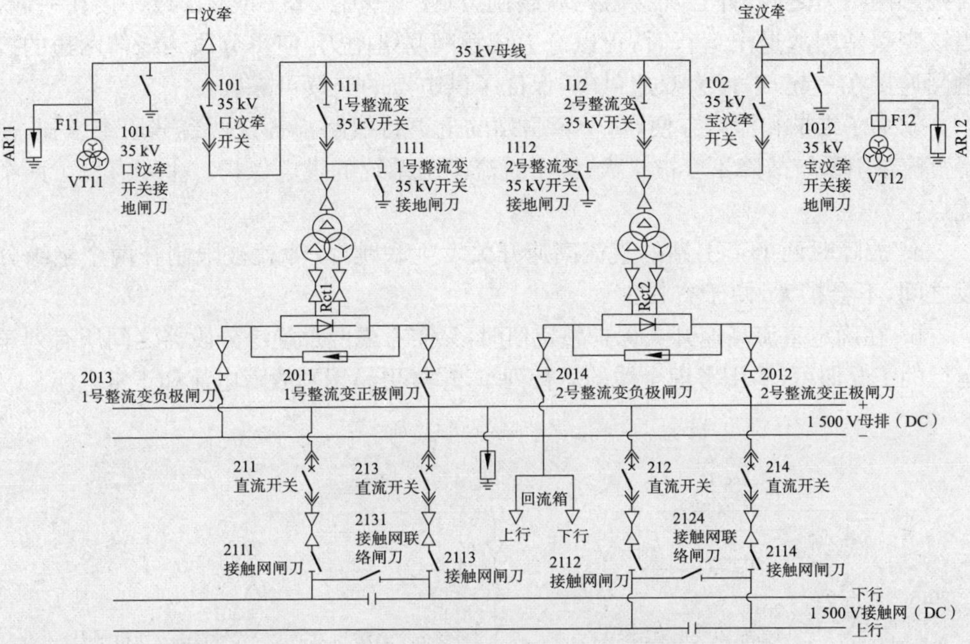

图 2-8　35 kV 接线(开关为小车式)

2. DC 1 500 V 接线

DC 1 500 V 接线如图 2-9 所示，整流器的正端通过正极闸刀将直流电送到 1 500 V 正母线，正母线通过四台直流高速开关和接触网闸刀将直流电分别送到上、下行触网，供给电客列车。电客列车又通过车轮、钢轨和回流电缆将回流电送到回流箱，再由回流箱将回流电送回整流器负端。为了防止操作过电压对设备造成破坏，在整流器正、负极之间并接避雷器。DC 1 500 V 正母线上的避雷器是为了防止雷电浪涌安装的。

DC 1500 V 接线存在以下缺点：

①当 DC 1 500 V 母线发生故障或要清扫、检修时，需要全部停电。

②当连接在母线上的四台直流高速开关柜中的任何一台需要维修时，需要全部停电。

③修理任何一台直流高速开关小车(图 2-9 中 211～214)时，直流高速开关所在的线路一定要停电。

DC 1 500 V 接线存在以下优点：

①接线结构简单、清晰、操作简便，并且直流高速开关小车与开关柜之间容易制作成可靠的联锁，可以避免发生误操作。这种接线投资少，运行费用相对较低。

②上行线和下行线接触网上都有绝缘分段器，分别接在上行线和下行线的两

台接触网闸刀之间，并且和接触网联络闸刀（图 2-9 中 2131 或 2124）并接在一起，当该牵引站因故退出运行时，可以合上接触网联络闸刀，使得分段绝缘器两边的接触网连接在一起，进行大双边供电，保证了供电点的连续可靠。

③为了维护和检修方便，每个牵引站的上下行线路都各设两台分段绝缘器，使得直流牵引系统故障不会被扩大，便于直流牵引系统的继电保护。主要有以下两个优点：

a. 故障时两个牵引站的直流高速开关发生联跳，故障就被限制在两个绝缘分段之间，不会扩大，便于查找。

b. 在确定直流高速开关保护整定值时，只需考虑两个绝缘分段器之间所有列车运行的工况即可，不用考虑全线的运行列车，这样更易识别故障电流和正常电流。

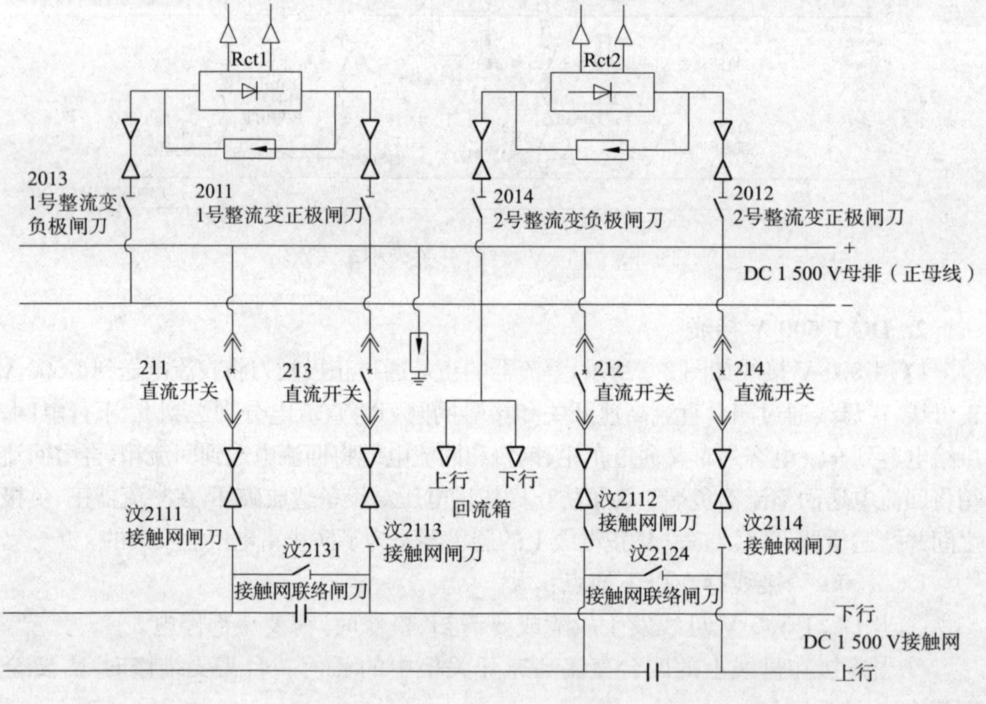

图 2-9　DC 1 500 V 接线

2.1.5　牵降混合变电站一次接线

1. 35 kV 接线

牵降混合变电站，是牵引变电站与降压变电站的综合体，其接线方式是在单母线的基础上将母线分为两段，由分段开关进行连接，称为单母线分段接线。Ⅰ/Ⅱ

段母线上分别接 35 kV 进线、馈出线和电力变开关，两台整流变开关接于其中某一段母线上。当其中一段母线或分段开关需要清扫、维修时，可以将分段开关改至检修位置，另一段母线仍可照常工作。如果有一段母线发生故障，继电保护装置可迅速断开 35 kV 电力变开关、母线上的整流变开关及故障母线上的电源开关，而没有故障的一段母线仍能继续工作，这样可达到很高的供电可靠性。

2. 400 V 接线和 1 500 V 接线

400 V 接线和 1 500 V 接线方式与降压变电站和牵引变电站接线方式一致。

2.2　城市轨道交通供电系统环网

2.2.1　环网概念

城市轨道交通供电系统属于集中受电，一条线路通常有两座或两座以上主变电站，各自从不同源的市电网接受两路电源，经 1 号和 2 号主变降压，分别通过其 35 kV Ⅰ/Ⅱ段母线对所辖负荷构成两路供电网络。在这个网络中各牵引变电站或混合变电站相互之间都有联络线，形成相互连接的网络。各牵引变电站或混合变电站除了从主变接受电源以外，还可以通过联络线从邻站接受电源，同样也可以向邻站馈出电源，这种接线形式就称为环网。正常运行时，主变电站 35 kV Ⅰ/Ⅱ段母线对所辖负荷分别供电，各个主变电站各自向所辖的负荷供电，各自的供电网络互不相连，但当电源线路检修或故障时，正常运行的主变电站通过其中一路网联开关向另一主变电站供电，这时两个主变的两个网络中的一路供电网络就联系在一起，大大提高了供电的可靠性。

随着城市轨道交通的发展，其供电需求及对供电可靠性的要求越来越高，已经逐步发展出了跨线的供电环网，如上海地铁 4 号线和 6 号线的 35 kV 供电环网，8 号线和 11 号线的供电环网。这种环网可以提高供电的可靠性，相对节省投资。缺点是使继电保护变得复杂和困难，变压器的备用容量须选取得较大。

2.2.2　35 kV 环网

1. 环网形式

城市轨道交通 35 kV 供电系统的环网接线方式主要有星形连接和串联型连接两种。

(1)星形连接

星形连接中主变对牵引站、中心降压站和电源开闭站的供电直接从其 35 kV Ⅰ/Ⅱ段母线分别引出，有几个牵引站就引出几条供电线路，有几个中心降压站就分别从主变 35 kV Ⅰ/Ⅱ段母线各引出几条线路(一个中心站 35 kV Ⅰ/Ⅱ段共有两条电源线路)。这样一座主变电站 35 kV 系统就有 35 kV Ⅰ段和Ⅱ段供电网络,正常运行时各自负责对所管辖的负荷进行供电。

为确保列车运行的供电可靠,在设计城市轨道交通线路时,通常每隔 1~2 座客运车站设一座牵引变电站。当某一座牵引变电站进线电源因故退出时,相邻的牵引变电站通过联络线能进行支援,由此就构成了相互支援的供电网络,不会因一座牵引变电站进线电源失电而影响对列车的供电,从而有力地保证了供电的可靠性。对于星形连接,如果第一座牵引变电站是从主变电站 35 kV Ⅰ段受电,那么第二座牵引变电站就从主变电站 35 kV Ⅱ段受电,每座牵引变电站都有一路和邻站相连的 35 kV 线路作为备用电源。当某一座牵引变电站进线电源线路因故退出运行,就可以投入备用电源线路,即联络线路。如果某一 110 kV 进线电源或一座主变压器因故退出运行,可以通过两个主变电站 35 kV 系统Ⅰ/Ⅱ段联络开关进行跨区域供电,保证因故退出的主变电站所辖负荷的供电。

(2)串联型连接

串联型连接的特点(和星形连接相比)是从主变 35 kV Ⅰ/Ⅱ母线馈出线路较少,一般有两三路,优点是投资节省。串联型连接中主变 35 kV Ⅰ/Ⅱ母线上分别馈出一路线送至牵降混合变电站的 35 kV Ⅰ/Ⅱ母线,然后再由牵降混合变电站 35 kV Ⅰ/Ⅱ馈出线开关分别将Ⅰ/Ⅱ段电源送至下一站的 35 kV Ⅰ/Ⅱ母线,这样一站接一站地往下送,直至本区域供电的末端站。这种接线方式的缺点是只要中间有一个节点故障,后面几个站的供电都将受到影响。

为此,牵降混合变电站的 35 kV Ⅰ/Ⅱ母线分段开关在正常运行时处于热备用状态。如果牵降混合变电站的 35 kV 进线电源线路故障,分段开关自切,由无故障的一段担负本站或本供电区域内失电段的牵引和车站一、二级负荷的供电。此时下一级牵引降压变电站的 35 kV 分段开关不能合闸。各站 35 kV 分段开关自切配合时间为 $T_n = \mathrm{T} + n \times 0.5$,其中 n 为本供电区域末端第 n(n=1、2、3、4…)座变电站;T_n 为本供电区域末端第 n 座牵引降压混合变电站的分段开关自切时间;T 为主变电站 35 kV 分段开关自切时间,T=0.3 s。

对于串联型连接,如果某一 110 kV 进线电源或一座主变电站因故退出运行,同样可以通过两个主变电站 35 kV 系统Ⅰ/Ⅱ段网联开关进行跨区域供电,保证因故退出的主变电站所辖负荷的供电。但被跨区域供电的变电站 35 kV 分段开关自动切换功能应退出,以防止两个不同源的电源意外并网。

2. 环网的跨区域供电及相互支援

一条轨道交通线通常有两至三座主变电站,它们都有各自的供电区域,正常运行时区域内主变各自的供电网络互不相连。当某主变电站的进线电源或主变压器因故退出运行时，就需要相邻主变电站的电力支援，而不是通过本站 35 kV 分段开关合闸来实现对失电段的供电，因为这样的运行方式其备用电源不具备 $N-1\geqslant1$ 的要求（N 为引入的电源数量，包括备用的），连续供电的可靠性不高。

电力支援方法通过合上 35 kV Ⅰ段或Ⅱ段网联开关，使得相邻主变电站的电力跨区送到因故失电区域。网联开关通常位于供电区域分界线的两侧，正常运行时置于热备用或非自动状态。需要投入运行时，先调整各级开关继电保护整定值，然后由调度发令进行倒闸操作。对于星形连接来说，35 kV Ⅰ段或Ⅱ段网联开关分别在供电区域分界线两侧的两个牵引变电站，如果要投入 35 kV Ⅰ段网联开关，需合上分界线左侧牵引站的网联开关，如果要投入Ⅱ段的，需合上右侧牵引站的网联开关。需要注意的是，一旦进行跨区环网供电，主变电站 35 kV 分段开关必须处于冷备用或非自动状态，以防止非同源的电源意外合并。对于串联型连接来说，35 kV Ⅰ段或Ⅱ段网联开关分别在供电区域分界线一侧的同一个牵引降压变电站，如果要投入 35 kV Ⅰ段或Ⅱ段网联开关，可分别合上牵引降压变电站的 35 kVⅠ段或Ⅱ段网联开关。同样也要注意，一旦进行跨区环网供电，被跨区域供电的变电站 35 kV 分段开关必须处于冷备用或非自动状态，以防止非同源的电源意外合并。

3. 跨区域供电情况下的继电保护

一般来说整个 35 kV Ⅰ/Ⅱ段环网供电系统的各级开关共设有三组继电保护整定值，第一组为正常运行方式的整定值；第二组为非正常运行方式的整定值，此时左侧主变电站 35 kV Ⅰ段或Ⅱ段进线电源退出运行，由右侧主变电站 35 kV Ⅰ段或Ⅱ段跨区域向左侧失电区域供电；第三组也为非正常运行方式的整定值，此时右侧主变电站 35 kV Ⅰ段或Ⅱ段进线电源退出运行，由左侧主变电站 35 kV Ⅰ段或Ⅱ段跨区域向左侧失电区域供电。注意在改变运行方式之前必须先改变失电区域各级开关的整定值。

环网继电保护将每一组主保护配置为线路纵差，将后备保护配置为过流、零序和失压，其中过流和零序各自又可以根据需要分为一阶段和二阶段。

2.2.3 10 kV 环网

城市轨道交通供电系统 10 kV 环网的接线方式是串联型的，与 35 kV 环网串联型接线方式不同的是，10 kV 降压站的受电从中心降压站 10 kV Ⅰ/Ⅱ母线取得；所有降压站的 10 kV 分段开关自切装置全部退出运行，0.4 kV 分段开关自切装置投入运行。

第3章　城市轨道交通供电系统主要设备

3.1　油浸式变压器

3.1.1　作用和原理

变压器是一种通过改变电压而传输交流电能的静止感应电器。它根据电磁感应的原理，把某一等级的交流电压变换成另一等级的交流电压，以满足不同负荷的需要。在电力系统中，变压器占有极其重要的地位。

1. 单相变压器的工作原理

变压器主要由铁芯和绕组组成，前者构成磁路，后者构成电路，它是根据电磁感应原理工作的。单相变压器原理如图 3-1 所示，在闭合的铁芯上，绕有两个互相绝缘的绕组，接入电源的一侧称为一次侧绕组，输出电能的一侧称为二次侧绕组。当交流电压 U_1 加到一次侧绕组后，有交流电流 I_1 通过该绕组，在铁芯中产生交流磁通 Φ。交流磁通穿过一次侧绕组，同时也穿过二次侧绕组，两个绕组上分别产生感应电势 E_1 和 E_2。如果二次侧绕组与外电路的负荷接通，便有电流 I_2 流入负荷，即二次侧绕组有电能输出。

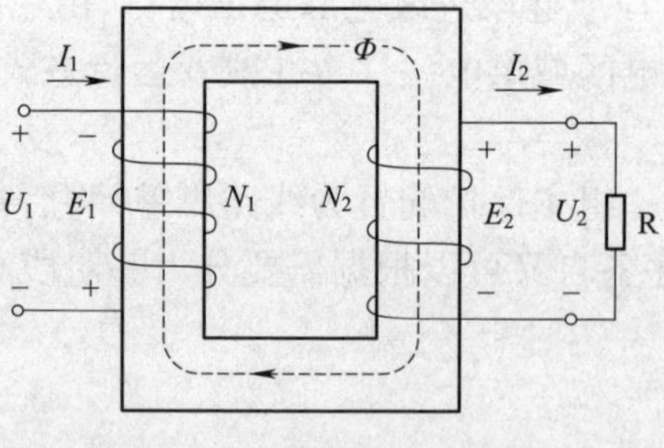

图 3-1　单相变压器原理

变压器一、二次侧感应电动势之比等于一、二次侧绕组匝数之比。变压器一、二次侧电流之比与一、二次侧绕组的匝数成反比。

2. 三相变压器的工作原理

如果把三台单相变压器按照一定的规律连接起来可以组成一个三相变压器

组，这时每一台变压器有自己独立的磁路，各相磁路互不相关。如果把三相的一、二次绕组同时绕制在同一台铁芯上，则可以构成一台三相变压器。三相变压器的铁芯一般有3个芯柱，每个芯柱都套装着一、二次绕组，各相磁路相互关联。在对称负荷下，各相电压、电流大小相等，相位彼此相差120°。三相变压器的铁芯磁路不对称，中柱激磁电流较边柱激磁电流小，一般A、C相空载电流相同，约为B相空载电流的1.2～1.5倍。由于变压器的空载电流数值很小，与额定电流相比可以忽略不计，因此，空载电流的不平衡，不会对变压器运行产生显著影响。

大型的三相变压器为降低自身高度，将铁芯做成三芯五柱式，如图3-2所示，中间三个铁芯柱上分别套有A、B、C三相绕组。

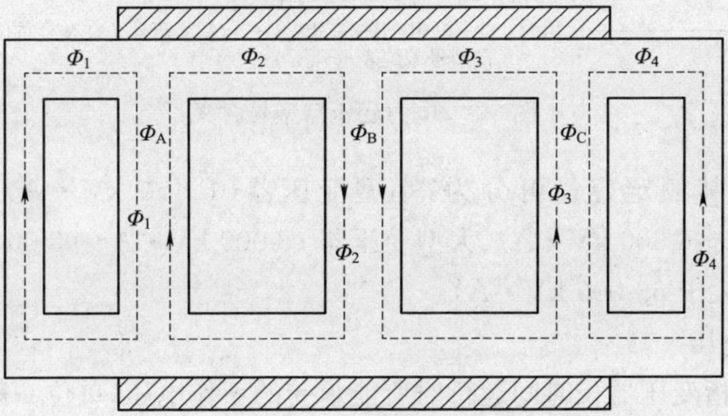

图3-2　三芯五柱式铁芯

三芯五柱式各磁通的向量关系同普通三相星形连接时相电压和线电压的关系相似。当三相磁路对称时，铁轭和边柱中的磁通 Φ_1、Φ_2、Φ_3、Φ_4 将为铁芯柱中磁通 Φ_A、Φ_B、Φ_C 的 $1/\sqrt{3}$，与三柱式铁芯相比，磁轭（或铁轭）截面及其高度可降至原来的 $1/\sqrt{3}$，从而使整个铁芯高度降低。三相变压器由于铁芯材料省、成本低，得到广泛的应用。

3. 电力变压器参数

(1)型号

电力变压器型号中各参数含义如图3-3所示。

例如，SZ-31 500/110表示三相有载调压，额定容量为31 500 kV · A，高压绕组额定电压为110 kV的电力变压器。在变压器型号后可加注防护型代号，TH为湿热型，TA为干热型。

(2)额定容量

额定容量指电力变压器在额定电压、额定电流下连续运行时输送的容量，其计算公式:单相电力变压器,$S_e = U_e I_e \times 10^{-3}$;三相电力变压器,$S_e = \sqrt{3} U_e I_e \times 10^{-3}$。式中,$U_e$ 为变压器一次侧的额定电压,V;I_e为变压器一次侧的额定电流,A;S_e 为额定容量,kV·A。

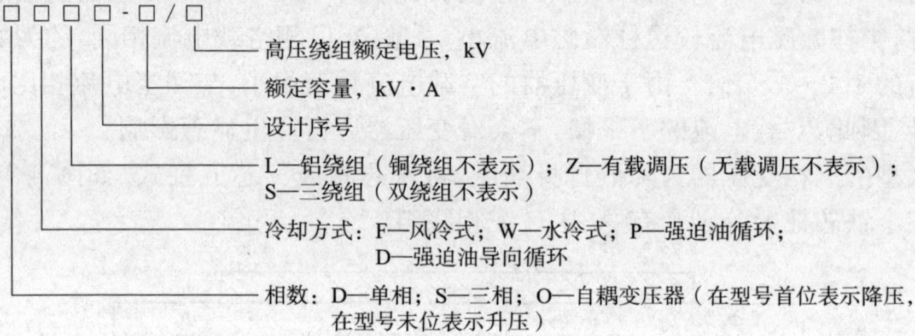

图 3-3 电力变压器型号含义

变压器按其额定容量可分为:小型变压器(1 600 kV·A)、中型变压器(1 600kV·A~6 300 kV·A)、大型变压器(8 000 kV·A~63 000 kV·A)和特大型变压器(大于 63 000 kV·A)。

(3)额定电压

额定电压指变压器长时间运行时所能承受的工作电压,单位一般为 kV。

(4)额定电流

额定电流指变压器在额定容量下,允许长期通过的线电流。

(5)空载电流

主变压器一次绕组接入额定电压,二次绕组开路时,流过一次绕组的电流,称为空载电流 I_0,一般只有 $1\% I_e \sim 5\% I_e$,大型变压器在 $1\% I_e$以下,I_e为额定电流。

(6)空载损耗(铁损)

变压器在空载运行状态下产生的有功损耗,称为变压器的空载损耗 P_0。空载损耗由两部分组成,即空载电流 I_0流经一次绕组在其电阻 R 上的有功损耗和磁通在铁芯中引起的损耗,由于 I_0很小,$I_0{}^2 R$ 可以忽略不计。因此,空载损耗主要为铁芯中的损耗,故空载损耗又称为铁损。

铁损主要由磁滞损耗和涡流损耗两部分组成。漏磁通在铁芯夹件、油箱等构件中引起的涡流损耗,以及铁芯接缝处磁通分布不均所引起的损耗,统称为附加铁损。这些损耗都和电源频率及磁通密度有关。因此除采用优质硅钢片(晶粒取向冷轧硅钢片)做铁芯外,还应在工艺上通过采用斜接缝(可减少接缝数),用非磁性材料绑扎带代替夹紧螺栓等措施降低总铁损。

(7)负载损耗

当变压器一次绕组接到额定电压上，二次绕组接上负载时，在一、二次绕组内就有负载电流，变压器就进入负载运行状态。负载电流流过一、二次绕组时，在其导线内产生的电阻损耗，称为变压器的负载损耗。实际上的负载损耗还包括导线的涡流损耗、环流损耗、引线损耗等附加损耗。

变压器的额定负载损耗是指变压器绕组中通以额定电流时在一、二次绕组中产生的负载损耗，以及将绕组直流电阻折算至75 ℃时的损耗值。通常将低压绕组短路，将高压绕组置于额定分接位置，施加额定频率的额定电流时，从电源吸取的有功功率即为额定负载损耗。

(8)阻抗电压

阻抗电压用变压器二次绕组短路时，一次绕组上施加的使一次绕组达到额定电流值时的电压与一次绕组额定电压的百分比值表示。

3.1.2　接线组别和应用

接线组别用来表示变压器各侧绕组的连接方式及两侧相应的线电压之间的相位差。变压器接线组别的表示方法是：大写字母表示一次侧(或原边)的接线方式，小写字母表示二次侧(或副边)的接线方式。Y(或y)为星形接线，D(或d)为三角形接线。数字采用时钟表示法，用来表示一、二次侧线电压的相位关系，一次侧线电压向量作为分针，固定指在时钟12点的位置，二次侧线电压向量作为时针。例如："Y,d11"中"Y"表示高压侧为星形接线；"d"表示低压侧为三角形接线；"11"表示变压器低压侧的线电压 U_{ab} 滞后高压侧线电压 U_{ab} 330°(或超前30°)。

变压器有四种基本接线方式："Y,y"、"D,y"、"Y,d"和"D,d"。我国常用"Y,y"、"D,y"和"Y,d"。由于Y连接时还分为带中性线和不带中性线两种，不带中性线不增加任何符号表示，带中性线则用"Y_n"表示。例如："Y_n,d"表示一次侧接线为星形带中性线的接线，二次侧为三角形接线。

牵引变电站会产生大量的谐波，考虑到抑制齐次谐波的需要，在35 kV侧主变压器、整流变压器和中心降压变压器都是三角形接线；110 kV是直接接地系统，在操作时为防止操作过电压和涌流需要，将主变中性点接地，所以主变110 kV侧为星形接线。因此主变压器的接线组别一般为"Y,d"系列。中心降压变压器的10 kV侧为经电阻接地的小电流接地系统，所以中心降压变压器的接线组别一般为"D,y"系列。牵引变压器为了适应24脉波直流的输出，其低压侧输出为两路，每台整流变压器的两组低压绕组输出的相位差为30°，这样构成了12脉波整流变压器，每台整流变压器在35 kV侧采用延边三角形接线各自移相±7.5°，两台整流变压器就组成了 24 脉波整流变压器。所以整流变压器的接线组别为“D,d+7.5°”和“D,d−7.5°”。其中 D 为延边三角形接线。

采用整流变压器的目的就是组成 12 脉波、24 脉波、48 脉波整流方式,降低出现电力谐波的次数和幅度,防止整流中出现的电力谐波向系统(电源侧)传送,保障自身和其他电力用户的电能质量。

只有用两台变压器联合接线,即将两个变压器的高压接在一起,低压也对应接在一起,才能达到提高脉动次数,降低谐波幅值和降低谐波出现次数的目的。

3.1.3 结构

油浸式变压器主要由器身(铁芯、绕组等)、油箱、冷却装置、保护装置、出线套管、绝缘油等组成。人们在设计、制造和运行油浸式变压器方面累积了丰富经验,因此油浸式变压器能在大多数场合可靠运行,特别是在大容量、超高压系统中得到了广泛应用。油浸式变压器结构示意如图 3-4 所示。

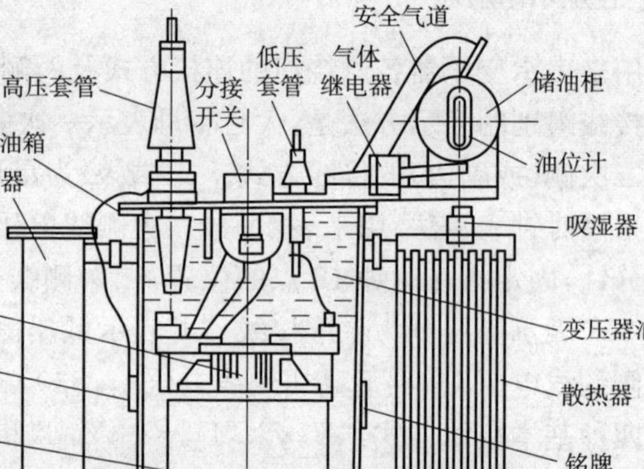

图 3-4 油浸式变压器结构示意

1. 铁芯

铁芯是变压器最基本的组成部分之一。变压器常用的铁芯结构有内铁式(芯式)和外铁式(壳式)两种,目前绝大多数变压器铁芯都是内铁式结构。内铁式的铁芯是垂直放置的,铁芯截面多为分级圆柱式,绕组包围芯柱。外铁式的铁芯包围绕组、水平放置,铁芯截面为矩形,有旁轭。

铁芯材料要求磁导率高，磁滞、涡流损耗小，目前普遍使用 0.25～0.35 mm 厚的冷轧硅钢片，其表面用绝缘漆处理，以降低和限制涡流损耗。一般冷轧硅钢片采用 45°斜切硅钢片的叠装法，降低空载损耗及变压器的噪声。

小容量变压器的铁芯截面形状一般做成方形或长方形。大型变压器为了节省材料和充分利用空间，将铁芯截面形状做成多级阶梯形，且在铁芯中设计了散热油道。

铁芯夹紧装置是将导磁体组成整体的紧固结构。根据电压等级和容量的不同，目前夹紧结构主要采用无孔绑扎、拉螺杆结构和无孔绑扎、拉板结构。这两种夹紧方式，取消了夹紧装置穿芯螺杆，芯柱部分由环氧无纬玻璃丝带绑扎，硅钢片不穿孔，既简化了工艺，减少了铁芯损耗，又消除了因穿芯螺杆绝缘损坏而导致铁芯多点接地的隐患。无孔绑扎、拉螺杆结构用于 10 kV～35 kV 级 6 300 kV · A 及以下中小型变压器铁芯上，无孔绑扎、拉板结构用于 110 kV 级 6 300 kV · A 以上的大型变压器铁芯。

变压器在运行中或试验时，由于静电感应，将在铁芯或其他金属构件上产生静电荷积累，出现悬浮电位，造成对地放电，威胁变压器的安全运行。因此，必须将铁芯及其所有金属构件（穿芯螺杆除外）可靠接地。由于铁芯叠片间的绝缘电阻较小，只需将铁芯和任意一硅钢片及金属构件经油箱接地即可。值得注意的是，铁芯只允许有一点接地，如果有两点或两点以上接地，则接地点之间可能形成闭合回路，产生环流，使铁芯局部过热，严重时会将铁芯局部烧坏。因此，不同夹紧结构的铁芯应采用不同的接地结构。铁芯经油箱接地的结构如图 3-5 所示。

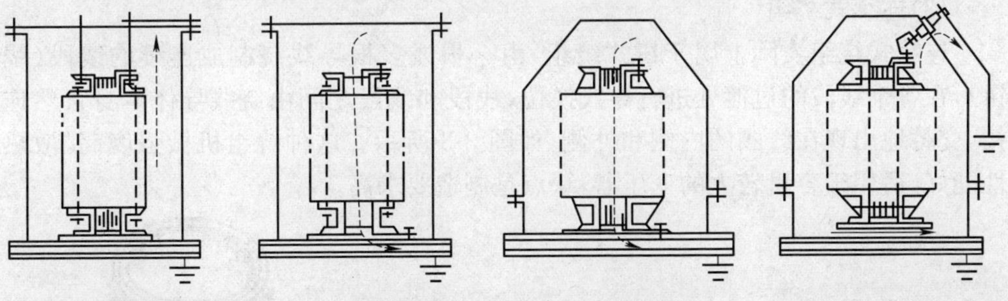

(a) 有拉螺杆和吊螺杆　(b) 只有拉螺杆　(c) 上下夹件绝缘　(d) 有拉板经套管引出接地

图 3-5　铁芯经油箱接地的结构

2. 绕组

绕组又称线圈，也是变压器的基本元件之一，由绝缘铜导线或铝导线绕制而成。大容量变压器的绕组都由铜导线制成。因为这种绕组有较好的机械性能，不易变形，一般都绕成圆形，节省铜线，同时也易于绕制。高低压绕组一般用同心式排列，即高压绕组在外面，低压绕组在里面。下面介绍几种主要的线圈形式。

（1）圆筒式绕组

圆筒式绕组可绕成单层、双层和多层结构，如图 3-6 所示。单层绕组多用于小容量变压器的低压绕组，多层绕组多用于小容量变压器的高压绕组。常用圆导线或扁导线绕制，各个线匝靠紧，顺着绕成一个螺旋形的圆筒，层间可留有供散热的油隙，但端部支撑的稳定性较差。圆筒式绕组一般适用于容量在 630 kV · A 以下电压较低的变压器。

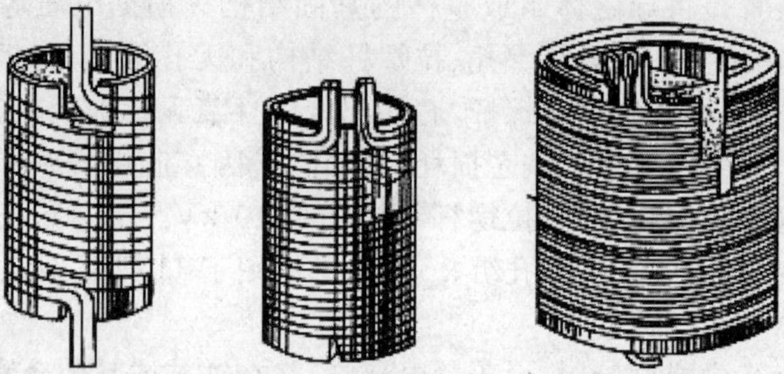

(a) 单层　(b) 双层　(c) 多层

图 3-6　圆筒式绕组结构

（2）饼式绕组

饼式绕组由扁铜线盘绕而成，先在辐向绕成线饼，各个线饼再沿轴向排列。常做成双饼，使线段的起始端头和终了端头都在线圈的外侧，以便串联组成一个完整的绕组，双饼绕组结构如图 3-7 所示。

（3）连续式绕组

连续式绕组实际上属于饼式绕组，由一根或多根导线绕制成连续的线段（线饼），在各个线段的过渡处进行导线换位，线段和线段之间由绕线导体本身自然连接，交替地出现在线圈的内侧和外侧，如图 3-8 所示。这种绕组机械强度高，散热性能好，适用于容量较大的变压器，缺点是制造要求高。

图 3-7　双饼绕组结构

图 3-8　连续式绕组结构

(4)纠结式绕组

纠结式绕组是一种特殊的连续式绕组，其相邻的两线段在电气上先间隔几个线段后再串联，绕组绕制时需要进行交错纠结换位。纠结使绕组的串联电容增大，可改善遭受冲击电压时的电压分布。纠结式绕组在大型电力变压器的高压绕组中得到广泛应用，全绝缘的 110 kV 变压器高压绕组采用纠结式绕组。

(5)螺旋式绕组

将多根扁线沿辐向叠在一起，再沿轴向绕成一个螺旋式的绕组，它的每一匝即形成一个"饼式"线段，匝间用垫块隔开，既作径向油道散热又作绝缘用，因此也属于饼式绕组结构。螺旋式绕组一般用在电压在 35 kV 及以下、容量在 800 kV · A 以上的变压器的低压绕组上，匝数多的高压线圈一般不采用螺旋式绕组。

3. 油箱

油箱是油浸式变压器的外壳，器身放置在油箱内，箱内充满了变压器油。变压器油的作用是绝缘和散热。按变压器容量大小，油箱结构基本上有以下两种形式。

(1)吊芯式油箱

吊芯式油箱结构如图 3-9 所示，一般用于容量较小的变压器。箱壳由钢板焊接而成，变压器器身放在箱壳内。箱壳上焊有(或安装)散热器和净油器的连接法兰、吊耳、放油阀门、铭牌座等。油箱的上部箱盖可以打开，箱盖上开有安装各种附件的孔洞，依靠箱沿四周的多个螺栓与箱壳紧固在一起。变压器本体检查或检修时，可在拆卸箱盖后，将器身整体吊出。

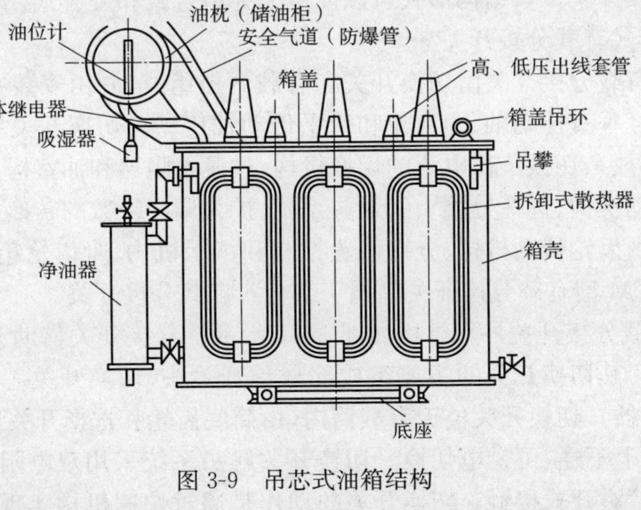

图 3-9　吊芯式油箱结构

(2)吊罩式油箱

吊罩式油箱的箱壳像一只钟罩，结构如图 3-10 所示。吊罩式油箱分为上节油箱和下节油箱。上节油箱的拱顶及箱壁上焊有安装各种附件的结构件，下节油箱上布置了器身定位件、放油阀门管接头、密封胶条护框、吊轴及吊轴槽钢、小车底板、接地螺栓等。当器身要进行检查或检修时，只要拆去箱沿四周的紧固螺栓，吊起外面钟罩形状的箱壳(即上节油箱)，器身便全部暴露在空气中。目前这种油箱结构在大型电力变压器中得到广泛应用。

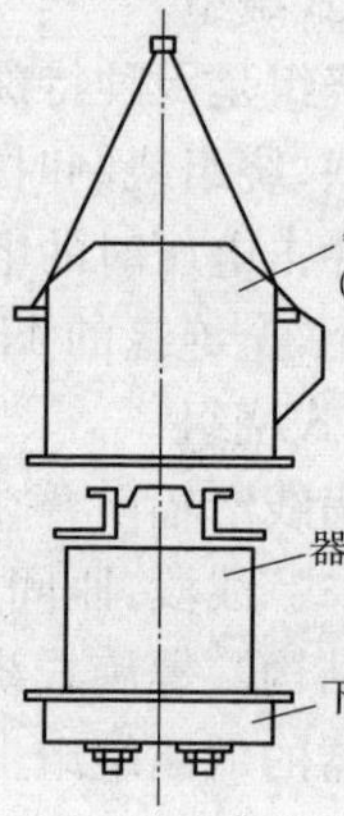

图 3-10 吊罩式油箱结构

3.1.4 分接开关

电力系统正常运行时，必须控制电压的波动，一般规定电压波动范围不得超过额定电压的±5%。为了保证电压波动在一定范围内，必须进行调压。调压方式分为无载调压和有载调压两种，相应的分接开关为无载分接开关和有载分接开关。无载分接开关在变压器没有电压的情况下通过手动切换分接开关来改变变压器绕组的匝数，由此调节变压器的电压。分接开关的操作机构可以装在变压器箱盖上或油箱的侧壁。有载分接开关在变压器不中断负载的情况下，通过改变变压比来调整变压器的电压。

1. 有载分接开关的分类

有载分接开关按其结构形式可以简单分为组合式和复合式。

(1)组合式有载分接开关

组合式有载分接开关由切换开关和有载调挡组成，并由安装在变压器箱壁上的电动机构经垂直传动轴、伞齿轮和水平传动轴传动。切换开关主要由快速机构(弹簧储能释放)、切换负荷电流的切换机构、过渡电阻器和油室构成。有载调挡主要由步进传动机构、选择分接头的触头系统、扩大调压级数的转换选择器构成。电动机构主要由齿轮传动机构、分接位置控制和指示机构、伞齿轮箱和传动轴构成。M 型、ZY1、CM 型有载分接开关都属于组合式有载分接开关。

M 型有载分接开关外形结构如图 3-11 所示。分接开关借助开关头安装于变压器箱盖上。其切换开关的主要组成部分是开关头、切换开关芯子、切换开关油室、分接选择器。切换开关位于有载筒内，由筒底齿轮和选择开关形成机械上的联系，但在油路上不通，可带电切换。切换开关触头系统采用双电阻过渡，并联双断口“尾推补偿”对开式接触。切换开关的动作是通过快速机构实现的，快速机构采用枪机释放原理。

有载调挡采用笼形套轴结构，由带有定触头的绝缘板条、传动管、桥式触头及上、下法兰等组成，位于变压器本体内，不带电调挡。

(2)复合式有载分接开关

复合式有载分接开关把切换开关和分接选择器的功能合二为一，其在结构上把切换开关的切换机构与分接选择器触头系统合并，形成选择开关的切换机构，其他部件与组合式有载分接开关几乎相同。V型、FY型、CV型、SYXZ型有载分接开关都属于复合式有载分接开关。

V型有载分接开关外形结构如图3-12所示，其主要由开关头、油室、齿轮机构和开关芯子组成。

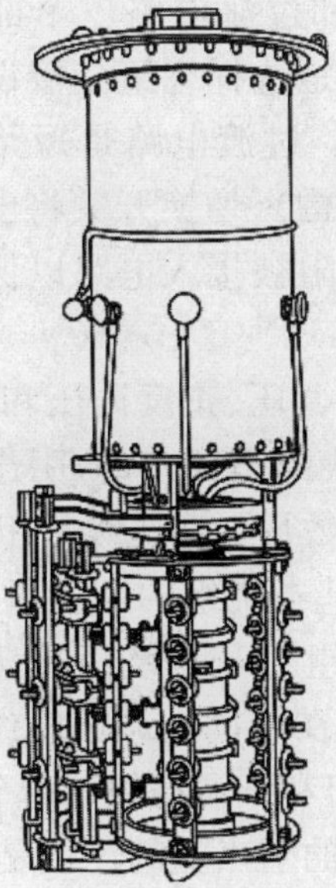

图3-11　M型有载分接开关外形结构

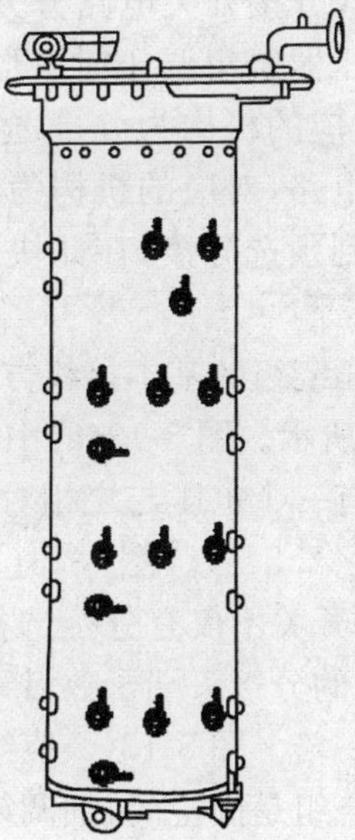

图3-12　V型有载分接开关外形结构

开关头的作用是将分接开关安装到变压器箱盖上，上面装有连接储油柜连管的管接头和连接油室放油阀的吸油管管接头。开关头用盖板封住，盖板具有压力释放阀的功能，带传动轴的上齿轮盒也装在盖板上。管接头和上齿轮盒都可以调转方向。

油室是由玻璃纤维增强聚酯树脂制成的绝缘筒。筒的上端安装开关头，下端有筒底封闭。转换选择器和选择开关的定触头分别沿绝缘筒的不同高度安装在筒的内壁上，并连接到筒壁外表面的接线端子。外部端子四周具有特殊设计的屏蔽环，可改善静电场的分布，提高雷电冲击耐压和工频耐压水平。

驱动选择开关轴和转换选择器的齿轮机构装在开关头内的机构底板上，它包括弹簧储能机构、操作选择开关的逐级机构、操作位置指示器、转换选择器的另一套逐级机构。逐级齿轮机构有自锁功能。经受高机械强度的所有零件都须经过表面热处理。齿轮机构无须维修。开关轴上端借助离合器销子连接到齿轮机构，下端定位于筒底中心的轴承中。转换选择器的触头支架位于开关轴的顶部，可以和开关轴分开转动。开关元件安装在开关轴与定触头相应的高度上。每个开关元件并排装有三个滚柱触头，它们在分接变换动作中的功能为通断触头或过渡弧触头。

分接开关芯子包括分接开关的整个动触头系统（选择开关和转换选择器的触头支座）。

2. 有载分接开关的工作原理

有载分接开关电路分为调压电路、选择电路和过渡电路三个部分。调压电路是变压器绕组调压时所形成的电路。选择电路是选择绕组分接设计的一套电路，所对应的机构为分接选择器和转换选择器等。过渡电路是短路分接间串接阻抗的电路，对应的机构为切换开关（包括快速机构），切换开关将电流从工作分接转移到预选分接，在此快速转换过程中，欧姆电阻被接入电路以保证电流转移不间断。

调压绕组的基本接线方式有三种，分别为线性调压、正反调压和粗细调压，如图 3-13 所示。图 3-13(a)中线性调压绕组与基本绕组是固定的，引出的每个分接头都只有一个电压与之相对应，开关的分接头端子数目与调压级数相同，调压范围为±(3×2.5%)。图 3-13(b)中正反调压绕组与基本绕组的连接可以正接，也可以反接，开关不仅有分接选择器，还有改变调压绕组与基本绕组接法的极性选择器，开关的分接头端子数目只有调压级数的一半。在相同的调压绕组上调压范围可增加一倍。图 3-13(c)绕组有基本绕组、粗调绕组和细调绕组三部分。基本绕组与粗调绕组是固定的，细调绕组的首端与粗调绕组的引出端的连接是可以改变的。此接线方式中开关不仅有选择细分接头的部分，还有改变细调绕组与粗调绕组接法的粗调分接选择器，开关细调分接头端子数目只有调压级数的一半。三种连接方式均可用于三相调压电路中。

此外，开关的操作是电动的，所以还有电动（驱动）机构，可以用按钮进行手动操作和远方操作，也可用手柄进行手动操作。分接开关从一个工作位置运动到邻近的另一个工作位置的过程中，电动机构由单一的控制信号启动，不间断地完成一次切换操作。电动机构备有防止两末端超位的电气限位装置，同时具有机械闭锁，即使电气开关失灵，机构输出轴也不能向超越极限位置的方向转动，以确保开关本体的安全。

(1)组合式有载分接开关工作原理

组合式有载分接开关的变换过程分为两个步骤：第一步，分接选择器在无电流下预选一个与工作分接相邻的分接；第二步，切换开关将电流从工作分接转移到预

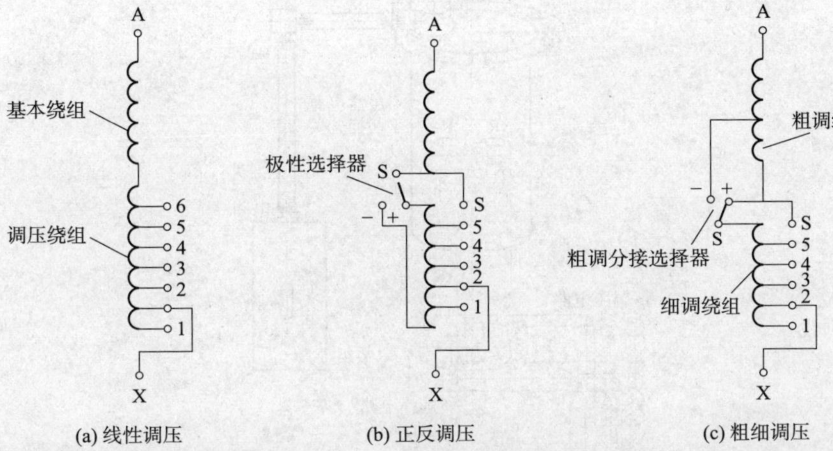

图 3-13　有载调压接线方式

选分接。整个顺序由电动机构驱动，包括驱动电机、减速机构和控制与保护装置等。上述机构通过星形槽轮驱动分接选择器，与此同时使储能机构储能，当储能弹簧储能完成后即驱动切换开关快速地完成操作循环。它的转换时间决定于开关形式和结构，约为 40～60 ms。一旦弹簧释放，不管电动机构是否在驱动，切换开关的操作循环立即完成。过渡电阻接入电路后承受负荷的时间随开关形式和结构的不同而不同，转换时间约为 20～30 ms。从电动机构启动到分接切换结束，变换一次总的时间，随分接开关的形式和结构的不同而不同，一般为 10 s。

组合式有载分接开关电路和结构示意如图 3-14 所示。调压电路各分接头(a～i)通过分接引线与选择电路的对应定触头(0～9)相连接。选择电路的触头分为两组，双数组动触头 S2 工作时，单数组动触头 S1 可在不带负载下选择一个分接头，反之也一样，因而选择电路中触头无烧蚀。过渡电路的定触头分为单数侧和双数侧，单数侧定触头 K1 和选择电路中单数组动触头 S1 的引出线相连，双数侧定触头 K4 和双数组动触头 S2 的引出线相连；双数侧动触头 J 按一定的操作程序左右带负载切换，就能切换到不同分接，其触头有烧蚀，因此用弹簧储能释放机构快速切换。图 3-14 中 A 为绕组线端，X 为电流引出端。

组合式有载分接开关的切换分接头过程(由 4 分接头向 3 分接头切换)如图 3-15所示。其工作程序为：接通某一分接头；选择下一分接头；选择结束；切换开始；桥接两分接头；切换结束；接通下一分接头。

(2)复合式有载分接开关工作原理

复合式有载分接开关没有单独的过渡电路，它将过渡电路和选择电路合二为一，在结构上也就没有单独的切换开关。复合式有载分接开关电路和结构示意如

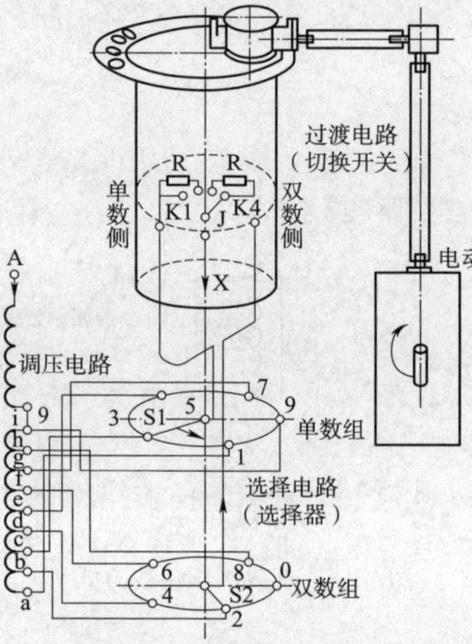

图 3-14 组合式有载分接开关电路和结构示意（只表示一相）

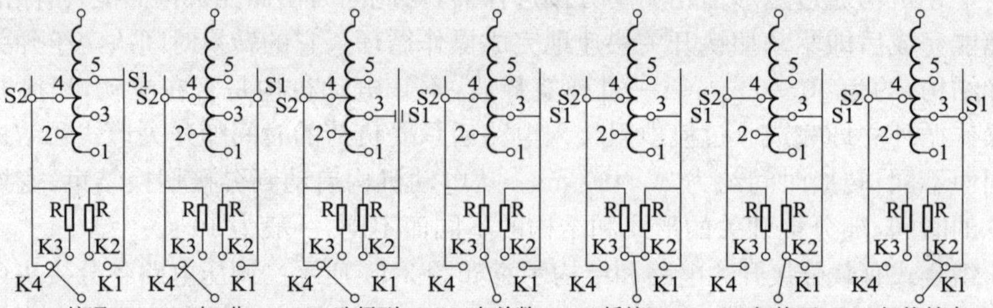

图 3-15 组合式有载分接开关的切换分接过程

图 3-16 所示。电动机构输出的转动力经垂直转动轴、圆锥齿轮传动箱、水平传动轴送至分接开关头盖上的圆锥齿轮传动装置，然后传送至储能机构推动释放曲柄，储能弹簧拉伸过死点后释放，使槽轮拨槽件拨动槽轮转过一个槽，选择开关操作轴转过一个角度，使切换组件从一个定触头运动到相邻的另一个定触头上，完成一次分接的变换。将槽轮的弧形凹面与拨槽件联锁，为下一次切换做准备。转换选择器的动作由转换选择器凸轮和转换选择器操作曲柄来完成。选择开关从工作分接位置变换到相邻分接位置是一步完成的，实际变换时间随开关形式和结构的不同而不同，约为 40～180 ms。选择开关的切换分接过程（由 3 分接头向 2 分接头切换）如图 3-17 所示。其工作程序为：接通某一分接头；切换开始；桥接两分接头；切换结束；接通下一分接头。

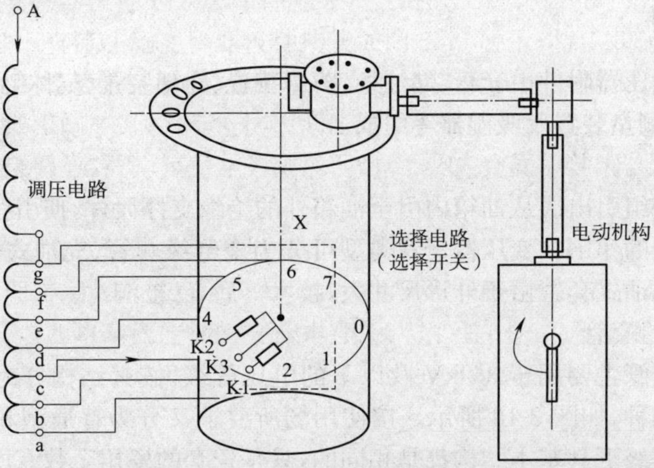

图 3-16　复合式有载分接开关电路和结构示意（只表示一相）

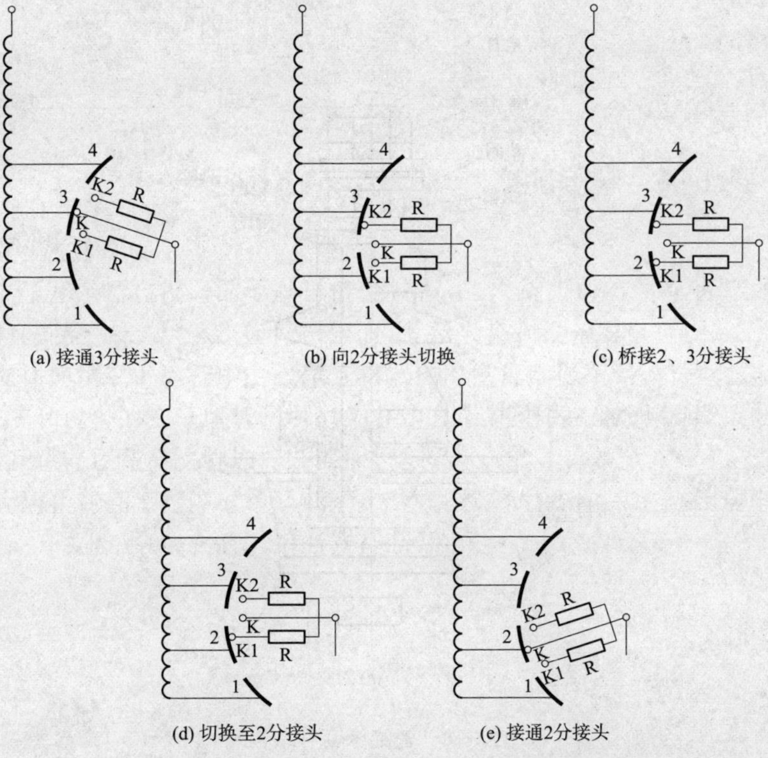

图 3-17　复合式有载分接开关的选择开关的切换分接过程

3.1.5 附件

油浸式变压器附件由套管、储油柜、防爆装置、冷却装置、气体继电器、净油器、油位计、油温测量装置及吸湿器等组成。

1. 套管

套管是绕组引出线从油箱内引至油箱外的绝缘支撑元件，使引线对地绝缘，并起到固定引线的作用。变压器套管类型可分为瓷绝缘套管、充油式套管和电容式套管三种。充油式套管由于外形尺寸大，技术落后，已被淘汰。

(1)瓷绝缘套管

瓷绝缘套管主要用于35 kV及以下的电压等级，按其结构分为对夹式、导杆式和穿缆式三种，如图3-18所示。按使用场所要求又分为普通型和加强型两种。在不同电压等级下其基本结构都是相同的，只是瓷套的瓷裙个数有所差别，电压高的裙数多。在套管最下部的一个瓷裙与固定台之间喷涂金属漆，以降低电场强度，防止放电。

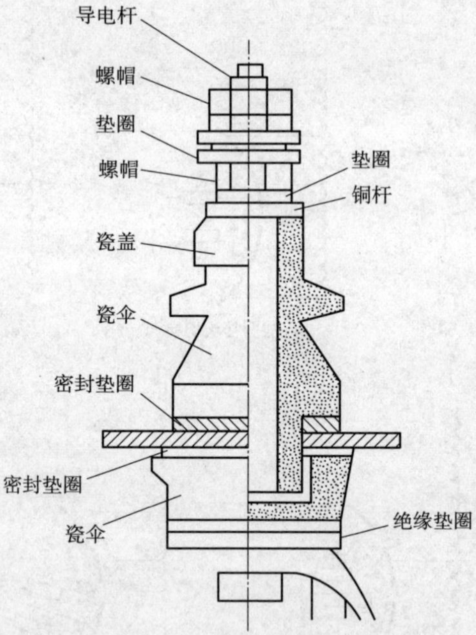

(a) 对夹式

图3-18 瓷绝缘套管结构

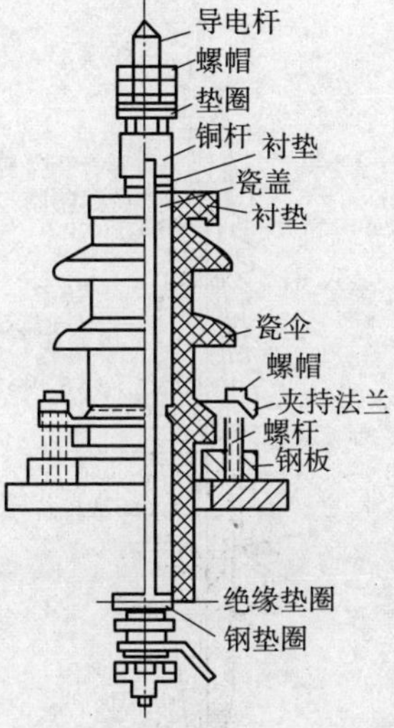

(b) 导杆式

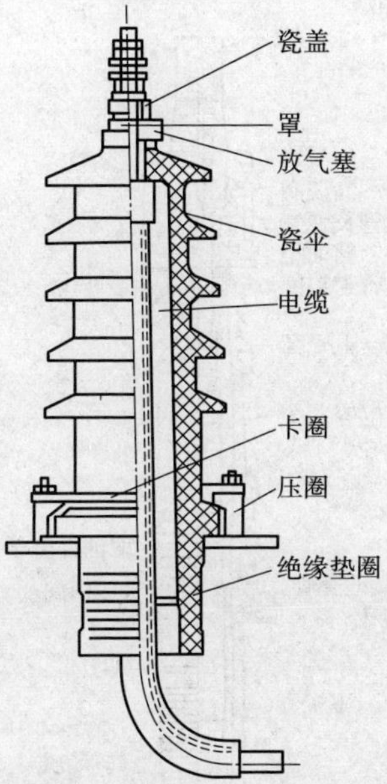

(c) 穿缆式

图 3-18　瓷绝缘套管结构(续)

(2)电容式套管

电容式套管以绝缘烧制的电容芯子作为主绝缘，其性能优良、外形尺寸小、质量轻，在 110 kV 及以上高压出线广泛使用。电容型套管分为胶纸电容式和油纸电容式两种，如图 3-19 所示。

①胶纸电容式

在 0.05～0.07 mm 厚的电缆纸上单面涂酚醛树脂或环氧树脂后与铝箔一起加温加压交错卷制在导电铜管上，经加热固化、外表加工和浸漆处理，再配上储油柜、上瓷套、安装法兰、尾部均压球、接线端子等，充以绝缘油可构成胶纸电容式套管的电容芯子。胶纸电容芯子有很高的电气绝缘性能，可直接用于干燥清洁的室内。

②油纸电容式

油纸电容式套管的电容芯子厚 0.08～0.12 mm，经真空干燥处理，除去内部空气与水分，并用变压器油浸渍，因此耐电强度较高。套管的瓷套仅起着外部绝缘及保护内部绝缘不受外界大气侵蚀的作用。为了确保套管的密封，油纸电容式套管具有上、下瓷套，用强力弹簧通过导管将上下瓷套压紧，连接处用耐油橡皮圈密封。套管内绝缘油与变压器本体油和大气隔绝，具有防潮能力强、绝缘强度高、油

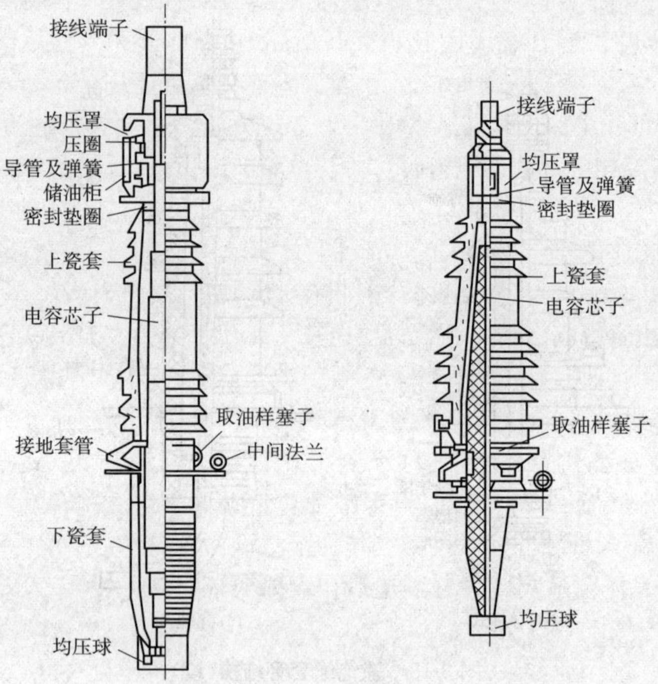

(a) 胶纸电容式　　(b) 油纸电容式

图 3-19　电容式套管结构

质稳定、体积小、质量轻、安装方便等特点。套管的储油柜为全密封式结构，避免了大气侵蚀。为避免温度增高时油体积膨胀而造成套管内压力过大，在储油柜上部留有一定的空间，起缓冲作用。

2. 储油柜

储油柜又称油枕，是一种油保护装置，安装于变压器油箱上部，用弯曲联管与变压器油箱连接，其容积一般为总油量的10%左右。储油柜主要有以下两个作用：

(1)变压器在运行中由于油温变化(降低)或长期渗漏油使油位下降，严重时会使铁芯和绕组露在空气中，这将影响器身的散热和绝缘。油枕的作用就是用储存的备用油，及时调节油位，确保可靠散热和器身绝缘水平。

(2)减少油和空气的接触面，防止油过快地氧化和受潮。油枕的油面比变压器油箱的油面要小，另外，油枕里的油平常几乎不参与油箱内油的循环，它的温度要比油箱内的上层油温低得多，而油在低温下氧化过程较慢，因此，油枕对防止油的过快氧化很有用。

大型变压器常用密封式储油柜,有胶囊式和隔膜式两种结构,用胶囊或隔膜将变压器油与空气隔离,大大减缓了油的氧化速度。

胶囊式储油柜在储油柜内装设一个由 0.06 mm 的多层丁腈或氯丁橡胶制成的胶囊,使变压器油与空气隔离,其结构如图 3-20 所示。变压器安装时,向储油柜内注油的同时应将胶囊与柜壁间的空气排尽,胶囊内腔气体经吸湿器与大气连通,胶囊下部浮贴在油面上,使油与空气隔离并可胀缩。为了实现全密封,采用小胶囊油表,油表内油与油枕不通。

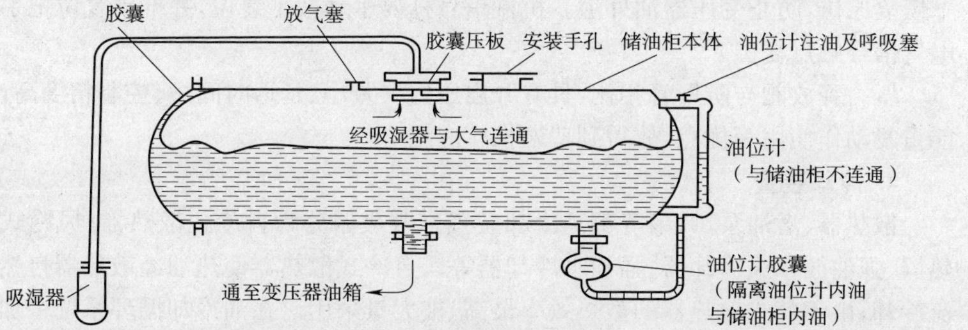

图 3-20　胶囊式储油柜结构

隔膜式储油柜由两个半圆壳组成,两半圆壳之间压装着一个半圆式耐油尼龙橡胶隔膜,隔膜周边固定在柜沿上,隔膜浮在油面上,将油面与空气隔开。隔膜上安有连杆,随着油面的升降而浮动,并由连杆操作油位计。隔膜式储油柜的结构如图 3-21 所示。

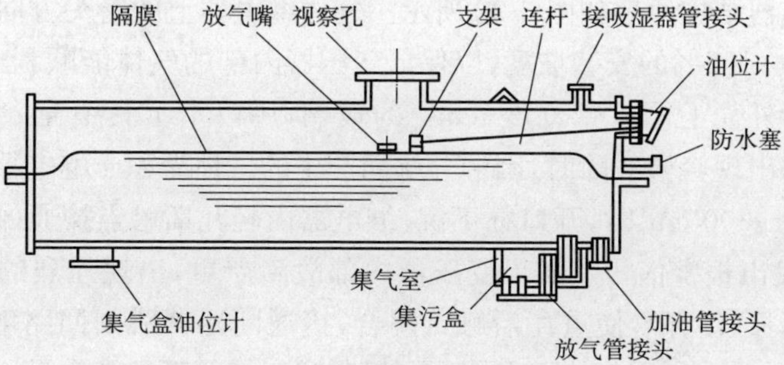

图 3-21　隔膜式储油柜结构

3. 防爆装置

防爆装置安装在变压器的油箱盖上,当变压器内部发生故障时,油箱内部产生的高压力使防爆装置释放,从而保护变压器。

采用防爆管作为释放压力的保护装置，当变压器内部发生故障时，其内部压力迅速增加，当压力达到一定值时，防爆膜被冲破，将油分解出的气体及油压及时排出，避免器身及外壳变形。

采用压力释放阀作为释放压力的保护装置，当变压器内部发生故障时，变压器油大量汽化，油箱内压力急剧上升，当压力达到释放阀的开启压力时，膜盘被顶开，将压力释放，同时机械信号杆被顶出，表示事故。当接有电气信号时，则锁板带动动合触点，接通跳闸或信号回路。当油箱压力降到关闭压力时，膜盘在弹簧的压力下恢复原位，防止变压器油外溢。机械信号杆要手动按下复位，并推动复位把手将电气信号触点复位。

压力释放阀与防爆管相比，具有开启压力误差小、延迟时间短、控制精度高，且能重复动作使用等优点，故得到普遍推广应用。

4. 冷却装置

散热器、潜油泵、风扇等都是冷却装置。散热器分为自冷式散热器、风冷式散热器、强油循环风冷却器、强油水冷却器等。自冷式散热器使热油经散热器自然对流冷却，由于片式散热器的散热效率最高，被大量采用。在油冷却循环系统中加入潜油泵，可提高油冷循环速度，增加散热效果。散热器通风用风扇装置由三相鼠笼式电动机和风扇组成，每个散热器上一般装设两只风扇。

5. 气体继电器

气体继电器又称瓦斯继电器，装设于变压器油箱与油枕之间的连管上，是变压器的主要保护设施，它可以反映变压器内部的各种故障及异常运行情况，如油面降低、空气进入本体等。

气体继电器结构原理如图 3-22 所示。气体继电器上的箭头方向应指向油枕，并要求有 1%～1.5%的安装坡度，以保证变压器内部的气体能顺利地流向气体继电器。继电器外壳上镶有带刻度(cm^3)的玻璃，用以指示其中充入气体的数量。当变压器内部出现轻微故障时，因油分解而产生的气体聚积于继电器上部，当气体总量达到 250～300 cm^3时，开口杯下沉，继电器内轻瓦斯触点接通(接通信号回路的触点 a、b)发出报警信号。如果变压器内部故障严重，出现强烈的油气流，将冲动继电器内挡板(浮杯)，使重瓦斯触点闭合，接通断路器跳闸回路触点 c、d，切断变压器电源。另外，利用气体继电器还可以观察气体的颜色及数量，并取气样。

6. 净油器

净油器是一个充满吸附剂(硅胶或活性氧化铝)的容器，它安装在变压器油箱的侧壁或强油冷却器的下部。油流经净油器时，油中的水分、杂质、游离酸、氧化物等被吸附剂吸收，维持油质清洁，延长变压器油的使用寿命。

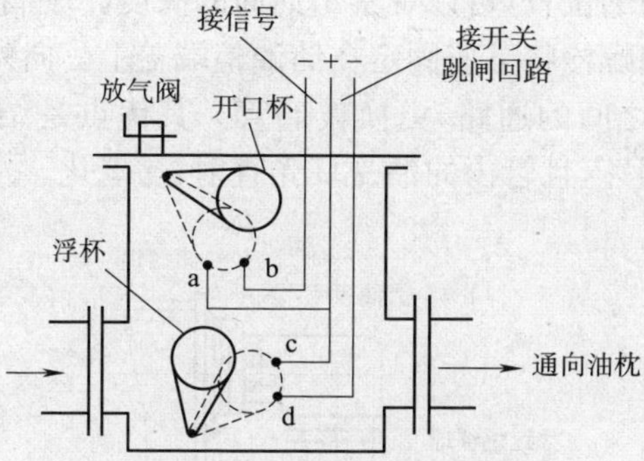

图 3-22　气体继电器结构原理

7. 油位计

油位计又称为油表或油标，用来监视变压器的油位变化。油位计上标出对应温度为−30 ℃、+20 ℃和+40 ℃的三个油面线标志。常用的油位计有板式、管式、磁力式。

板式油位计结构简单，不易损坏，但油位标志不明显，在侧面无法观察油位，因此常用于小型电力变压器和充油套管的储油柜上，目前已逐渐淘汰，其结构如图 3-23所示。

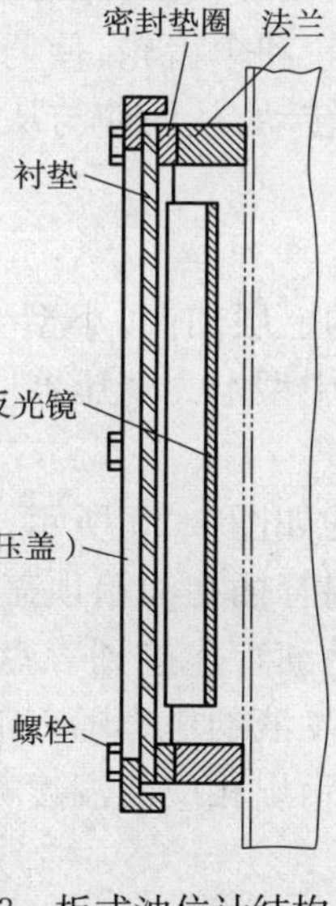

图 3-23　板式油位计结构

管式油位计用于胶囊密封式储油柜，结构如图 3-24 所示，玻璃管内放一只红色浮球，从它浮在管内的位置，可以观察出油面的高度。玻璃管用上下压盖紧固在上下油表座之间，利用螺栓将下座固定在储油柜端盖上。向外旋出螺纹塞子，即可堵塞油位表和储油柜之间的通路，更换玻璃管。其优点是结构简单，油面直观清晰，缺点是玻璃管易损坏，且管内的油受日光直射，易老化。

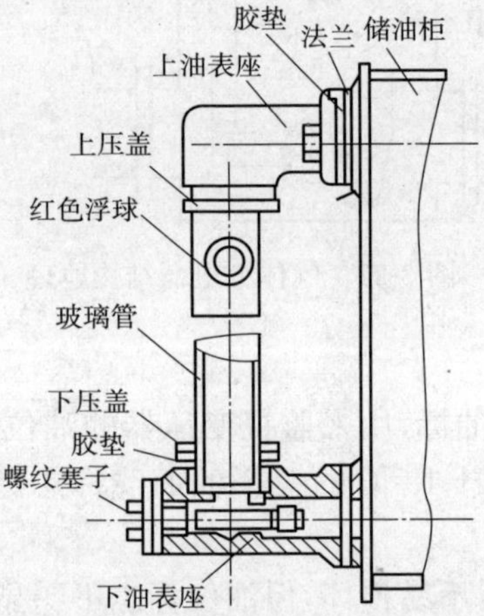

图 3-24　管式油位计结构

磁力式油位计用于隔膜式储油柜，当储油柜内的油位升高或降低时，隔膜随之升降，通过连杆带动油位计齿轮和伞齿轮，使与齿轮同轴的主动磁钢转动，并依靠磁力作用，带动从动磁钢相应转动，从而使与从动磁钢同轴的指针在表盘上指示出油位。

8. 油温测量装置

温度计用于监视变压器的上层油温，小型变压器可直接将水银温度计插入温度计管座内进行测温监视，大中型电力变压器应装设信号温度计及远方测温装置。

(1)压力式信号温度计

压力式信号温度计的结构如图 3-25 所示。带电气触点的温度计表盘和测温管之间用金属软管连接。测温管插在油箱顶盖上的一个注有变压器油的开口管座内。测温管内的温包经紫铜毛细管连接到表盘内的单圈弹簧管，其内充以蒸发液(如氯甲烷、乙醚、丙酮等)，蒸发液的压力随着油温变化而变化，通过毛细管传递使弹簧管变形带动指针偏转，指示出相应的温度数值。当温度达到设定值，将启动冷却装置或接通报警回路。

(2)电阻温度计

电阻温度计用作远距离测温装置，它由测温电阻和表头两部分组成，其原理接线如图 3-26 所示。表头内部是电桥电路，测温电阻通过电缆连接到电桥电路的一臂，其电阻值随着油温的变化而变化，电桥平衡同时受到影响，于是表头部分显示相应的油温值。显示方式有指针式和数字式两种。

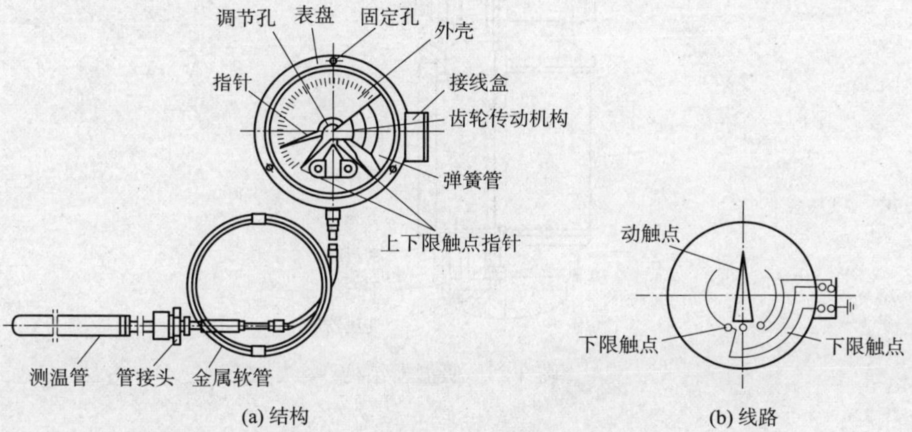

图 3-25　压力式信号温度计结构

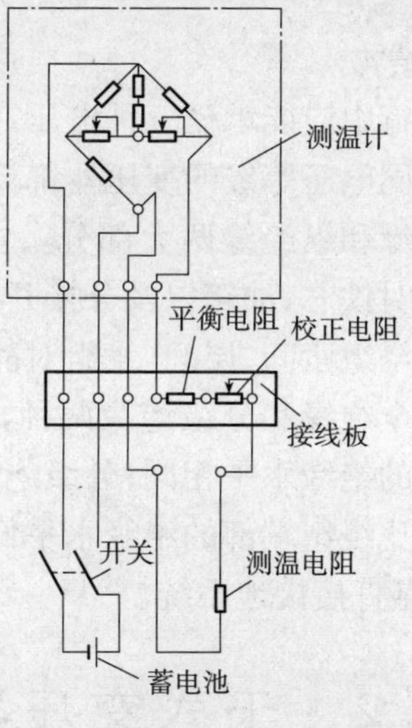

图 3-26　电阻温度计原理接线

9. 吸湿器

吸湿器又称呼吸器，结构如图 3-27 所示，通常与储油柜配合使用，内部充有吸附剂（硅胶或活性氧化铝），下部带有盛油器，用以过滤、清除空气中的杂质和水分。当硅胶由蓝色变为淡红色时，表明吸附剂已经受潮，必须更换或进行干燥处理。

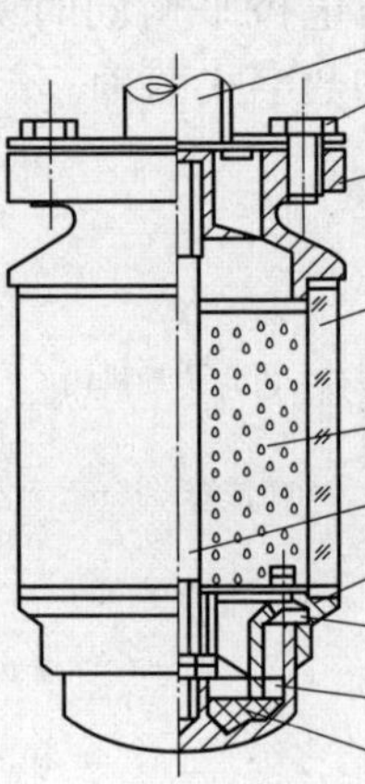

图 3-27 吸湿器结构

初次使用吸湿器时，必须拧下下罩，拆除密封圈（运输、储存时用），按照下罩上油面线注入变压器油后，再将下罩拧上，检查确认玻璃筒两端密封良好后即可投入使用。

10. 油浸式变压器绝缘结构

变压器的绝缘结构在运行中应能承受三种电压，即长期的工作电压，短时的内部过电压和外部过电压。不同电压等级的变压器都规定了相应的绝缘水平。

变压器的绝缘分为主绝缘和纵绝缘两大部分。主绝缘是指绕组之间，绕组对铁芯、油箱等接地部分，引线对铁芯、油箱以及分接开关对铁芯、油箱的绝缘。纵绝缘是指同一电压等级下一个绕组匝间、层间，绕组对静电屏之间的绝缘。

变压器的绝缘结构分为全绝缘和分级绝缘两种，全绝缘结构指变压器中性点部分的绝缘水平与绕组端部的绝缘水平相同；分级绝缘又称半绝缘，是一种变压器绕组中性点部分的绝缘水平比绕组端部的绝缘水平低的结构。分级绝缘变压器主要用于110 kV 及以上中性点直接接地系统。

3.2 干式变压器

3.2.1 干式变压器的优缺点

环氧树脂浇注式干式变压器具有油浸式变压器无法比拟的优点。

①绝缘强度高：浇注用环氧树脂具有 18～22 kV/mm 的绝缘击穿电场强度，且与电压等级相同的油浸式变压器具有大致相同的雷电冲击强度。

②抗短路能力强：由于树脂的材料特性，加之绕组是整体浇注，经加热固化成型后成为一个刚体，所以机械强度很高，经突发短路试验证明，浇注式变压器极少因短路而损坏。

③防灾性能突出：环氧树脂难燃、阻燃且能自行熄灭，不致引发爆炸等二次火灾。

④环境性能优越：环氧树脂是化学上极其稳定的一种材料，防潮、防尘，即使在大气污秽等恶劣环境下也能可靠运行，甚至可在100%湿度下正常运行，停运后无需干燥预热即可再次投运。

⑤维护工作量很小：由于有了完善的温控、温显系统，目前环氧浇注式干式变压器的日常运行维护工作量很小，可以大大减轻运行人员的负担，降低运行费用。

⑥运行损耗低，运行效率高，噪声低。

⑦体积小、质量轻，安装调试方便。

⑧不需吊芯检修，节约占地面积，相应节省了土建投资。

环氧树脂浇注式干式变压器的缺点是树脂绝缘缺陷、损伤的不可恢复性和不可修复性，缺陷一般在制作过程中产生，损伤在运行过程中产生。

3.2.2　环氧树脂浇注式干式变压器的绝缘构成

1. 固体绝缘

环氧树脂浇注式干式变压器的固体绝缘由浇注树脂加树脂浸渍材料（如玻璃纤维、薄膜等）组成，主要有绕组内部绝缘（如匝绝缘）、分段层式绕组的段间绝缘以及绕组和引线间的绝缘等部分，都采用固体绝缘。固体绝缘最严重的缺陷是在浇注件中出现空穴或在运行中出现开裂而引起局部放电，从而引起绝缘的长期老化以致击穿。

2. 复合绝缘

高、低压绕组间的绝缘、高压绕组对铁芯的绝缘（对地绝缘）以及高压绕组与高压绕组间的绝缘（相间绝缘）等部分为复合绝缘。

3. 沿面绝缘

沿面绝缘指浇注绕组表面的端子之间，以及浇注绕组与支持绝缘间的表面之间的绝缘。沿面绝缘的主要问题是沿面放电，这时表面的污秽以及湿气对其都有较大的影响。

3.2.3　常用干式变压器的特点

1. 制造

SC(B)型环氧树脂浇注式干式变压器的高压绕组外层，以网格玻璃纤维在高真空状态下浇注环氧树脂，经固化后形成一密封的整体，使其具有很好的电气和机械性能。在短路和温度变化情况下，网格纤维可防止绕组开裂，并可防止化学物质腐蚀，使绕组不易受潮。低压绕组由铜箔绕制，层间采用F级半固化绝缘材料，绕组外层用玻璃纤维增强树脂包封，经固化后，形成一坚实的刚体，铜箔绕组与高压绕组安匝平衡处于最佳状态，大大降低了轴向短路电动力，增强了抗短路能力。

2. 结构

高压绕组直接绕在低压绕组上，导线采用H级绝缘(极限温度可达180 ℃)漆包铜线，高压绕组层间以及外层均采用浸润树脂的玻璃纤维丝缠绕。由于玻璃纤维含量高达80%，缠绕时加入的玻璃纤维与其交叉束绕有机结合，经固化后，绕组整体十分坚固，径向、轴向的机械强度均十分高，抗短路能力强，高低温度下冲击稳定性极佳，防止因热膨胀系数差异而造成开裂。高压绕组可按散热需要设置单个或多个外轴向冷却气道。

3. 材料

铁芯由晶粒取向优质硅钢片叠装成阶梯状，具有极佳的空间利用率和较低的空载损耗值。芯柱与轭接缝45°交接使磁通方向与晶粒取向一致。铁轭不冲孔，消除了螺杆与铁轭相通而引起铁芯多点接地的危险。在绕组与上、下铁芯夹件之间设置缓冲弹性垫块，以降低变压器的噪声。

3.2.4 非晶态合金变压器

1. 非晶态合金概念

日常生活中人们接触的材料一般有两种：晶态材料和非晶态材料。晶态材料内部的原子排列遵循一定的规律。非晶态材料内部原子排列处于无规则状态。一般的金属，其内部原子排列有序，都属于晶态材料。金属在熔化后，内部原子处于活跃状态。一旦金属开始冷却，原子就会随着温度的下降，慢慢地按照一定的晶态规律有序地排列起来，形成晶体。如果冷却过程很快，原子还来不及重新排列就被凝固住了，就产生了非晶态合金。

非晶态合金与晶态合金相比，在物理性能、化学性能和机械性能方面都发生了显著变化。以铁基非晶态合金为例，其具有高饱和磁感应强度和低损耗的特点。由于这样的特性，非晶态合金材料在电子、航空、航天、机械、微电子等众多领域具备广阔的应用空间。

2. 非晶态合金变压器

非晶态合金变压器是用新型导磁材料——非晶态合金制作铁芯而成的变压器，它的空载损耗(变压器次级开路时，在初级测得的功率损耗)比利用硅钢片作为铁芯的变压器下降约80%，空载电流(变压器次级开路时，初级仍有一定的电流，这部分电流称为空载电流）下降约 85%，是目前节能效果较理想的配电变压器。目前非晶态合金变压器已应用于上海地铁 17 号线及部分线路，设备运行稳定。

3. 非晶态合金变压器特点

（1）超低损耗特性，节省能源、用电效率高。

（2）非晶态金属材料制造时使用较低能源，而且其具备超低的损耗特性，可大幅节省电力消耗及减少电厂发电量，相对地减少 CO_2、SO_2 废气的排放，降低对环境污染及温室效应，免保养，无污染。

（3）运转温度低，绝缘老化慢，变压器使用寿命长。

（4）高超载能力，高机械强度。

（5）非晶态铁芯在通过较高频率磁通时，仍具有低铁损及低激磁电流的特性，不致产生铁芯饱和问题，故以非晶态铁芯制成的非晶态合金变压器具有较好的耐谐波能力。

（6）投资回收效益快。

3.3　整流变压器

3.3.1　结构

整流变压器以环氧树脂为绝缘材料。高、低压绕组采用铜带（箔）绕成，在真空中浇注环氧树脂并固化，构成高强度玻璃钢体结构。绝缘等级有 F、H 级。可安装温度显示控制器，对变压器绕组的运行温度进行显示和控制，保证变压器正常使用寿命。

3.3.2　分接头

整流变压器设置了五挡分接头，高压侧电压在（33±0.05）kV 范围内调整，分接头为无载调压，通过调整绕组上的分接连接片实现调压。出厂时设定为额定分接，当低压输出电压偏高时，将分接片向上调（匝数增加），电压将下降；当低压输出电压偏低时，将分接片向下调（匝数减少），电压将上升。由于整流变压器为四绕组变压器，在调整分接头时，必须同时调整两组高压绕组相对应的分接头，以保证两个低压绕组的输出线电压一致。整流变压器接线如图 3-28 所示。

3.3.3　运行温度控制

为了不缩短变压器的寿命，绕组温度不能连续超过一个定值，该值根据变压器的绝缘形式确定。因此，温度监视系统的传感器必须测量绕组温度，以避免它们过

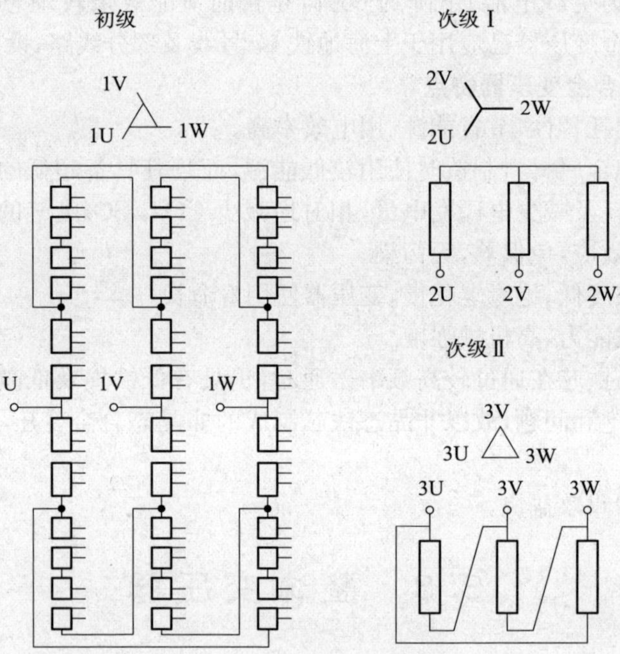

图 3-28 整流变压器接线

热或过载。热敏电阻型热保护包括温度传感器和一个常规热敏电阻跳闸元件。温度传感器是一个小型电阻,它的阻值随着温度变化而变化,一到预先设定的响应温度,阻值几乎是瞬间增大。温度传感器与跳闸元件中的接触器串联,温度传感器阻值增大会使接触器线圈失电,接点动作,产生报警或使变压器开关跳闸。当绕组温度降至6 ℃时低于传感器响应温度,传感器电阻降低,接触器线圈再次得电,变压器再次运行。保护系统有自检回路,为接触器回路提供自动跳闸保护和电源故障保护。

温度传感器为串联连接,接线在上部夹紧梁上的端子排上。监视系统的跳闸元件通常接在控制盘上。温度传感器和跳闸元件之间必须敷设控制电缆。跳闸元件上的端子允许接入横截面不大于 2.5 mm^2 的电缆,控制电缆总电阻不大于 100 Ω。

3.3.4 特点

1. 局部放电值低

首先,整流变压器在设计过程中充分考虑了局部放电问题;其次,整流变压器的结构特点有助于降低局部放电值;最后,整流变压器的使用环境和运行条件也对局部放电值有影响。整流变压器通过合理的绝缘设计、紧凑的结构、高强度的材料以及适应恶劣环境的设计，有效地降低了局部放电值，确保了设备的稳定运行和长期使用。

2. 耐雷电冲击能力强

箔式绕组起始电压分布接近线性，因此，变压器具有很好的耐雷电冲击能力。

3. 抗短路能力强

低压绕组的铝箔宽度就是电抗高度，低压电流按绕组间的安匝平衡要求匹配，高、低压绕组因短路引起的轴向力几乎为零。

4. 抗开裂性能好

变压器采用填料型树脂和全铝箔结构，绝缘材料与铝导体的热膨胀系数最相近，能满足低温、高温及温度变化范围大的场合，并且能满足长期运行后的抗开裂要求。

5. 过载能力强

若相同容量的变压器负载损耗相等，采用铝箔时整流变压器的截面积将比采用铜导体时的截面积大，导致变压器体积增大，体积增大后，填料树脂用量多，因此绕组热容性大，变压器短时过载能力强。

变压器的过载能力与变压器结构、环境温度、初始负载等诸多因素有关。变压器过载能力的典型曲线如图 3-29 所示。

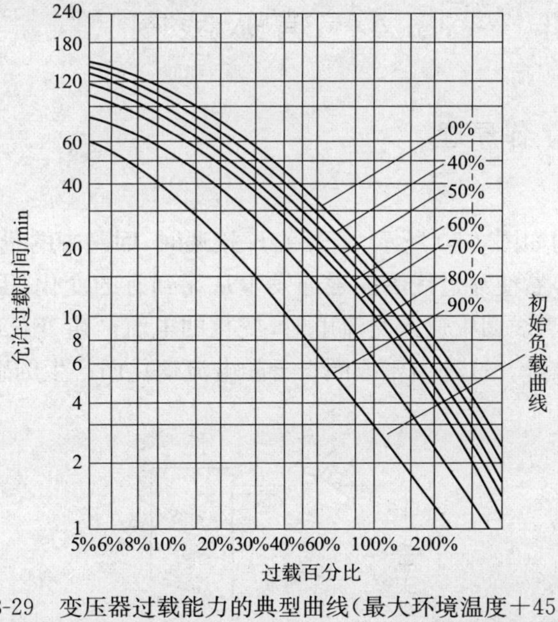

图 3-29　变压器过载能力的典型曲线（最大环境温度＋45 ℃）

不同过载能力及不同初始负载能力下的允许过载时间（最大环境温度＋45 ℃）见表 3-1。

表 3-1 不同过载能力及不同初始负载能力下的允许过载时间

单位:min

初始负载能力	过载能力							
	10%	20%	30%	40%	50%	60%	80%	100%
50%	85%	56%	42%	33%	28%	23%	16%	14%
60%	80%	53%	39%	29%	25%	19%	14%	12%
70%	74%	47%	33%	25%	21%	16%	12%	9%
80%	57%	35%	25%	19%	19%	12%	8.5%	7%
90%	37%	21%	18%	11%	8%	6.5%	5%	3.5%

6. 阻燃特性好

整流变压器采用填料树脂浇注工艺,阻燃特性好,具有免维护、防潮、抗湿热、阻燃和自熄特性,可用于商住区、地铁、电厂、轮船、海洋钻井平台等各种环境复杂、条件恶劣的场所。

7. 噪声低

整流变压器整体噪声水平比国家标准中的噪声值低 10～13 dB。

3.4 消弧线圈

3.4.1 特性及工作原理

1. 特性

消弧线圈结构如图 3-30 所示,当开关 K 接通时,回路中的线圈电流从无到有,这个电流的变化必然使穿过线圈的磁通发生从无到有的变化,因而在线圈中产生感应电势。同理,当线圈中通入交流电时,变化的电流产生变化的磁通,在线圈中产生相应的交变电势。这种由于线圈自身的电流变化而产生的感应电势称为自感电势。

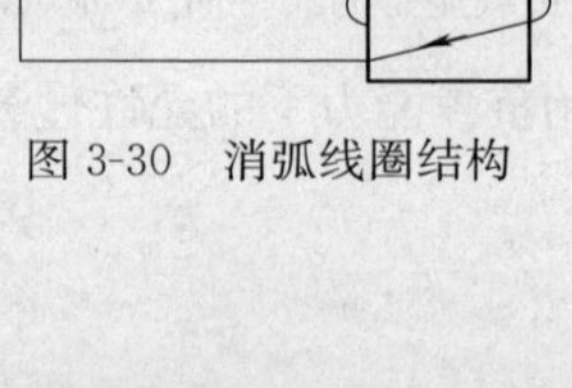

图 3-30 消弧线圈结构

自感电势的大小由下列因素决定：①电流变化率；②线圈的结构，如匝数和几何形状等；③线圈周围介质的磁导率。把线圈的匝数、几何形状、周围介质的磁导率等有关因素综合起来，用线圈电感 L 表示。

对于空芯线圈来说，当它的结构一定时，线圈电感是常数。如果在线圈中插入铁磁性材料，线圈电感将显著增大，由于铁磁性材料的磁导率不是常数，所以线圈电感也不是常数。对于空芯线圈（线圈电感为常数）来说，自感电势的大小与电源的变化率正比，见式(3-1)。

$$E_{\mathrm{L}}=-L\frac{\mathrm{d}i}{\mathrm{d}t} \tag{3-1}$$

式中　E_{L} ——自感电势，V；

L ——线圈电感，H；

$\frac{\mathrm{d}i}{\mathrm{d}t}$ ——电流的变化率，A/s。

当通过线圈的电流增加时，自感电势的方向与电流的方向相反，以阻止电流的增加；当电流减小时，自感电势的方向与电流的方向相同，以阻止电流的减小。在工频电压下自感电势的变化比其电流滞后 90°，而自感电势与线路的电压大小相等、方向相反，所以线路电压的相位超前电流 90°。

综上所述，自感电势总是阻碍电流的变化，所以电感具有阻碍交流电流通过的作用，将电感线圈的这种阻碍能力称为电感电抗（简称感抗），用符号 X_{L} 表示，见式(3-2)。

$$X_{\mathrm{L}}=\omega L=2\pi fL \tag{3-2}$$

式中　X_{L} ——感抗，Ω；

f ——频率，Hz；

L ——线圈电感，H。

2. 工作原理

在中性点不接地系统中，单相接地电容电流超过规定数值时，应装设消弧线圈，以减小接地点的单相接地电流。

系统正常运行时，中性点的电位为零，没有电流通过消弧线圈。当 C 相发生金属性接地时，作用在消弧线圈两端的电压即升高为相电压 $\dot{U}_{\mathrm{C}}$，并有电感电流 $\dot{I}_{\mathrm{L}}$ 通过消弧线圈和接地点，$\dot{I}_{\mathrm{L}}$ 滞后于 $\dot{U}_{\mathrm{C}}$90°。由于 $\dot{I}_{\mathrm{L}}$ 和 $\dot{I}_{\mathrm{C}}$（电容电流）两者相位差 180°，所以在接地点 $\dot{I}_{\mathrm{L}}$ 和 $\dot{I}_{\mathrm{C}}$ 起相互抵消（补偿）的作用。如果适当选择消弧线圈的电感（匝数），可使接地点的电流等于零，在接地点就不致产生电弧，可避免由电弧引起的危害。

消弧线圈电感电流对接地电容电流补偿程度有所不同，可分三种补偿方式。

(1)全补偿。若 $\dot{I}_L=\dot{I}_C$,接地点处的电流为零,称为全补偿。从消弧的角度来看,全补偿最好,但一般不采用这种补偿方式。因为正常运行时,电网三相的对地电容并不完全相等;断路器操作时,三相触头也不可能完全同时闭合,所以在发生接地故障时,中性点与地之间会出现一定的电压,称为不对称电压。此电压引起的串联谐振过电压,可危及电网的绝缘性能。

(2)欠补偿。若 $\dot{I}_L<\dot{I}_C$,接地点尚有未补偿的电容性电流,称为欠补偿。一般欠补偿方式也较少采用。因为在欠补偿运行情况下,如果发生切除部分线路(对地电容减小)、系统频率降低、线路发生一相断线(若送电端一相断线,则该相电容为零)等情况,均可能使系统接近或者达到全补偿,导致存在出现串联谐振过电压的可能。

(3)过补偿。若 $\dot{I}_L>\dot{I}_C$,接地处具有多余的电感性电流,称为过补偿。过补偿方式可避免产生串联谐振过电压,因此得到广泛应用。但必须指出,在过补偿运行方式下,接地处将流过一定数值的电感性电流,这一电流值不能超过规定值。否则,故障点的电弧将不能可靠地自动熄灭。

由于接地时的电容电流受到了消弧线圈电感电流的遏制,电弧能够熄灭,不会进一步损害电气设备或扩大事故。运行经验证明,这种系统在单相接地时也可继续运行,但不得超过 2 h。运行人员应及时采取措施,查出接地点,在最短时间内消除。若接地点暂时无法消除,应设法将负荷转移到备用线路上,以保证系统正常运行。中性点经消弧线圈接地的系统发生一相接地时,其他两相对地的电压也要升高至$\sqrt{3}$倍,即升高到线电压,故障相的电压为零,这与中性点不接地的系统情况相同。

3.4.2　消弧线圈的结构和经消弧线圈接地的接线

1. 结构

消弧线圈的线圈电阻很小,电抗很大。线圈绕在两个铁芯柱上,并浸在变压器油中,铁芯柱被隔离成很多间隙,间隙中填着绝缘纸板,如图 3-31(a)所示。采用带间隙的铁芯,主要是为了避免磁饱和,这样可以得到一个比较稳定的电抗值,使补偿电流与电压成线性关系,并使消弧线圈能保持有效的消弧作用。

由于系统中的电容电流随系统运行方式变化而变化,消弧线圈设有许多分接头,如图 3-31(b)所示。分接头用以调节线圈的匝数,改变电抗值的大小,起到调节消弧线圈的电感电流,补偿接地电容电流以达到消弧的作用。

2. 经消弧线圈接地的接线

消弧线圈的接线如图 3-32 所示。为了测量系统单相接地时消弧线圈的端电压和补偿电流,消弧线圈(XQ)内部还装有电压互感器(YH)和电流互感器(LH)。电压互感器二次线圈的电压为 110 V,额定电流为 10 A;电流互感器装于中性点的

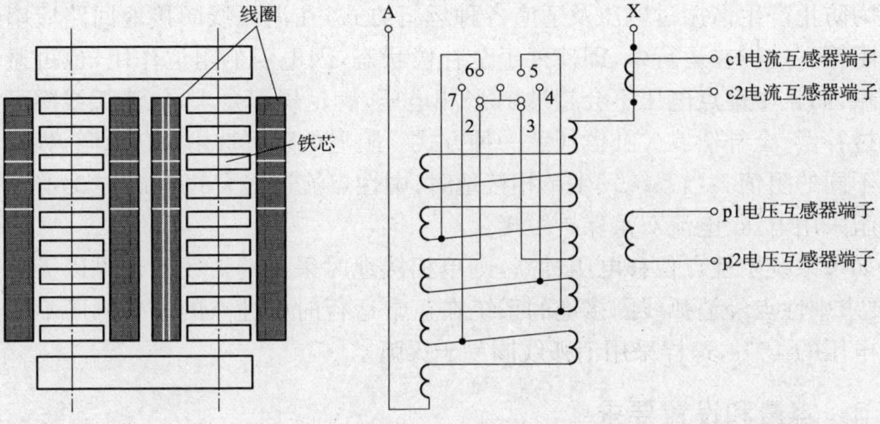

(a) 整体结构　　(b) 分接头

图 3-31　消弧线圈的结构

接地端，其二次侧的额定电流为 5 A。在电压互感器和电流互感器的二次侧分别接有电压表和电流表。电压继电器动作后，启动中间继电器，一方面使预告信号装置动作，另一方面使消弧线圈屏上的信号灯点亮，以提醒值班员及时注意有接地情况发生。此时，消弧线圈隔离开关旁边的信号灯也点亮，指示网络中有接地存在，如果中性点的电压偏移很大，则不允许操作消弧线圈的隔离开关。为了防止大气过电压损坏消弧线圈，其上还接有避雷器。

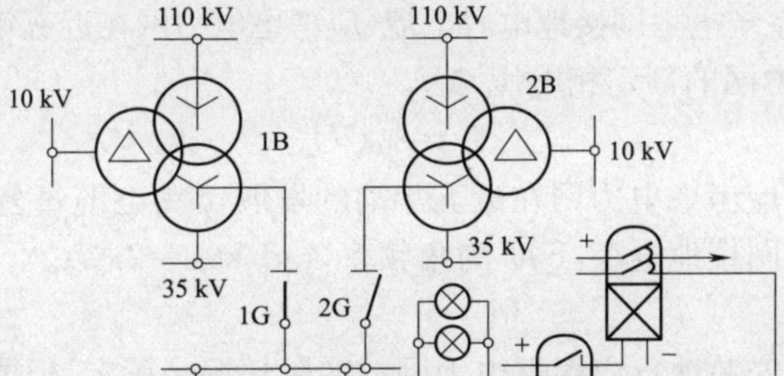

图 3-32　消弧线圈的接线

为防止产生谐振过电压及适应各种运行方式，在消弧线圈接地回路应串接阻尼电阻箱。这样在运行中，即使处于全补偿状态，因电阻的阻尼作用，也可避免产生谐振，而且中性点电压不会超过15%相电压，满足规程要求，使消弧线圈可以运行于过补偿、全补偿或欠补偿任意一种方式。阻尼电阻可选用片状电阻，根据容量选用不同的阻值。当系统发生单相接地时，中性点流过很大的电流，这时必须将阻尼电阻采用电压、电流双重保护短接。

如果系统中性点位移电压过高，则单相接地时采用消弧线圈也难以灭弧。因此，要求中性点经消弧线圈接地的系统在正常运行时中性点的位移电压不得超过额定电压的15%，这样采用消弧线圈易于灭弧。

3.4.3　容量和设置要求

1. 容量

35 kV系统接地电容电流大于10 A，10 kV系统接地电容电流大于30 A时应安装消弧线圈。经消弧线圈补偿后，故障点流过的合成电流称为残余电流。残余电流越小，电弧熄灭越容易。故要求60 kV及以下的电力网，故障点残余电流不超过10 A。

消弧线圈的容量，可按式(3-3)进行计算。

$$S=1.35I_CU_\varphi \tag{3-3}$$

式中　S——消弧线圈的容量，kV·A；

I_C——本系统电力网接地电容电流(应考虑电力网在近五年内的发展)；

U_φ——电力网的额定相电压，kV。

$$I_C=3\omega CU_\varphi \tag{3-4}$$

式中，C($C=c\times l$，应考虑电力网在近五年内的发展，c为电缆每公里电容量，l为电缆公里数)为电力网接地电容，F；ω为角频率，rad/s($\omega=2\pi f$)。

2. 设置要求

(1)消弧线圈安装地点应根据电力网的实际情况来确定，但要保证在任何运行方式下，断开一、两条线路时大部分电力网不会产生全补偿或欠补偿的情况。不应将多台消弧线圈集中安装在电力网的一处，且应尽量避免在电力网只装一台大容量的消弧线圈进行补偿。

消弧线圈通常安装在电网的各枢纽变电站内，有时也安装在某些发电厂内，但并不是任何一台变压器的中性点都能接消弧线圈。在选择装设消弧线圈的变压器时，一方面要考虑和消弧线圈串联的变压器的阻抗，另一方面还要考虑因接入消弧线圈而使变压器过负荷的条件。

(2)对于Y—△接线的变压器，由于其一侧线圈为三角形接法，绕组的零序电势不能作用到外电路上，但能在三相绕组中形成环流，零序电势将被零序环流在绕组漏抗上的电压降平衡，所以变压器不会受到影响。

对 Y—△接线的变压器，消弧线圈容量不宜超过变压器额定容量的 51%；对于 Y—Y—△接线的三线圈变压器，容量比例是 100%∶33.3%∶100%时，消弧线圈的容量不应超过 33.3%(即不应大于三线圈变压器的任一线圈的容量)。

(3)对于 Y—Y 接线的内铁型三相变压器，接于其中性点的消弧线圈的最大容量主要受零序电压降和铁壳损失的限制，一般不宜超过变压器额定容量的 20%。

(4)对于 Y—Y 接线的单相变压器或外铁型三相变压器，因其零序阻抗很大，所以不应在变压器的中性点上接消弧线圈。

(5)在各级电压网络中，当全系统电容电流超过以下数值时，应装设消弧线圈：3 kV～6 kV 电网——30 A；10 kV 电网——20 A；22 kV～66 kV 电网——10 A(注：上述系统为电缆线路，如果是架空线路，则 3 kV～10 kV 电网——10 A)。

3.5　接地变压器

3.5.1　用途

接地变压器可以抑制弧光接地过电压和补偿接地电容电流，为监测接地电流提供一个通道。例如许多电网系统主变压器的一侧都使用三角形接法，在未接入接地变压器之前是不接地系统，没有零序监测通道。接地变压器实质是一种特殊用途的三相变压器，它可以为中性点不接地系统引出一个中性点，提供一个零序监测通道。当主变三角形接线侧接入接地变压器和电阻后就形成了小电流接地系统。

3.5.2　结构

接地变压器的三相绕组通常接成曲折形，其结构与一般三相芯式变压器相似，但只有一个绕组，每一铁芯柱上的绕组分成两半，然后把每一相绕组的一半与另一相绕组的下一半倒接串联，组成曲折接线的一相，将 U_1、V_1、W_1 引出来作为出线，将 U_2、V_2、W_2 连在一起作为中点，结构如图 3-33 所示。

这种接法的好处是：①在单相短路时，接地电流在三相绕组中的分配大致均匀，每一柱上两个绕组的磁势相反，所以不存在阻尼作用，接地电流可以畅通地从中性点流向线路，提高了零序保护的灵敏度。②绕组相电压中无三次谐波分量。

3.5.3 绕组端子

接地变压器绕组用 U-X、V-Y、W-Z 作为线端标号，U、V、W 为绕组的首端，X、Y、Z 为绕组的末端。绕组的端头通过 6 支出线套管接到外面，三个绕组末端 X、Y、Z 引出的目的是做绕组的相间绝缘试验。

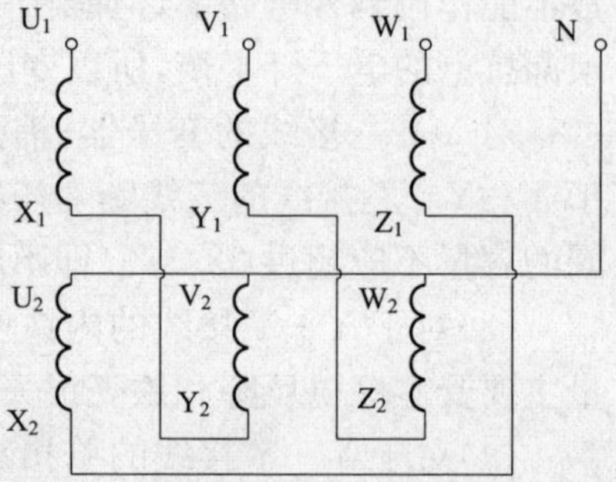

图 3-33 接地变压器三相绕组结构

3.5.4 原理

接地变压器的特性是在电网正常运行时有很高的励磁阻抗，绕组中只流过较小的励磁电流或因中性点电压偏移引起的持续电流（此值一般较小）。当系统发生单相接地故障时，接地变压器绕组对正序、负序都呈现高阻抗，而对零序电流呈低阻抗，这一零序电流经过接地变压器中性点电阻或消弧线圈可以减小电网的接地电流和抑制过电压的发生。因此，该接地变压器的结构必须采用曲折形的绕组联结法，并在中性线处引出中性点套管，以加装接地电阻，其联结示意如图 3-34 所示。

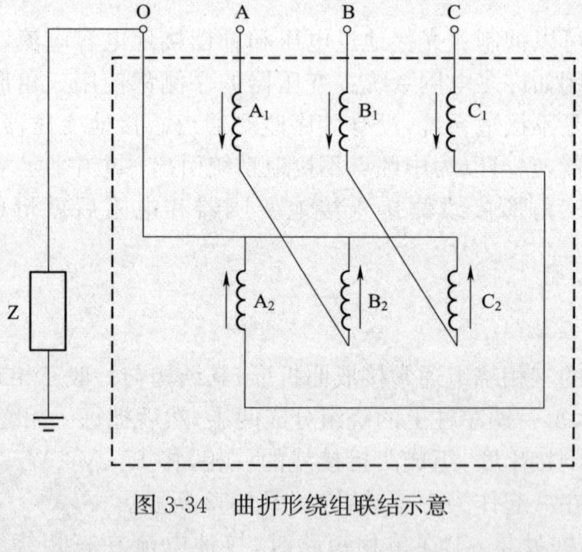

图 3-34 曲折形绕组联结示意

如图 3-34 所示，接地变压器由 6 个绕组组成，每一铁芯柱上有 2 个绕组，然后反极性串联成曲折形的星形绕组。即 A_1 绕组末端与 B_2 绕组末端相连，同样，B_1 绕组末端与 C_2 绕组末端相连，C_1 绕组末端与 A_2 绕组末端相连，然后 A_2、B_2、C_2 的首端相连形成曲折变压器的中性点 O。图 3-35 表示了各绕组间的向量关系。

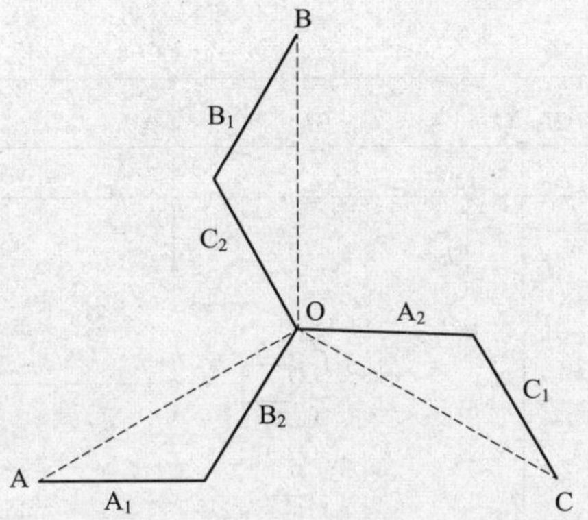

图 3-35　绕组间的向量关系

从图 3-35 的向量关系可见，如果绕组 A、B、C 间的线电压为 35 kV，则其相电压（符合星形绕组联结法）应为$\frac{35}{\sqrt{3}}$ kV＝20.2 kV，又因为每相绕组中的两个绕组夹角是 120°，故每个绕组的电压应是$\frac{20.2}{\sqrt{3}}$ kV＝11.7 kV。

曲折形联结的变压器通过三相平衡负荷，不考虑漏磁不平衡等因素，流通的电流仅是本绕组励磁电流，中性点无电流流过，因而它对于正序和负序电流显示出高阻抗。而当单相接地时中性点出现电流，该绕组会出现极小的阻抗，因为每个铁芯柱上的两个绕组反极性串联，它们在每个铁芯柱上产生的磁通相互抵消，对接地电流没有阻抗。所以系统发生单相接地故障时，继电保护系统能够较灵敏地检测出故障电流。

曲折形联结变压器接入系统的接线如图 3-36 所示。假设系统 A 相对地发生故障，其接地电流 I_{jd}通过变压器的接地阻抗 Z，进入曲折变的中性点 O。由于该变压器三绕组通过的电流是流过相等的低阻抗通路电流，故三相绕组流过的 I_0都相等，即 $I_{jd}=3I_0$。由于电源为不接地系统，B 相和 C 相的电流 I_0流进三相 D 联结的电源侧，再由 A 相电源侧 $2I_0$流出，与 A 相的 I_0汇合到 X 点，X 点流出的 $3I_0$与故障接地形成一闭合回路。

从上述分析可知：

①曲折形联结的变压器对三相平衡负荷呈高阻抗，对单相接地故障呈低阻抗。

②系统发生单相接地故障时，接地变压器的中性点电位由零电位升到 $U_0=\frac{U}{\sqrt{3}}$（U 为系统电压）。接地变压器的中性点与大地相连的阻抗（电阻线电抗）会产生接地

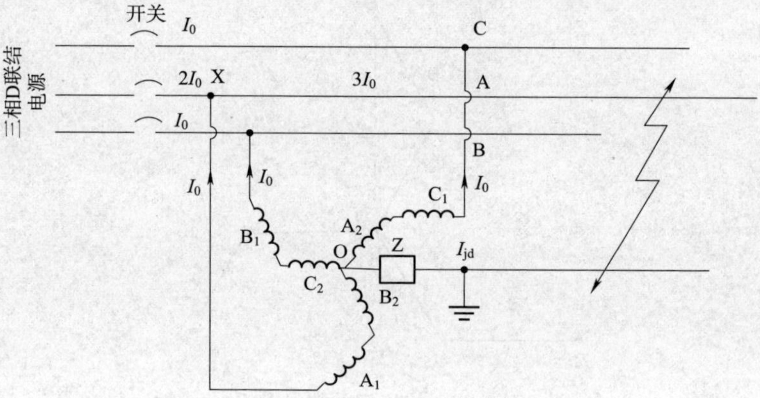

图 3-36　曲折形联结变压器接入系统的接线

电流 $I_{jd}=\dfrac{U_0}{Z}$。

③系统发生单相接地故障，电流流经接地变压器后，在中性点以相同电流流经变压器各相绕组，亦即 $I_{jd}=3I_0$。

④由于接地变压器的介入，系统成为一个有效的接地系统，发生单相接地后，非故障相保持相对相的电压，不会产生危及设备的过电压。

对于连接消弧线圈的接地变压器和连接电阻的接地变压器，前者应根据电网发生单相接地运行 2 h 这一要求来确定，即允许连续工作 2 h，后者的工作时间仅以 10 s 来考虑。应根据不同使用要求分别设计接地变压器，以使接地变压器的设计在安全的基础上，尽量做到用料合理和经济，降低造价。

3.6　互　感　器

3.6.1　电流互感器

1. 基本原理

电流互感器是一种电流变换装置，用来将大电流变换成小电流，二次侧一般为 5 A 或 1 A。电流互感器的工作原理与变压器相同，它的一次绕组匝数很少，串接在线路中。一次电流 I_1 经电磁感应变为二次绕组较小的电流 I_2，二次绕组匝数很多，与仪表及继电器电流线圈串联。由于电流互感器二次回路的负荷阻抗很小，所以正常工作时二次侧接近于短路状态。

在理想情况下，电流互感器一次电流 I_1 与二次电流 I_2 之比等于匝数比的倒数，即 $I_1/I_2=N_2/N_1$。但在实际变流过程中，电流互感器励磁的损耗会引起测量误差，即变比误差和角误差。变比误差是指实测的二次电流乘以额定变比后与实测一次电流的差值。角误差是指实测的一次电流和倒相 180°后的二次电流间的夹角。

2. 分类

(1)按安装地点分，可分为户内式、户外式和装入式。

(2)按绝缘方式分，可分为干式、浇注式、油浸式、充气式。

(3)按安装方式分，可分为穿墙式和支持式。

(4)按匝数分，可分为单匝式和多匝式。

3. 型号含义

电流互感器的型号含义见表 3-2，型号后的数字表示产品的设计序号和电压等级。

表 3-2　电流互感器型号含义

字母顺序	含　义
1	L：电流互感器
2	A：穿墙式；Y：低压式；R：装入式；C：瓷箱式；B：支持式；F：贯穿复匝式；D：贯穿单匝式；J：接地保护；Q：线圈式；M：母线式；Z：支柱式
3	C：瓷绝缘；Z：浇注绝缘；L：电缆型；G：改进型；K：塑料壳；S：速饱和的
4	D：差动保护用；B：过流保护用；J：加大容量；Q：加强型；X：适用于配电箱；W：户外用

4. 基本技术参数

(1)额定电流

额定电流是作为电流互感器性能基准的电流值。额定一次电流的标准值为 10 A、12.5 A、15 A、20 A、30 A、40 A、50 A、60 A、75 A。额定二次电流的标准值为 5 A 或 1 A。

(2)额定变比

额定变比是额定一次电流与额定二次电流之比。由于二次绕组的额定电流规定为 5 A 或 1 A，所以额定变比的大小取决于额定一次电流。

(3)额定一次负荷与实际二次负荷

额定一次负荷是确定互感器准确等级所依据的一次负荷；实际二次负荷是电流互感器二次线圈所接仪表、装置、继电器等与二次连接电缆线路阻抗的总和。

(4)额定输出伏安

在接有额定二次负荷的情况下，互感器在规定的功率因数下供给二次回路的视在功率伏安数称为额定输出伏安。其标准值为：2.5 V·A、5 V·A、10 V·A、

15 V·A、20 V·A、30 V·A、40 V·A、50 V·A、60 V·A、80 V·A、100 V·A。

5. 误差及准确度等级

(1)误差

①变比误差。变比误差又叫电流误差，它是互感器二次电流测量值乘以变比后与一次电流实际值之间的差值，用一次电流实际值的百分数表示，见式(3-5)。

$$\Delta I=\frac{KI_2-I_{1n}}{I_{1n}}\times 100\% \tag{3-5}$$

式中 K——电流互感器的变比；

I_{1n}——电流互感器一次电流实际值；

I_2——二次电流测量值。

②角误差。角误差指二次电流向量旋转 180°后与一次电流向量之间的夹角 δ。规定二次电流向量超前于一次电流向量时为正角差，反之为负角差。正常运行的互感器其 δ 一般小于 2°。

电流互感器的误差与下列因素有关：

①与励磁安匝数的大小有关，即与铁芯的质量和结构形式有关，铁芯质量差时误差增大。

②与一次电流大小有关，在额定范围内一次电流增大，误差减小。

③与二次负载阻抗大小有关，阻抗加大，误差加大。

④与二次负载感抗有关，当功率因数减小时，电流误差增大，角误差相对减小。

(2)准确度等级

电流互感器的准确度等级是指在规定的二次负荷范围内，一次电流为额定时的最大误差极限值。我国规定的标准准确度等级分为 0.1 级、0.2 级、0.5 级、1 级、3 级和 5 级六个等级，有特殊使用要求的电流互感器的准确度等级有 0.2S 级和 0.5S 级。

对于 0.1 级、0.2 级、0.5 级和 1 级四个准确度等级，当二次负荷在 25%～100%额定负荷范围内变化时，在额定频率下，其电流的误差分别为±0.1%、±0.2%、±0.5%和±1%，相应的角误差分别为±5′、±10′、±30′、±60′。对于 3 级和 5 级，负荷在 50%～100%范围内变化时，在额定频率下，电流误差分别为±3%和±5%，角误差不作规定。

(3)保护用电流互感器的 10%误差曲线

电流互感器的误差与励磁电流 I_0 有着密切的关系，为了保证继电保护装置在短路故障时能正确动作，对于保护范围内可能出现的短路电流，要求保护用(B 级)电流互感器最大误差极限值不超过±10%。当短路电流增加到一次额定电流的 n 倍时，电流误差达到±10%，此时的一次电流倍数 n 称为 10%倍数。10%倍数越大表示该互感器的过电流性能越好，10%倍数与互感器二次允许最大负荷阻抗的关系曲线就是电流互感器的10%误差曲线，如图3-37所示。按照实际计算出的一次电流倍数可从曲线上查出二次允许最大负荷阻抗值，只要互感器的二次负荷阻抗小于该阻抗值，就能保证其误差不超过10%。

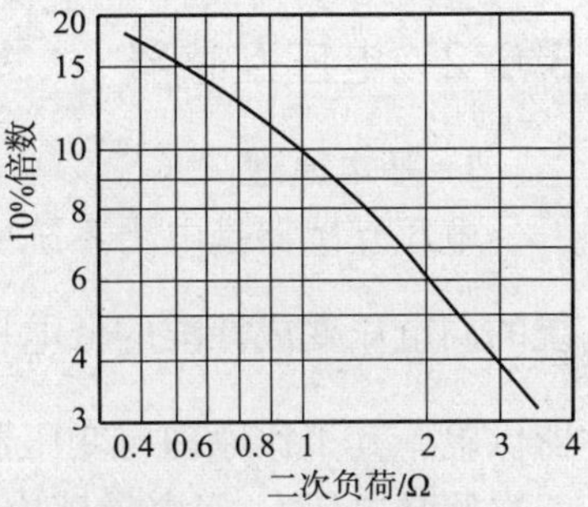

图3-37　电流互感器的10%误差曲线

6. 极性及测定方法

电流互感器与二次负载连接示意如图3-38所示。电流互感器一次绕组的端子 L_1、L_2 串接在被保护元件的电流回路中，二次绕组的端子接二次负载。一次侧电流从 L_1 流入、L_2 流出时，二次侧从 K_1 流出经二次负载流向 K_2，即 L_1 与 K_1、L_2 与 K_2 分别为同极性端子（同名端），同极性端子上标注"*"号。

同极性端子试验测定法接线如图3-39所示。一次绕组通过开关S再串联一个电池，二次绕组接入一电流表。合上开关S，如果电流表指针正向偏转，则电池正极所接端子与电流表正表棒所接端子为同极性端子；如果电流表指针反向偏转，则电池正极所接端子与电流表正表棒所接端子为反极性端子。

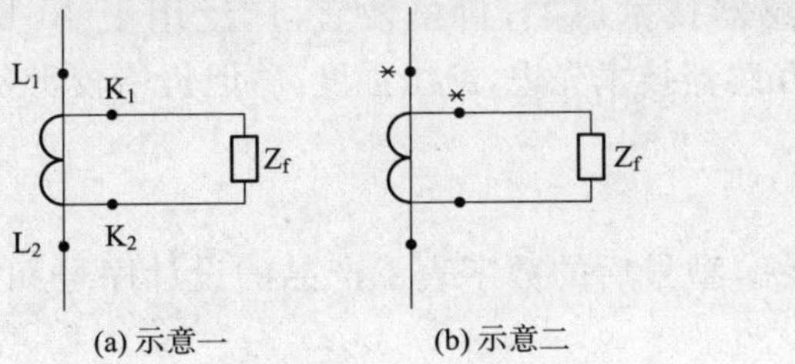

图3-38　电流互感器与二次负载连接示意

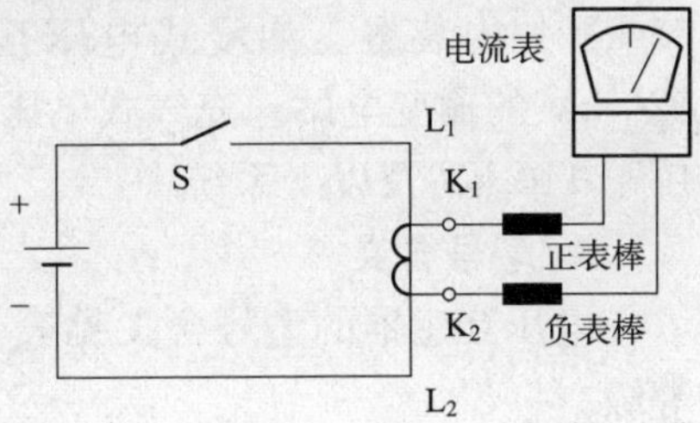

图3-39　同极性端子试验测定法接线

7. 使用注意事项

（1）电流互感器在接入电路时，必须注意其端子符号和极性，一般一次侧电流从 L_1 流入、L_2 流出时，二次侧电流从 K_1 流出，经测量仪表流向 K_2，即 L_1 与 K_1、L_2 与 K_2 分别为同极性端子。

（2）电流互感器二次侧必须有一端接地，以防止互感器一、二次绕组绝缘击穿时，危及人身和设备安全。

（3）电流互感器二次侧在工作时不得开路，否则一次电流全部被用于励磁，总磁势比正常值增加几十倍，铁芯将过热并在二次绕组中感应出高电压，其值可达几千伏甚至更高，严重威胁人身和设备安全。因此，二次回路绝不允许开路，且不允许装熔断器。

3.6.2 电压互感器

1. 基本原理

电压互感器是电力系统中供给测量仪表和保护装置使用的重要设备，可将系统的高电压变成标准的低电压（100 V，$\frac{100}{\sqrt{3}}$ V或$\frac{100}{3}$ V），用于给测量仪表和继电器供电。其工作原理与变压器一样，两个相互绝缘的线圈绕在公共的闭合铁芯上，一次侧高电压U_1经电磁感应后，在二次侧感应出低电压U_2。在理想情况下，电压互感器的电压比等于匝数比，即$U_1/U_2 = N_1/N_2$。

2. 分类

(1)按工作原理分，可分为电磁感应式和电容分压式。

(2)按结构形式分，可分为单相、三相、双绕组、三绕组。

(3)按安装方式分，可分为户内式、户外式。

(4)按绝缘方式分，可分为干式、浇注式、油浸式、充气式。油浸式又可分为普通式和串级式。干式电压互感器结构简单，利于防火，但绝缘强度低，一般用于3 kV～10 kV户内配电装置。浇注式电压互感器结构紧凑，维护方便，适用于3 kV～35 kV户内装置。油浸式电压互感器技术成熟，价格便宜，广泛用于10 kV～220 kV的输变电站。充气式电压互感器技术先进，绝缘强度高，但价格较贵，主要用于110 kV及以上系统中。

3. 型号含义

电压互感器的型号含义见表3-3，型号后的数字表示产品的设计序号和电压等级。

表3-3 电压互感器型号含义

字母顺序	含　义
1	J:电压互感器
2	C:串级结构;D:单相;S:三相
3	C:瓷绝缘;J:油浸绝缘;Z:环氧树脂浇注绝缘;R:电容分压式绝缘
4	J:有接地保护用辅助线圈;W:三相圈; B:有补偿角误差的线圈

4. 基本技术参数

(1)额定一次电压

电压互感器的额定一次电压与其连接系统的相关电压一致:三相电压互感器或用于三相系统线间，以及用于单相系统的电压互感器的额定一次电压与它们所接系统的标称电压一致；用于三相系统线与地之间的单相电压互感器，其额定一次电压为所接系统的相电压。

(2)额定二次电压和第三绕组二次电压

单相接于线间的电压互感器的额定二次电压为 100 V，接于相对地间的电压互感器的额定二次电压为$\frac{100}{\sqrt{3}}$ V。

用于中性点直接接地系统的电压互感器，其第三绕组的二次电压为 100 V；用于小电流接地系统的电压互感器，其第三绕组的二次电压为$\frac{100}{3}$ V。

(3)额定二次负荷

二次负荷指二次回路中所有仪器、仪表及连接线的总负荷。电压互感器的额定二次负荷是指在功率因数为 0.8(滞后)时，能保证二次线圈相应准确等级的基准负荷，又称为额定输出标准值，以视在功率伏安数表示。对于三相电压互感器，额定电流标准值为每相的额定二次负荷。

额定二次负荷为 10* V·A、15 V·A、25* V·A、30 V·A、75 V·A、100* V·A、150 V·A、200* V·A、250 V·A、300 V·A、400 V·A、500* V·A，其中有＊者应优先选用。

5. 误差及准确度等级

(1)误差

电磁式电压互感器存在变比误差和角误差。

①变比误差：电压互感器二次绕组的输出电压实测值与变比的乘积与一次额定电压数值之间的差值，用一次额定电压的百分数表示，见式(3-6)。

$$\Delta U=\frac{KU_2-U_{1n}}{U_{1n}}\times 100\% \tag{3-6}$$

式中　U_{1n}——电压互感器一次额定电压；

U_2——二次电压实测值；

K——电压互感器的额定电压变比。

②角误差：角误差是指二次电压向量与一次电压向量间的夹角 δ。如果二次电压转过 180°后，超前于一次电压，角误差为正，反之为负。

电压互感器的两种误差与下列因素有关：

①与励磁电流有关，励磁电流增大时，误差也增大。

②与互感器的电阻、感抗及漏抗有关，阻抗和漏抗增大时误差增大。

③与负载和功率因数有关，负载增大，误差也增大；功率因数减小时，角误差明显增大。

④与电压波动有关，只有当一次电压在规定的范围内波动时，才能保证不超过准确度规定的允许值。

(2)准确度等级

电压互感器供测量用绕组的准确度等级以额定电压和相应准确度等级所规定的额定负荷下最大允许电压误差的百分数来标称。我国电压互感器的标准准确度等级分为 0.1、0.2、0.5、1、3 五级，其规定条件下的电压误差分别为±0.1%、±0.2%、±0.5%、±1%、±3%，相应的角误差分别为 5°、10°、20°、40°和不规定。

供保护用绕组的标准准确度有 3P 和 6P，其标称数字“3”与“6”表示在 5%～100%额定电压范围内相应准确等级最大允许电压误差的百分数，“P”代表供保护用。3P 和 6P 相应的角误差为 120°和 240°。

电压互感器的每个准确度等级都规定了相应的二次负荷额定容量，单位为 V·A。不同的准确度等级与相应的额定容量在铭牌上都有标注。当实际二次负荷超过规定的额定容量时，电压互感器的准确度将降低，所以应注意运行互感器的二次侧所接总负荷不能超出所需准确度的额定容量。

6. 一、二次侧熔断器

在电压互感器一次侧安装熔断器的作用是防止高压系统受电压互感器本身或其引线上故障的影响，以及保护电压互感器。装于室内配电装置的高压熔断器装有石英填料，能切断 1 000 MV·A 的短路功率。在 110 kV 及以上的配电装置中，电压互感器高压侧不安装熔断器，是由于高压系统灭弧问题较大，高压熔断器制造较困难，价格昂贵，且电压互感器故障机会较少。

在电压互感器二次侧安装熔断器是为了避免电压互感器二次侧短路，但在一些情况下，二次侧不安装熔断器。例如：二次开口三角形的出线一般不装熔断器，避免接触不良导致发不出接地信号；中性线上不安装熔断器。110 kV 及以上的电压互感器二次侧线一般安装空气小开关而不用熔断器。二次侧熔断器必须保证在二次回路发生短路时，熔断时间小于保护装置动作时间。熔断器应满足其额定电流大于最大负荷电流，且可靠系数取为 1.5。

7. 极性及测定方法

电压互感器一次绕组的端子用 $1U_1$、$1U_2$ 表示，二次绕组的端子用 $2U_1$、$2U_2$ 表示。一次和二次绕组按同一方向绕线，绕在同一铁芯柱上，在某一瞬间 $1U_1$ 端电位高于 $1U_2$ 端电位，$2U_1$ 端电位也高于 $2U_2$ 端电位，此时称 $1U_1$、$2U_1$ 是同极性端（同名端）。这种接线称为同极性或减极性，将二次电压折算到一次电压的向量应同相。如果二次绕组与一次绕组绕向相反，这种接线称为异极性或加极性，将二次电压折算到一次电压的向量应相差 180°，$1U_1$、$2U_2$ 或 $1U_2$、$2U_1$ 是同极性端（同名端）。

测定电压互感器极性的方法有直流法和交流法。

(1)直流法。直流法测变压器极性接线如图 3-40 所示，将 1.5～3 V 干电池或 2～6 V 蓄电池正极接于互感器高压侧 $1U_1$ 端，负极接于高压侧 $1U_2$ 端，直流毫伏表的正极接于低压侧 $2U_1$ 端，负极接于低压侧 $2U_2$ 端。开关 S 合上瞬间表针正偏，断开瞬间表针反偏，则被测互感器为减极性，$1U_1$、$2U_1$ 为同极性端。如果表针偏转方向与上述相反，则为加极性。

(2)交流法。交流法测变压器极性接线如图 3-41 所示，将互感器的高压和低压绕组的一对同名端 $1U_1$、$2U_1$ 或 $1U_2$、$2U_2$ 用导线连接起来，在高压侧加交流电压，用一个电压表测量高压所加的交流电压 U_1，用另一个电压表测量另一对同名端子 $1U_2$、$2U_2$ 或 $1U_1$、$2U_1$ 间电压 U_2。若 $U_1 > U_2$ 则为减极性，否则为加极性。

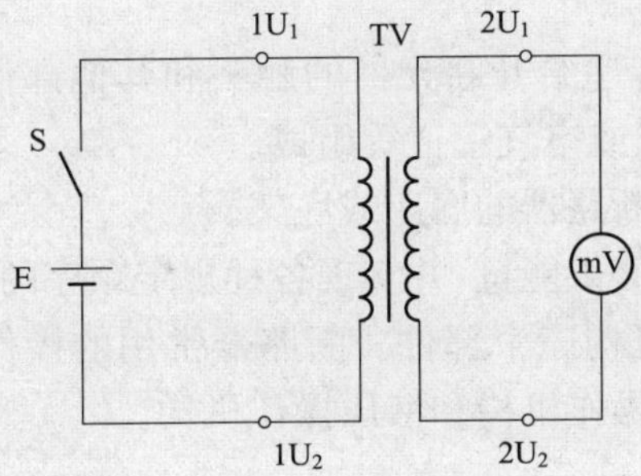

图 3-40 直流法测变压器极性接线

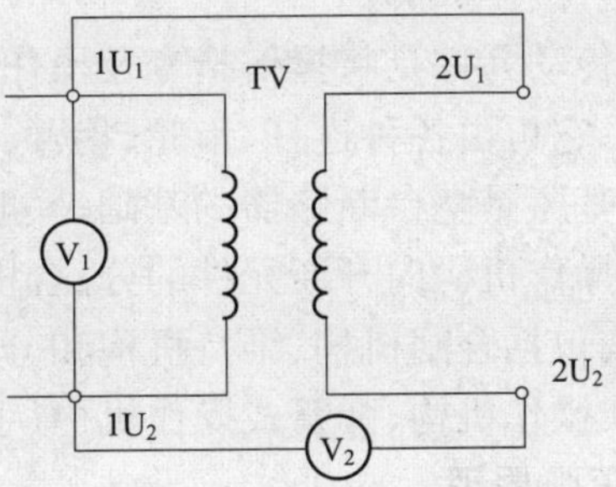

图 3-41 交流法测变压器极性接线

8. 使用注意事项

(1)电压互感器在投运前要进行极性校核，二次绕组应有一个可靠的接地点，以防止当互感器一、二次绕组匝间击穿时，危及人身和设备安全。

(2)在任何情况下运行中的电压互感器二次侧都不得短路，否则会烧坏互感器或危及系统和设备的安全运行。所以须在电压互感器的二次侧装设熔断器保护，有的电压互感器还在一次侧加熔断器保护。

(3)为防止在互感器停电检修期间，二次侧检修电源向一次侧倒送电，应将一次侧的隔离开关及一、二次侧的熔断器都断开。

3.7 断 路 器

3.7.1 基本概念

1. 用途和基本结构

断路器是开关设备中最主要的设备。它在电力系统中起着两方面的作用：一是控制作用，即根据电力系统运行需要，将一部分电力设备或线路投入或退出运行；二是保护作用，即在电力设备或线路发生故障时，通过继电保护装置作用于断路器，将故障部分从电力系统中迅速切除，保证电力系统无故障部分正常运行。

断路器的类型很多，但都是由开断元件、支撑绝缘件、传动元件、基座及操作机构五个基本部分组成。开断元件是断路器的核心元件，控制、保护等方面的任务都需由它来完成。其他组成部分都是为配合开断元件完成上述任务而设置的。

(1)开断元件是断路器进行开断电路的执行元件，包括触头、导电部分及灭弧室等，通常由支撑绝缘件支撑。

(2)支撑绝缘件的作用是把处于高电位的开断元件与低电位部件在电气上隔绝，承受断路器的操作力与各种外力。支撑绝缘件通常指断路器的瓷柱、瓷套及其他固体绝缘件等部件。

(3)传动元件是将操作指令及操作力传递给开断元件的触头和其他部件的中间环节。它可由各种连杆、齿轮、拐臂、液压或空气管道等组成。

(4)基座是整台断路器的基础，一般指断路器的底座或底架。

(5)操作机构向开断元件的分、合操作提供能量，并实现各种规定顺序的操作。操作机构包括合闸机构、维持机构和分闸机构三个部件。断路器常用的操作机构有电磁式操作机构、弹簧式操作机构、手动操作机构和液压操作机构。

2. 灭弧原理

电弧燃烧过程中总是同时存在游离与去游离两种现象。灭弧就是设法控制电弧的电导率，使电导率有很大的变化范围和极快的变化速度，促使电弧通道中的去游离作用增强，电导率降低。当电导率趋近于零时，电弧将失去导电性而熄灭。断路器的灭弧表现为加速去游离的进行，减弱游离过程。在电弧电流归零后，一方面，灭弧介质使电弧冷却，迅速降低弧隙电导率与增强去游离，从而加速介质绝缘强度的恢复；另一方面，加在弧隙上的电力系统电压也在不断上升，企图增加弧隙电导率，重新点燃电弧。当断路器弧隙中的介质绝缘强度恢复速度大于电网电压恢复速度时，电弧才能熄灭。

3. 类型及主要技术参数

(1)类型

断路器按灭弧介质进行分类，可分为油断路器、压缩空气断路器、真空断路器、六氟化硫(SF_6)断路器四种类型。目前地铁变电站内广泛采用真空断路器和 SF_6 断路器。

利用真空介质的高绝缘强度来熄灭电弧的断路器，称为真空断路器。断路器触头在真空中不易氧化，具有寿命长、行程短、体积小等特点。

将具有优良灭弧性能和绝缘性能的 SF_6 气体作为灭弧介质的断路器，称为

SF_6断路器。SF_6断路器具有开断能力强、断口电压较小、允许连续开断次数多、适用于频繁操作、噪声小、无火灾危险等特点。

(2)主要技术参数

①额定电压

额定电压是指断路器能承受的正常工作线电压。额定电压不仅决定了断路器的绝缘要求,还在相当程度上决定了断路器的总体尺寸和灭弧条件。

②额定电流

额定电流是指断路器可以长期通过的工作电流。断路器长期通过额定电流时,其各部分的发热温度不超过允许值。额定电流决定了断路器触头及导电部分的截面,并且在某种程度上也决定了它的结构。

③额定开断电流

在额定电压下,规定的时间内断路器能可靠切断的最大电流的有效值,称为额定开断电流,它表示断路器的断路能力。

④动稳定电流

断路器在闭合位置时,能通过的最大短路电流,称为动稳定电流,亦称为额定峰值耐受电流,它表示断路器在冲击短路电流作用下承受电动力的能力。动稳定电流值的大小由导电及绝缘等部分的机械强度决定。

⑤热稳定电流

热稳定电流是指断路器在某规定时间内,允许通过的最大电流,它表示断路器承受短路电流热效应的能力。在规定时间内能够保证断路器不损坏的条件下,允许通过的短路电流值,称为规定时间的热稳定电流,用短路电流的有效值表示。

⑥额定短路关合电流

额定短路关合电流是指在额定电压、规定的使用和性能条件下,断路器能保证正常关合的最大短路峰值电流。

3.7.2 110 kV GIS

1. 组成元件

GIS需要配置开断性能好、电气寿命长、运行安全、维护方便的SF_6断路器。SF_6断路器在各个电压等级GIS中广泛应用,常配置的操作机构有电动储能弹簧机构、液压机构和气动机构三种。真空断路器为单个灭弧室的最高工作电压所限,仅在35 kV断路器中应用。

GIS中使用的隔离开关由本体和操作机构两部分组成。本体结构有直线形、T形和角形三种。操作机构中的动触头可以做直线运动,也可以做旋转运动,一般为三相联动,配用动力型简易操作机构(如电动机构、气动机构、弹簧机构等),并要求可以就地手动操作。为监视断口工作状态，在操作机构输出轴或操作杆上装有分、合闸位置指示器。根据功能分，隔离开关可分为无分合能力和有分合能力两类。前者只能起隔离作用，后者具有灭弧能力。

GIS使用的接地开关结构形式一般为三相联动。动触头的运动方式有直线和转动两种，可以单独布置，也可以与隔离开关、负荷开关、套管和电缆连接装置等组装在一起。接地开关按功能可分为五种：

(1)工作接地开关。其作用是释放主回路上的残余电荷，并应能耐受短时电流。一般配置人力操作机构，将其安装在断路器两侧和母线上。

(2)有关合短路能力的接地开关。其应能关合两次额定动稳定电流，一般安装在GIS进(出)线单元的线路侧。

(3)能开合感应电流的接地开关。安装在线路入口处的接地开关应能释放线路残留电荷，承受短时电流，并且具有分合电磁感应电流和静电感应电流的能力。

(4)保护接地开关。操作机构带有脱扣装置，能与保护装置配合，实现对GIS内部电弧故障的保护。当内部故障发生时，能及时发出合闸命令，启动脱扣装置，快速关合，造成人为的接地通路，使故障电弧电流转移。电弧熄灭后，最终由下级保护切除故障。

(5)能释放电力电缆残留电荷的接地开关。

2. GIS组合电器的特殊要求

(1)全封闭组合电器内SF_6气体的年漏气量不应大于1%。

(2)组合电器机械寿命应达到10 000～12 000次，对所有操作机构提出了很严格的要求。元件的机械、电气寿命应与检修周期相配。

(3)隔离开关应具有分断环流及切合电容电流的能力，为降低操作过电压、外壳感应电压等，应使合闸速度提高到1.7 m/s。

(4)接地开关具有能切合静电感应电流及电磁感应电流的能力。快速接地开关要能快速合闸或分闸，平均速度一般大于1 m/s。

(5)GIS组合电器伸缩接头在安装调整时，可减少GIS制造上的尺寸误差和安装误差、基础间的相对移位(不均匀沉陷)，调节热伸缩可克服长母线筒温度变化引起的变形，减少地震过程中的位移。

(6)GIS组合电器内部相同压力或不同压力的各电气元件的气室间设置以环氧树脂材料真空浇注加工而成的盆式绝缘子，使SF_6气体互不相通，并起密封、绝缘的作用。

(7)各气室上安装压力释放装置，当GIS组合电器因内部故障产生电弧，电弧造成SF_6气体压力增高，超过允许值时，压力释放装置动作，使故障气室压力下降，保护GIS壳体免受不允许的过压。

3. GIS 的绝缘配合

GIS 绝缘必须耐受以下几种过电压：

(1)雷电过电压。GIS 受直击雷的可能性很小。来自远距离的雷电侵入波，经过沿线衰减，幅值降低。同时，由于 GIS 波阻抗小(一般仅为架空线的 1/6～1/4)，入口折射系数小，有避雷器保护，一般也是安全的。唯有邻近杆塔遭雷击导致绝缘子逆闪时，在闪络点出现的波头极陡、幅值很高的过电压冲击波，传至 GIS 并与反射波叠加后，对 GIS 主绝缘的威胁最大。

(2)操作过电压。在断路器切合空载线路、投切空载变压器或电抗器时，会产生波头持续几百微秒、波尾持续数千微秒的暂态冲击电压。其幅值大小与系统接线、运行方式以及断路器性能等有关，一般不致危及绝缘。

(3)短时过电压。这是由接地故障、负荷突变和谐振等引起的一种持续时间从几毫秒到几秒的瞬态过电压，一般幅值较小。即使在最严重的单相接地故障情况下，对中性点接地系统，线路侧最大过电压不会超过 1.6 倍，对中性点不接地系统，虽可达 2～3 倍，但也低于设备额定绝缘水平。

(4)快速瞬态过电压。GIS 中隔离开关切合小电容电流时，可能产生波头极陡(波前时间仅 1/100～1/10 μs)、频率极高(数兆赫兹至数十兆赫兹)、幅值可达 2 倍左右的快速瞬态过电压。其幅值一般低于避雷器保护水平，在绝缘配合中不占重要地位。然而，快速瞬态过电压出现频次高，可能引起对外壳放电，使外壳电位瞬时(微秒级)升高，在相邻外壳间出现的暂态电位差达数十千伏，并通过电压和电流互感器耦合到二次回路中，对外部环境控制回路造成电磁干扰。

综上所述，限制雷电过电压是 GIS 绝缘配合最主要的任务。常用的 GIS 过电压保护方案是在利用电磁瞬态程序(EMTP)分析模拟系统各种运行条件下雷电波传输过程的基础上，掌握过电压分布状况之后确定的。分析与实践证明，在 GIS 进(出)线前沿装设避雷器效果很好。如果在每条架空进(出)线的接口处都装有避雷器，一般无需在母线上或变压器附近再装设，除非 GIS 设备范围很大、母线很长或变压器相距特别远。GIS 采用电缆进(出)线时，由于沿线线路损耗，以及多次折射和反射入侵雷电波，过电压水平会下降。因此，常采用在电缆首端与架空线接口处安装避雷器的方案。至于在 GIS 入口或内部是否还需要安装避雷器，需视具体工程，通过数值计算才能确定。

4. GIS 中 SF_6 气体的监视

监视 GIS 中的气体压力或密度有两种方式。一种是目测，用压力表指示气体压力，并用温度计测量环境温度，根据 SF_6 气体状态参数特性曲线，换算成标准条件(20 ℃)下的压力数值，作为判断 GIS 运行状态与特性的依据；另一种是用具有温度补偿的密度控制器或气体监测器对 GIS 中的气体密度进行长期自动检测。

断路器隔室用的密度控制器或监测器必须有报警压力和闭锁压力两种控制接点。GIS 其他隔室用的密度控制器或监测器一般只需报警信号接点。此外，为了监视运行设备中气体的杂质含量，还必须设置供气体抽样用的专门接头和阀门。

5. 主要特点

(1)和常规电器组成的变电站相比，全封闭组合电器组成的气体绝缘变电站占地面积和空间随着电压的增加而显著减少。

(2)GIS 组合电器内 SF_6气体含水率大于规定值、内部夹杂有直径大于 30 μm 的微粒时，绝缘强度会降低，甚至其内部会发生闪络、击穿。因此，全封闭组合电器在安装或检修组装时，必须有清洁安全的检修条件，环境的相对湿度不应大于 80%，安装或检修后的交接验收试验项目应严格。

(3)GIS 组合电器的绝缘件、带电导体封闭在金属壳体内，不受外界环境的影响，适宜在环境恶劣的地区使用。由于全封闭组合电器的布置重心低，抗震能力强，也适宜在高地震烈度地区使用。

(4)GIS 组合电器大修周期长，一般为 15～20 年，甚至可以免检修。

6. 常见 GIS 组合电器介绍

EXK-01 型 110 kV GIS 结构如图 3-42 所示。

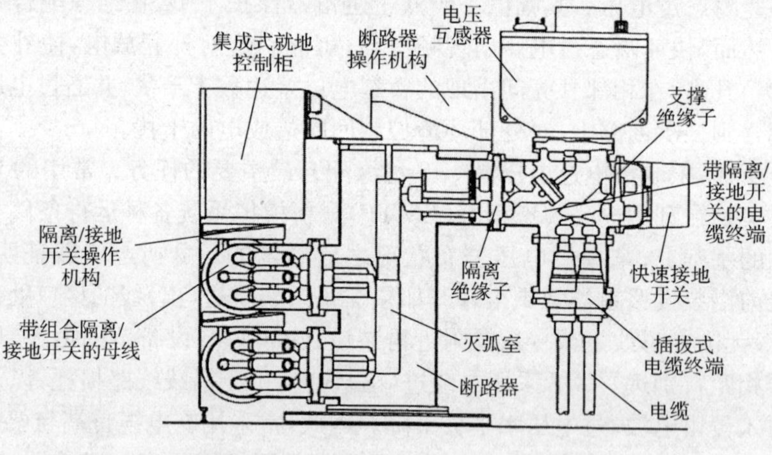

图 3-42　EXK-01 型 110 kV GIS 结构

GIS 利用电气隔离绝缘子分开各个独立的气室，所有法兰连接处用防老化的 O 形环密封。在断路器气室中，SF_6既用于绝缘，又用作灭弧介质，在其他气室中，SF_6只作为绝缘介质。每个气室都装有气体截止阀，截止阀连接气体密度继电器和气体充放装置，可以通过温度补偿气体密度继电器检测气体密度。每个气室配有一面就地控制柜，包含所有用于控制、显示和联锁的辅助设备。

GIS母线系统由每条馈线的独立母线组成。每个馈线的母线相位导体安装在隔离绝缘子上，隔离绝缘子将各馈线分开。母线模块有一个可横向收缩的伸缩节，可大大减小张力，母线连接处的带弹簧装置的法兰可补偿任何压力或温度造成的长度变化。母线模块中带有组合隔离/接地开关，隔离/接地开关的操作机构安装在GIS外壳上，通过公共齿轮和绝缘传动杆、电动机驱动三副动触点同时运动。通过独立曲柄可对组合隔离/接地开关进行手动操作。

带电流互感器的断路器为单压、单断口、自能式，每相一个灭弧室。开断短路电流时，自能灭弧断路器利用电弧的热能产生灭弧所需的气流，与压缩空气断路器相比，可节省80%操作能量。断路器通过液压弹簧操作机构进行三相联动操作，液压弹簧操作机构通过液压驱动部分和高强度碟形弹簧储存机构能量，碟形弹簧通过液压储存操作能量，借助液压活塞实现断路器触头的合分。

GIS中的线路隔离开关与母线隔离开关结构相同，也是电动操作的隔离/接地组合开关。电压互感器可与此隔离/接地组合开关连接，可连接到隔离开关的线路侧或GIS侧，因此可测量线路侧或GIS侧电压。

快速接地开关配有迅速开合的弹簧操作机构，可与接地的GIS外壳隔离，通过移开接地开关外壳与独立绝缘触头的电路连接，接地开关可以在不打开气室的情况下接入GIS主回路。

为了配合常规的控制和保护设备，GIS装配了电磁式电流和电压互感器用于测量和保护，互感器一次侧用SF_6绝缘。SF_6空气套管使GIS与架空线或变压器的套管相连。

3.7.3　真空断路器

1. 基本结构和特点

真空灭弧室是真空断路器的核心元件，具有开断、导电和绝缘等方面的功能，基本结构如图3-43所示，包括外壳、波纹管、动静触头和屏蔽罩等元件。

真空灭弧室外壳能承受真空造成的压力，由玻璃或陶瓷制成。真空灭弧室内装有一对动、静触头，既是关合时的通流元件，又是开断时的灭弧元件，其几何造型和金属元素成分由制造厂自行制定。铜铬合金的触头材料主要用于高电压，按形状分为横向磁场触头和纵向磁场触头。动触头用波纹管密封，波纹管使动触头有一定活动范围，而不使灭弧室内真空空间压强发生变化，它是灭弧室中最容易损坏的部件，决定了真空灭弧室的机械寿命，一般采用不锈钢制作。触头周围是屏蔽罩，在燃弧期间可冷凝吸附大量金属蒸汽和金属液滴，均匀电场分布，加速弧后间隙绝缘强度的恢复速度，提高灭弧室的开断能力，可防止触头间隙燃弧的生成物玷污外壳，以保护外壳内表面绝缘。不能拆开灭弧室或单独更换触头，有问题时应全

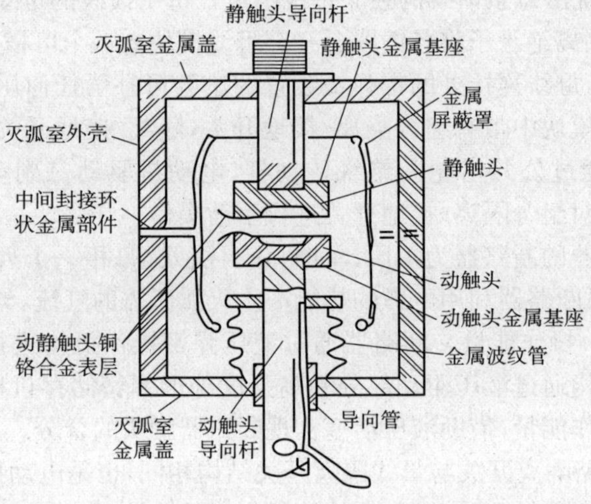

图 3-43 真空灭弧室基本结构

部更换。分合闸时通过动触杆运动，可拉长或压缩波纹管而不破坏灭弧室内真空装置。

真空断路器的典型结构如图 3-44 所示。

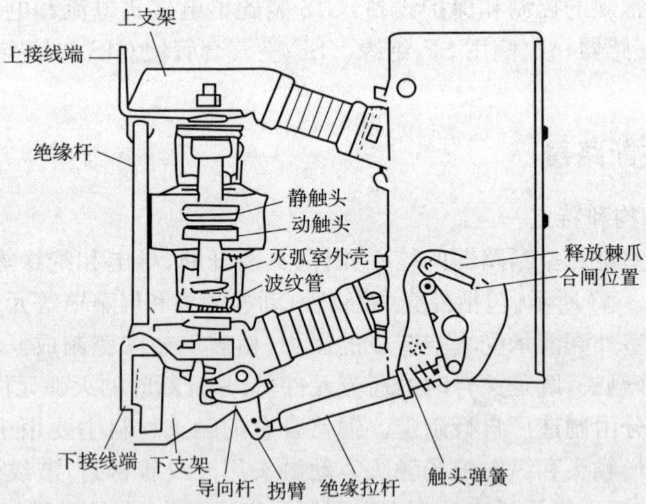

图 3-44 真空断路器的典型结构

真空断路器的优点为：绝缘性能好、灭弧能力强、使用寿命长、结构简单、体积小、质量轻、噪声低、无污染、维修间隔时间长、维护方便等；缺点为：在满容量开断短路电流后冲击电压强度普遍存在下降趋势、在运行中对其真空尚无完善的检测手段、价格较贵、参数较低等。

2. 灭弧原理

当断路器触头带电分闸时，触头局部区域的温度随着接触电阻的增大很快上升到触头材料的熔点。随着触头继续运动，该局部熔化的金属被拉成很细的液桥。随着触头的进一步分离，金属桥截面变细，短路电流产生的热量使金属桥发生爆炸式汽化，产生大量的金属蒸汽、金属离子、炽热的金属液滴等，在间隙电场作用下，在很短的时间内燃弧，并且由电极本身蒸发的金属蒸汽维持，因此，只要使电极间和触头周围金属蒸汽的密度降到一定程度，真空电弧自然熄灭。

真空电弧分为扩散型和集聚型两种，其形态对灭弧至关重要。电弧电流较小时，阴极上只存在一个称为阴极斑点的强烈发光点，并发射电子，产生金属蒸汽，此时电流密度很大，温度可达到金属沸点。当电流逐渐增大，斑点开始分裂，阴极斑点增多，并在阴极表面不停地运动，处于不断熄灭、产生和分裂的动态过程中，真空电弧由其燃烧而成。这种不断向四周扩散的真空电弧称为扩散型真空电弧。当阴极斑点移动后，熔化的金属在微秒数量级时间内就会凝固。在交流电流过零时，由于电子与金属原子碰撞形成的电弧极间的等离子体密度迅速降低，触头间隙的介质强度迅速提高，电弧被开断。

当真空电弧电流超过一定极限(10 kA 左右)，使阳极表面严重过热，成为能量密集的阳极斑点，原来扩散型的弧柱变成了集聚型的弧柱。电流过零时，残余等离子体向四周扩散，但其电极表面大面积的熔区在熄弧后数毫秒内仍向间隙输送大量金属蒸汽，因此，集聚型真空电弧几乎不可能开断。

目前比较普遍使用的两类触头结构是横向磁场触头结构和纵向磁场触头结构，具有较高的开断能力。

横向磁场触头利用电流流过触头本身产生的横向磁场驱使集聚型电弧运动，避免触头表面局部过热，抑制或推迟阳极斑点的产生，这对提高开断能力有明显效果。横向磁场触头分为螺旋槽触头和杯状触头两类，如图 3-45 所示。

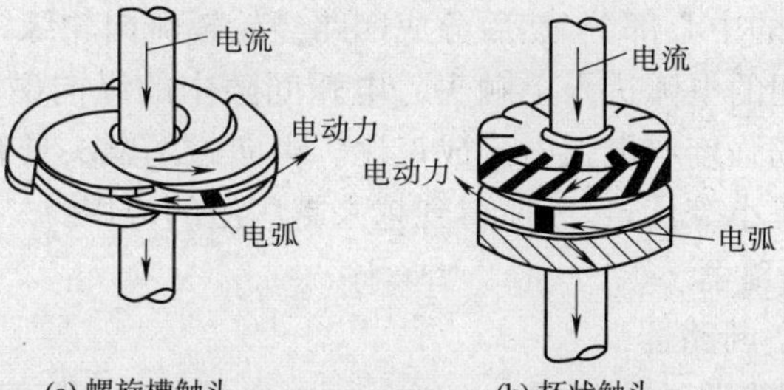

(a) 螺旋槽触头　(b) 杯状触头

图 3-45　横向磁场触头

螺旋槽触头结构如图 3-46 所示，其中部突起处是圆环状的接触面，接触面周围的圆盘上开有螺旋槽，并延伸到圆盘的边缘。当触头分开时，在接触面上产生的电弧在电磁场作用下从位置 a 向外移动到 b。电弧受到螺旋槽的限制，分解为径向分量 i_1 和切向分量 i_2。切向分量 i_2 产生的磁场 B 与电弧电流形成的电动力沿切线方向，它使电弧在触头外缘上下不断沿触头圆周旋转，从而使电弧分散在触头表面较大面积范围内，减轻触头表面局部过热现象。

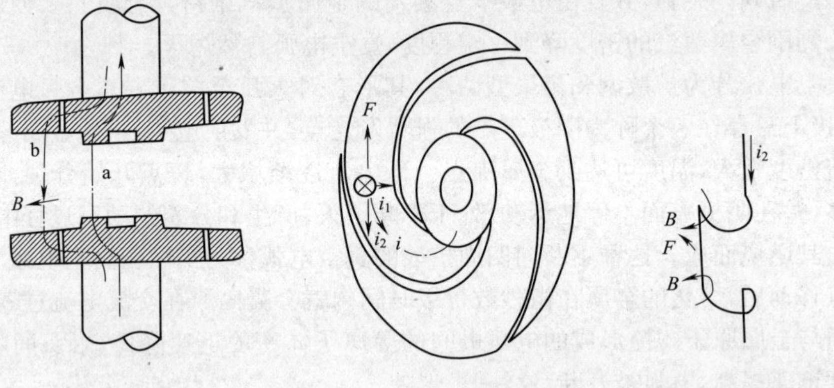

(a) 纵剖面图　　(b) 下触头顶视图　　(c) 电流与磁场走向

图 3-46　螺旋槽触头结构

杯状触头的杯壁上开有很多倾斜的槽，动静触头上的槽方向相反。电流流过斜槽呈现很大的切向分量，从而产生横向磁场。杯状触头带电分离时形成很多并行的、电流不太大的聚集型电弧，相互之间因斜槽限制无法进一步集聚，因此，杯状触头的电弧电压比螺旋槽触头的更低，电磨损率也较小，开断性能更好。

纵向磁场触头是较新型的结构形式，如图 3-47 所示。线圈为轮状，有四个轮辐，中心与导向杆连接，阴影突起部分与盘形触头固定。盘形触头上八条槽用来减少涡流，保证交流电流过零时，纵向磁场强度同时为零。在分断短路电流时，电流经导向杆进入线圈的中心部分，然后分成四路经轮辐流向轮缘，再由突起部分流入盘形触头，经触头间的电弧进入上触头。电弧间隙中的纵向磁场由上下两个线圈共同产生，纵向磁场强度与电弧电流成正比。纵向磁场触头具有开断容量大、截流水平低、截流过电压小等优点，因而得到越来越广泛的应用。

3. 常用真空断路器

(1)3AF 型真空断路器

3AF 型真空断路器结构如图 3-48 所示，由机械外壳、带真空断路器的三个开关极、树脂浇注支撑绝缘子、支柱和操作杆等组成。机械外壳用可移动盖板封装。

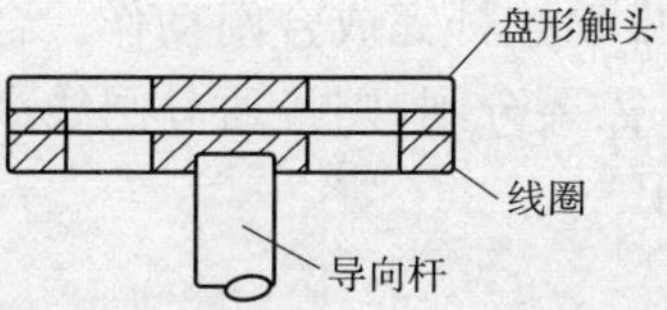

(a) 纵剖面

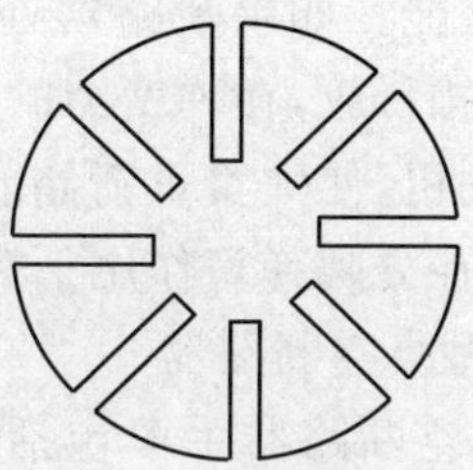
(b) 盘形触头

图 3-47　纵向磁场触头

机械室内部装有操作和控制元件，每个开关极都由两个绝缘子支撑，绝缘子分别用螺栓固定在横梁和开关极板上。开关极由带有上出线端的上部支撑、真空断路器、带有下出线端的下部支撑、带有活动连接器的夹钳以及角形杆组成。带有操作杆的接触压力弹簧由玻璃纤维和环氧树脂制成，将操作机构的动作传导给开关极。

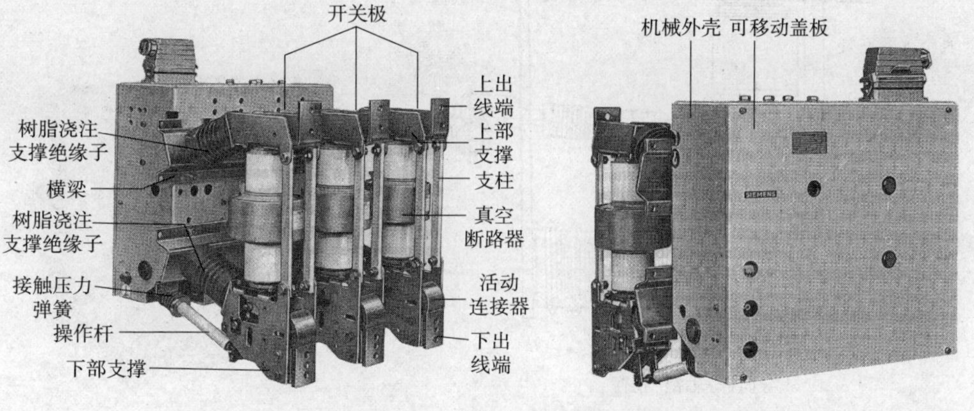

图 3-48　3AF 型真空断路器结构

(2)ZN□-10 型真空断路器

ZN□-10 型真空断路器整体结构如图 3-49 所示。三相真空灭弧室用螺栓固定在上下铝支架间，经由绝缘子固定在底板上。铝支架间由绝缘子支撑，下出线端由软连接与灭弧室导向杆上的导电夹相连。导向杆通过一轴销与下出线座内拐臂相连。断路器主轴通过绝缘拉杆把力传给导向杆，使断路器分合闸。ZN 系列真空断路器配用铜铬合金触头封闭结构的小型灭弧室。灭弧室直径小、开断能力强、电寿命长、截电流小。

ZN□-10 型真空断路器采用弹簧储能操作机构，由储能机构、锁定机构、分闸弹簧、合闸弹簧、主轴、缓冲器及控制装置等组成。弹簧可由电动机储能，也可用手柄进行人力储能。如果断路器处于分闸状态，而弹簧已储能，合闸时接通合闸线圈，使弹簧锁扣释放，在弹簧力的作用下推动连杆完成合闸动作。合闸完成后，会自动启动电动机，使弹簧重新储能。如果需要分闸，则接通分闸线圈电路，释放分闸弹簧锁扣，在分闸弹簧作用下完成分闸。

（3）VK 型真空断路器

VK 型真空断路器手车包括触指型隔离插头、绝缘筒、真空断路器及操作机构，外观如图 3-50 所示。操作机构采用弹簧储能式，具有手动储能和电动储能功能；安装防跳装置；装设有机械和电气联锁，达到防止误操作的功能。带缓冲弹簧的操作机构在分闸过程中可以把真空断路器触头断开时产生的反弹限制在最小，以降低操作过电压。VK 型真空断路器底部配有底盘车，可实现关门操作。

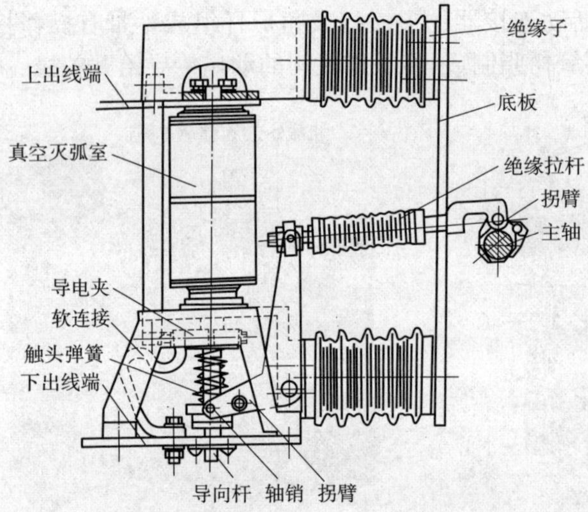

图 3-49 ZN□-10 型真空断路器整体结构

图 3-50 VK 型真空断路器外观

3.7.4 SF_6断路器

1. SF_6气体的特性

SF_6是一种无色、无臭、无毒、不可燃的惰性气体，化学性能稳定，有优良的灭弧和绝缘性能。

SF_6气体具有良好的热化学性与强负电性，因此是很好的灭弧介质。热化学性是指 SF_6气体有良好的热传导特性。由于 SF_6气体导热率较高，弧芯表面具有很高的温度梯度，冷却效果显著，所以电弧直径较细，有利于灭弧。同时，SF_6在电弧中热游离作用强烈，热分解充分，弧芯存在着大量单体的 S、F 及其离子和电子等，因此在电弧燃烧过程中，电网注入弧隙的能量比用空气和油等作为灭弧介质的断路器低得多。因此，触头材料烧损较少，电弧比较容易熄灭。强负电性是指 SF_6 气体分子或原子生成负离子的倾向性强。SF_6 气体和由它分解产生的卤族分子和原子强烈吸附由电弧电离所产生的电子，再与正离子复合还原为中性分子和原子。因此，弧隙电导率很快降低，促使电弧熄灭。

纯净的 SF_6 气体无毒，但在开断电流过程中，高温电弧使断路器内的 SF_6 气体分解，与触头或容器金属化合，生成氟化物，同时 SF_6 气体中有少量的水分与氧气存在，又与之化合，生成多种有毒化合物，对人体有害。

2. SF_6 断路器的灭弧室分类

SF_6 断路器灭弧室从结构上可分为：双压式、压气式、旋弧式、自吹式。双压式 SF_6 断路器结构复杂，目前已被淘汰，下面介绍其他三种结构的灭弧室。

(1)压气式灭弧室按压气活塞的原理制成单压式灭弧室。开断时，利用动触杆的活塞运动，将压气缸中的 SF_6 气体压缩，当喷口被打开时，在触头喷口间产生气流吹弧，当分断动作完毕，压力作用立即停止，触头间又恢复为正常的气压状态，吹弧能量来自操作机构。单压式灭弧室压力较低，结构简单，动作可靠。

(2)旋弧式灭弧室在静触头附近设置磁吹线圈。开断时，线圈被电弧串入回路，在动静触头间产生磁场，使被开断的电弧围绕触头中心旋转，最终熄灭。旋弧式灭弧室结构简单，触头烧损轻微。

(3)自吹式灭弧室依靠磁场使电弧旋转的特性或利用电弧阻塞原理，用电弧的能量加热 SF_6 气体，使之压力增高，熄灭电弧。由此可见，高压力气体是依靠电弧本身的能量加热气体产生的，开断电流越大，压力升高越大，吹弧效果越好，电弧熄灭也越容易。但是这种灭弧室在开断小电流时电弧能量小，因此必须与压气式灭弧室结合使用。

3. HB12 型 SF_6 断路器

HB12 型 SF_6 断路器单相剖面如图 3-51 所示，采用自吹式灭弧室。

灭弧室是永久性密封的，三极柱置于基座上，弹簧操作机构通过拐臂、绝缘拉杆使动触头导电管做上下运动。分闸操作时，动触头导电管向下运动，电弧由引弧接触指转移到引弧环上，磁吹线圈自动接入，电弧在径向磁场作用下轴向旋转，加热周围的 SF_6 气体，使压力升高，高压力的 SF_6 气体通过动触头导电管的内腔排出，使电弧冷却熄灭。为了提高小电流时的灭弧性能，HB 型断路器上设有辅助压力活塞，它随导向杆一起向下移动，压气室的气体经导向杆内腔向外喷出使电弧熄灭。

HB12 型断路器采用 KHB 型弹簧操作机构，其由一组螺旋形压力弹簧组装而成，所储存的能量足以进行一次“合—分”操作，所释放的能量通过差动轮系传到驱

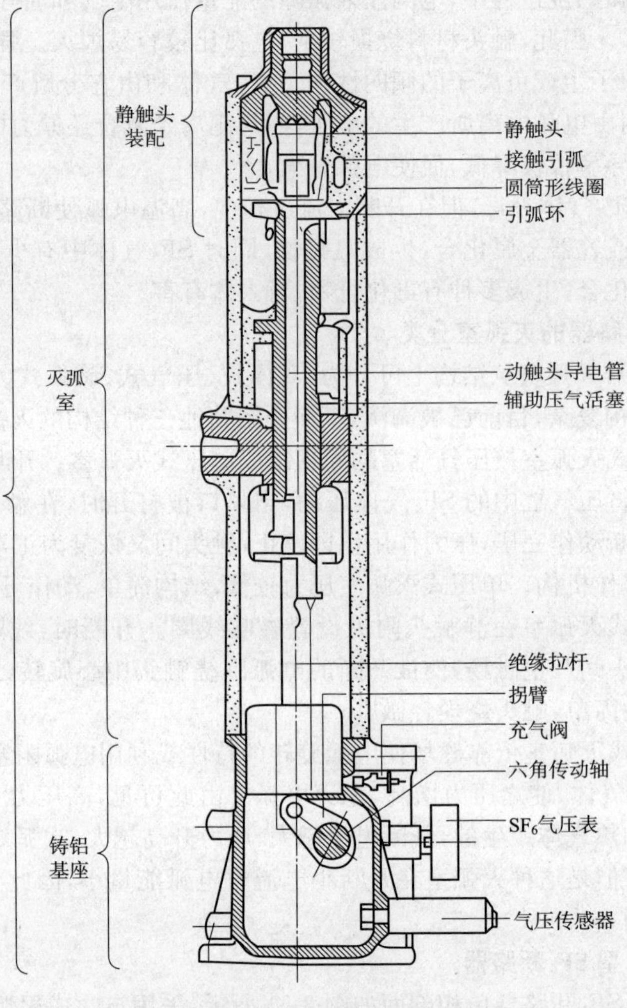

图 3-51 HB12 型 SF_6 断路器单相剖面

动杆上，使该轴朝一个方向转动，固定在驱动轴上的凸轮将运动传给断路器。弹簧操作机构有手动和电动两种储能方式。

3.7.5 SF_6 真空断路器

SF_6真空断路器的各个气室以 SF_6气体作为绝缘，触头部位以真空包作为灭弧装置。以 8DA10 型 35 kV GIS 开关柜为例，介绍 SF_6 真空断路器。8DA10 型 35 kV GIS 开关柜的开关装置及三个配电柜结构如图 3-52 所示。单母线开关装置结构如图 3-53 所示。

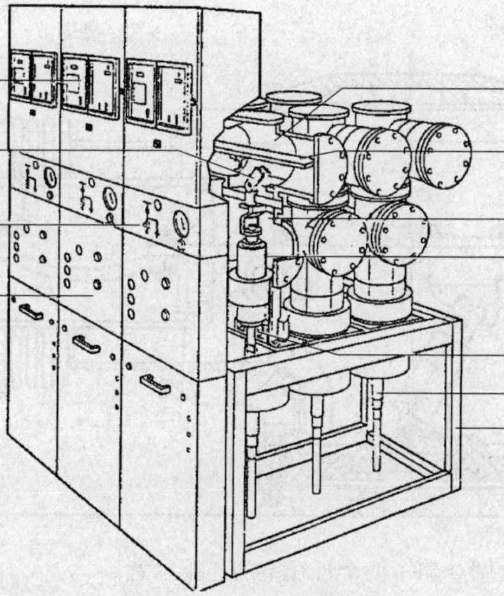

图 3-52　8DA10 型 35 kV GIS 开关柜的开关装置及三个配电柜结构

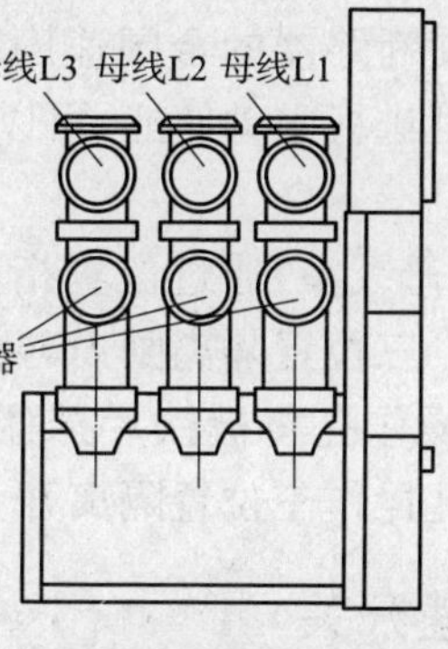

图 3-53　单母线开关装置结构

断路器室与母线室、断路器室与电缆终端头室之间用环氧套管密封，各个部分相互独立，环形电流互感器安装在单相外壳的外面。电压互感器有独立的气室，与母线气室之间用环氧套管密封隔离。三个单相的母线气室、断路器气室、电压互感器气室都装有压力监视器指示气压，当气压异常变动超过上、下极限值时，会发出报警信号。当气压严重超压时，会使防爆膜破裂，释放压力，防止开关柜铝壳损坏。母线选用扁铜排，安装在绝缘子上，该绝缘子能吸收由短路产生的横向力。母线纵向每隔一段固定一次，图 3-54 是两个母线室的连接示意。

真空断路器安装在金属筒体内，A、B、C 三相分相安装，筒内充有 SF_6 气体作

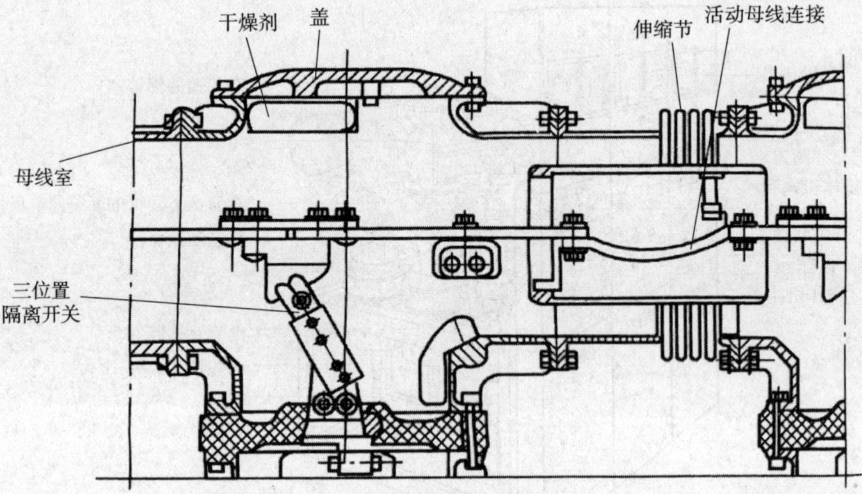

图 3-54　两个母线室的连接示意

为导体与筒体之间的绝缘。断路器操作机构安装于开关柜的正前方，操作动力通过轴传动带动真空断路器的动触头分合。操作机构由一个储能电机进行合闸操作储能，储能弹簧的能量释放使断路器的合闸速度得到提高。在失去直流操作电源或检修停电时，可以使用摇杆进行手动储能，可以通过指示器判断储能是否达到设定位置。

三位置隔离开关安装于母线室，通过位置指示器可以观察三位置隔离开关处于合闸、分闸还是接地位置。三位置隔离闸刀与断路器之间存在机械闭锁，当断路器合闸时，三位置隔离开关操作孔将被铁片挡住，无法操作。只有当断路器分闸时，才能将操作杆插入操作孔操作三位置隔离开关。GIS 室剖面如图 3-55 所示。

3.7.6　1 500 V 直流高速开关

1. 结构及原理

1 500 V 直流高速开关主要用来使直流电路在正常负荷下接通和断开，以及在短路时切断短路电流。1 500 V 直流高速开关和交流开关设备相似，一般由导电部分、灭弧部分、操作和传动部分等组成。触头系统一般分为二级，动、静触头上覆有银复合材料，弧触头及弧杆为铜制且易于更换，弧触头通过编织铜带接到主触头上。开关分合时，动主触头动作在先，不会被电弧灼损，电弧迅速通过弧触头引弧杆引向灭弧室，受损的仅是弧触头及引弧杆，它们可定期方便地予以更换。

2. 常用 1 500 V 直流高速开关

Gerapid 系列直流高速开关结构如图 3-56 所示。

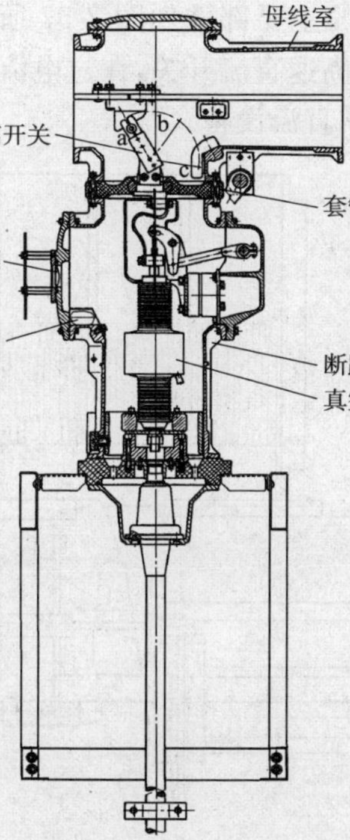

图 3-55　GIS 室剖面

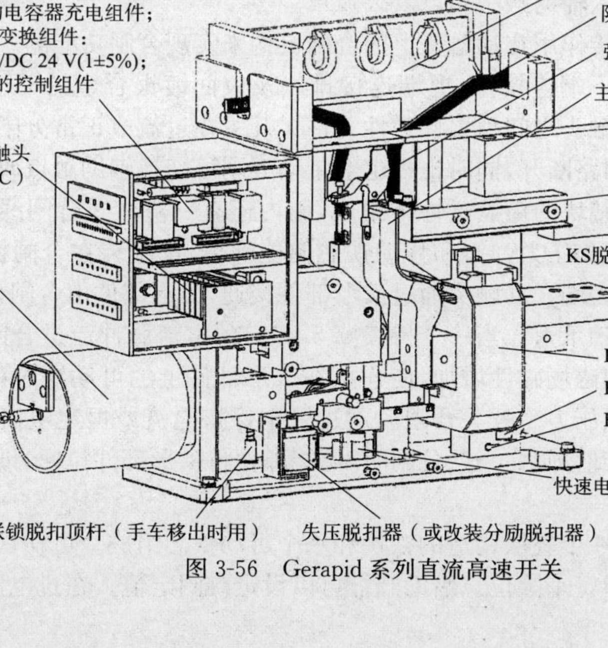

图 3-56　Gerapid 系列直流高速开关

UR40 型直流高速开关的主要部件如图 3-57 所示。它是一种具有电磁控制功能及自然冷却功能的单极高速直流开关，在过电流（或短路）等情况下，可以快速反应，特别适用于保护变电站直流设备。

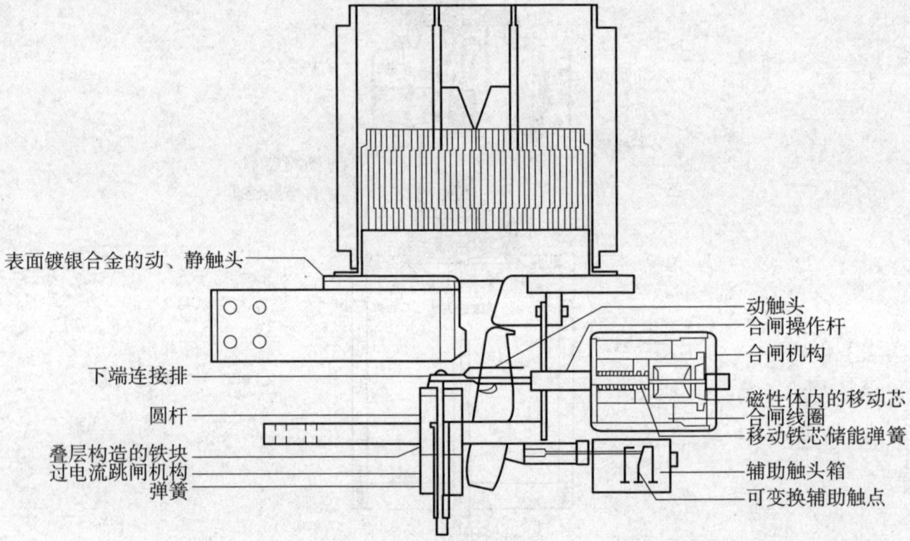

图 3-57　UR40 型直流高速开关主要结构

固定式绝缘杠架由加强型聚酯玻璃纤维制成，在此杠架上安装有主回路、跳闸机构、过电流跳闸机构、辅助触头箱以及灭弧罩。

主回路是通过直接作用在动触头上的合闸机构来实现合闸功能的。主回路由上面连接有动触头的下端连接排，上端连接排以及表面镀银合金的动、静触头组成。下端连接排和动触头之间为柔性弹性元件。开关在过流或正常分闸命令情况下分闸，推杆促使主回路断开，同时推杆也会带动五副可变换辅助触点改变状态。

合闸机构由一个整块的筒装磁性体组成，筒内还有一浇注式合闸线圈。磁性体内装配有移动芯、触头压力弹簧和移动铁芯储能弹簧，都组装在合闸操作杆上，叉形部件安装在杆的表端。动触头通过叉形部件接通，叉形部件由合闸机构驱动，并且紧压在动触头的棘爪上。当一个持续 0.5～1 s 的电流脉冲流过合闸线圈，开关将合闸，此电流将使磁场磁性增加，使连接在叉形部件上的可动铁芯移动，压缩弹簧，为触头合闸提供压力。开关合闸后通过一个保持电流或恒定电流维持在合闸位置。当开关接收到分闸命令后分闸时，储能弹簧将叉形部件拉回，推杆将动触头断开。

过流跳闸机构由一个叠层构造的铁块和一个可动铁芯组成。可动铁芯连接在一圆杆上，圆杆通过弹簧来限位。借助圆杆可以设定跳闸定值。在过电流（短路或过负荷）的情况下，主回路中构成的绕组在固定衔铁中产生感应磁场，可动铁芯被吸向上撞击叉形部件，使动触头回路迅速断开。开关在过电流分闸后，合闸机构通过分闸命令信号复位。

过电流分闸的门槛定值可以通过螺帽来调整，且可以通过可动衔铁上对应的刻度读出。

五对辅助触头箱里都是可变换触点，变换情况由动触头控制。五对触点位于合闸机构下方的筒内。

灭弧罩由拉弧角、隔板及消除游离的绝缘板组成，安装在两块耐电弧板中间。

开关分闸时，触头间产生的电弧被迅速移动到灭弧罩里，并且自然熄灭。电弧一进入灭弧罩立即被拉弧角和隔板分裂成细条，并且被迫往上走。位于隔板上面的是绝缘板，因电弧导致燃烧的气体在此完成放电过程的去游离作用。在灭弧过程中，电流从一端的动触头上部连接板和触头电荷流过，再到另一极板电荷，并通过熄弧角流到动触头下部连接板。

开关的附属机构有：①I_{max}跳闸计数器：计数器机构外壳安装在合闸线圈背面，每次合闸—分闸释放循环，绝缘板随着合闸线圈的中心轴运动，压迫辅助触点动作一次。②触头磨损指示器：此机构外壳安装在合闸线圈背面，当触头行程大于极限值时，辅助触点动作。③位置指示器：此机构外壳安装在辅助触头箱背面，转动块由辅助触头的推杆驱动，辅助触头则由组合推动器中的推杆带动。④手动合闸机构：此机构安装在合闸线圈背面，可以直接作用在合闸线圈中心轴上，从而允许手动合开关。

3.7.7　隔离开关

1. 用途

隔离开关用于断开或切换电路，没有专门的灭弧装置，所以不能断开负载电流和短路电流。在运行中，只有在断路器切断负载电流或短路电流后，才能进行隔离开关的分、合操作。但经验证明，隔离开关可以用来开闭电压互感器、避雷器、母线和直接与母线相连设备的电容电流，亦可以开闭励磁电流不超过 2A 的变压器空载电流和不超过 5 A 的电容电流。隔离开关的主要用途是保证电路中检修部分与带电体之间的隔离以及进行电路的切换工作或关合空载电路。

2. 结构和工作原理

隔离开关主要由底座、支持绝缘子、导电系统和操作系统四个部分组成。下面以 GW_8 型中性点隔离开关为例，简单介绍其结构原理。

GW_8 型中性点隔离开关由底座、支持绝缘子、导电杆、触头、接线板等结构组成，如图 3-58 所示。支持瓷瓶上部有静触头、连接母线和接线板。支持瓷瓶和绝缘瓶之间有金属支架、操作拐臂、操作瓷瓶。操作机构通过连杆、操作瓷瓶、拐臂带动闸刀进行分、合闸。由于其采用绝缘瓷瓶和操作瓷瓶做绝缘,使中性点可以通过电流互感器和其他设备再接地。隔离开关的静触头由一对静触头、弹簧、弹座三部分组成。

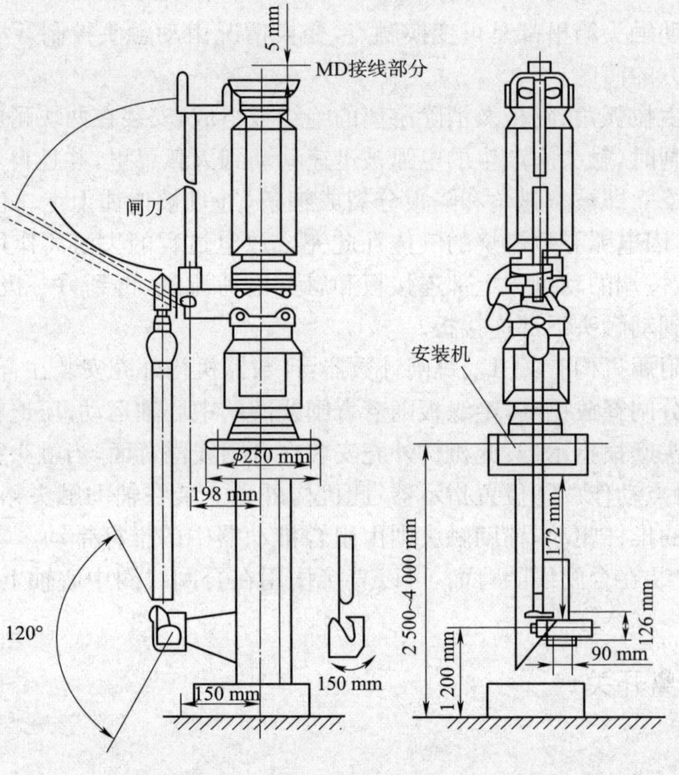

图 3-58 GW$_8$型中性点隔离开关

3. 类型

(1)按绝缘支柱的数目分,可分为单柱式、双柱式及三柱式。

(2)按运动方式分,可分为水平旋转式、垂直旋转式、摆动式和插入式。

(3)按装设地点分,可分为户内式和户外式。

(4)按有无接地闸刀分,可分为有接地闸刀式和无接地闸刀式。

(5)按极数分,可分为单极式和三极式。

(6)按配用的操作机构分,可分为手动、电动和气动操作等。

3.7.8　接地开关

接地开关的结构与隔离开关相似，用于高压电气设备检修时的接地保护，其检修及故障处理参照隔离开关。隔离开关与联装的接地开关之间应能机械联锁，以保证隔离开关合闸时接地开关不能合闸，而接地开关合闸时隔离开关不能合闸。

3.7.9　负荷开关

负荷开关专门用于开断和闭合线路的负荷电流，具有一定的灭弧装置，但是不能开断网络的短路电流。根据灭弧方式分，负荷开关可分为自产气式、压气式、油浸式、SF_6式、真空式、狭缝式。负荷开关常常与高压熔断器串联成一整体，负荷开关负责开断负载电流，高压熔断器作为过载和短路保护。

以 FLN36-12 型 SF_6负荷开关为例，它具有双断口、三工位、旋转式动触头的特点，手动、电动操作均可。FLN36-12 型 SF_6三工位负荷开关集负荷开关、接地开关、隔离开关于一体，在一个全密封的环氧树脂外壳内，充以 SF_6气体。负荷开关的分合是通过弹簧操作机构实现的，机构弹簧预先储能，操作中(手动或电动)机构通过顶点后弹簧释放能量，带动开关动作，使触头闭合或断开。

负荷开关在检修时应注意保持各运动部件润滑良好，防止生锈。在多次操作后检查紧固件的松动情况，当操作次数达到厂家规定时，必须进行检修，检修可参照隔离开关的有关项目进行。

负荷开关的常见故障处理可参照隔离开关。当熔断器熔断时，应查明原因，排除故障后更换符合要求的熔体。已超过规定分合次数的负荷开关应予以更换。

3.7.10　接触网闸刀

1. 机械结构

接触网闸刀用于额定电压为 DC 1 500 V 的轨道交通接触网，是在空载条件下分合线路的电力设备。

下面以 GWD-1.5/3000 系列城市轨道交通用接触网闸刀为例，介绍其结构。

GWD-1.5/3000 系列城市轨道交通用接触网闸刀外形结构如图 3-59 所示，主要由底座、手柄底座、支柱绝缘子和导电回路组成，为单柱式结构。导电回路固定在支柱绝缘子的上端。三根支柱绝缘子呈品字形排列，两根上端固定静触头，底部固定于底座；一根上端固定动触头，底部固定于手柄底座，使之相对于底座做垂直面上的转动，带动导电回路的触头作分、合闸运动。触头合闸时，接通电气回路，承受正常负荷电流。触头分闸时，断开电气回路，承受系统正常标准规定电压，起隔离作用。

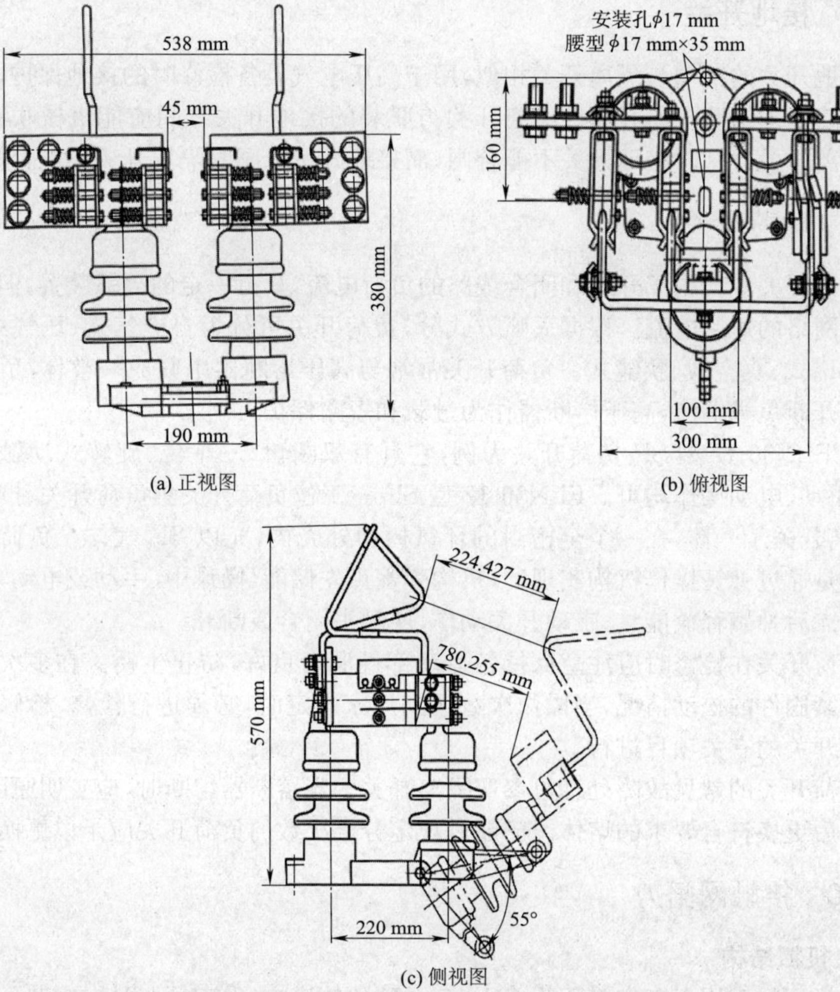

图 3-59 GWD-1.5/3000 系列城市轨道交通用接触网闸刀外形结构

2. 安装位置

接触网闸刀安装于隧道内或地面区段，接近于接触网的高度，成双安装。

接触网闸刀通过连杆与操作手柄连接。手动接触网闸刀借助手柄进行分、合闸操作。手柄适合安装在离轨面或工作人员常到处地面约 1 m 的混凝土结构或接触网的电杆上。最终的安装高度由现场安装条件决定。

电动接触网闸刀通过连在接触网闸刀上的电动操作机构和垂直金属管进行操作，其所用连杆与手动操作机构相同。电动操作机构适合安装在离轨面或工作人员常到处地面约 1 m 的混凝土结构或接触网的电杆上，最终的安装高度由现场安装条件决定。

3. 电动操作机构

电动操作机构可用DC 220 V或AC 220 V、50 Hz的单相电源操作，也可用手柄或曲柄进行手动操作，其外形结构如图3-60所示。对于配有电动操作机构的接触网闸刀，操作机构应具备电动、手动两种操作方式，并能实现远动控制。操作机构在接触网闸刀处于终点位置时具有可靠的定位装置。

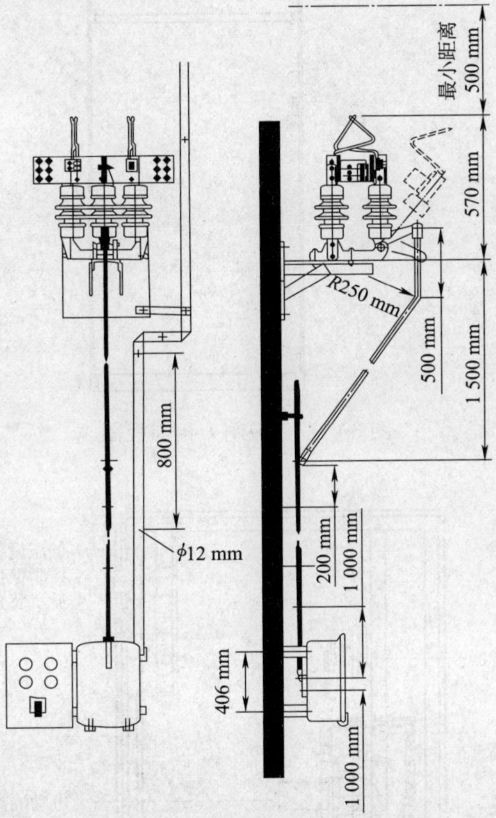

图3-60　电动操作机构外形结构

3.7.11　正极闸刀（以8MF94/8MF-SI直流开关柜为例）

1. 作用

正极闸刀柜是连接整流器阀侧正极与1 500 V正极母线的开关设备，可实现对整流机组向1 500 V直流正极母线馈电的控制。

2. 主要构件

正极闸刀柜内装设电动隔离开关。开关柜前部设置可锁住的金属门，上部有一个低压元件室。正极闸刀柜前视图如图 3-61 所示，剖面图如图 3-62 所示。

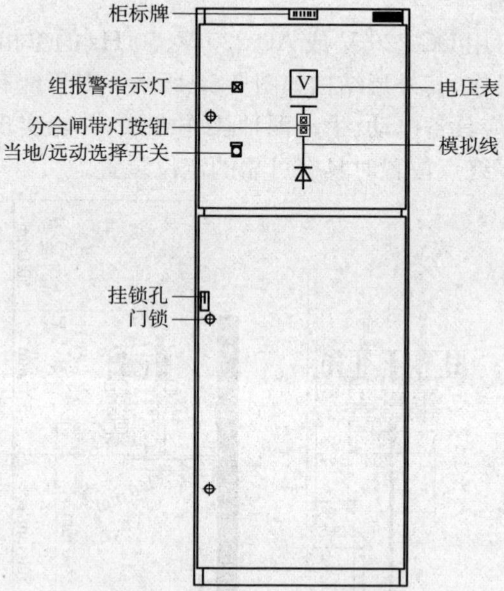

图 3-61 正极闸刀柜前视图

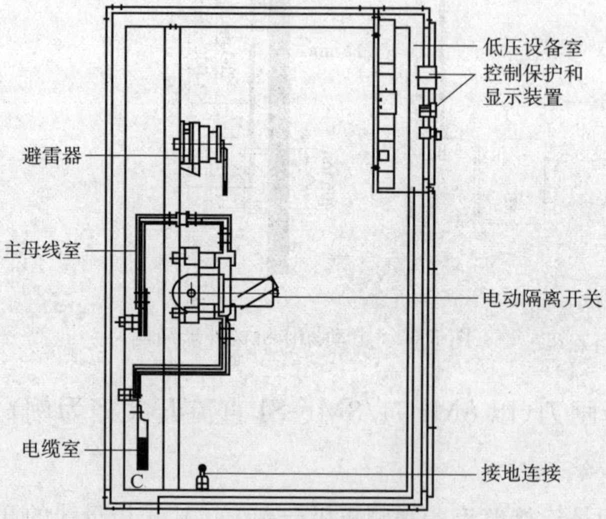

图 3-62 正极闸刀柜剖面图

3. 电动正极闸刀动作条件

作为隔离开关的电动机构部分动作的前提条件是：正极闸刀柜与负极闸刀之间进行联锁及其与 35 kV 整流变开关之间进行联锁。只有在正极闸刀处于设定的闭合/断开位置时，才可以闭合 35 kV 整流变开关。只有在 35 kV 整流变开关处于断开状态，同时负极闸刀处于闭合位置时，才可以断开/闭合正极闸刀。只有在正极闸刀处于断开位置时，才可以断开/闭合负极闸刀。

4. 操作

在故障情况下，正极闸刀只能用摇柄手动操作。柜门必须打开以便插入摇柄，然后按照分合闸的方向匀速转动摇柄，当快接近分合闸位置时应减小操作力，使隔离开关缓慢运行到位。若强行转动手柄将损坏操作机构箱内的传动机构。若误操作隔离开关，当插入摇柄时串联的 35 kV 整流变开关自动跳闸。

正极闸刀通过可编程控制器控制，其分合可通过开关柜上部门上的带灯按钮、来自远动系统的双位置信号、profibus 系列总线的串行信号控制。

低压室门上的操作元件如图 3-63 所示。当正极闸刀处于分闸的状态时，在提供了控制电压后，带显示的隔离开关分合闸按钮始终发亮。直到进行闭合操作，带显示的隔离开关分合闸按钮熄灭。当正极闸刀达到闭合位置时，带显示的隔离开关分合闸按钮始终发亮。若没有明确的位置检查信号返回，报警指示灯始终发亮。

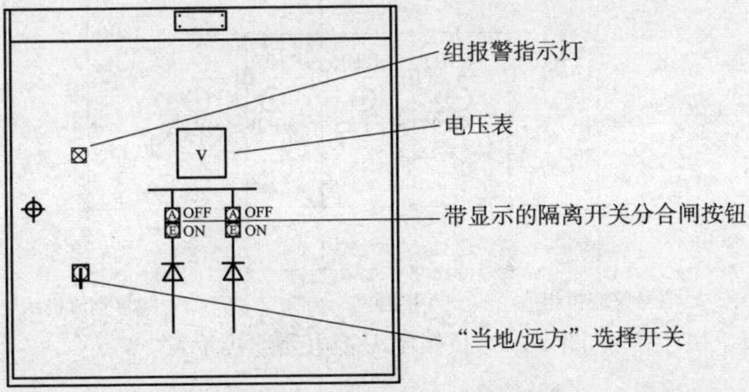

图 3-63 低压室门上的操作元件

由“当地/远方”选择开关决定工作方式。选择“远方”工作方式，则电动正极闸刀只接受远动分/合闸命令。选择“当地”工作方式，则电动正极闸刀只接受当地分/合闸命令（通过“分闸”“合闸”带灯按钮操作）。

3.7.12 负极闸刀(以 8MF94 / 8MF-SI 直流开关柜为例)

1. 作用与构成

负极闸刀柜是连接整流器阀侧负极与回流钢轨的开关设备,柜内装设手动或电动隔离开关。带拉杆的隔离开关为标准化设计,其借助操作手柄的驱动杆来进行操作。利用此驱动杆操作时双手须均置于拉杆上的黑色圆形护套后以保证安全。开关柜前部设置可锁住的金属门,上部有一个低压元件室。负极闸刀的合/分操作与正极闸刀有电气联锁。

2. 框架保护装置

全站设一套低阻抗框架故障保护装置并装于负极柜内,可以防止直流设备内部绝缘损坏闪络时造成人身及设备危险,保护设备安全,同时可以对某些特殊的故障进行保护。负极闸刀柜电路连接示意如图 3-64 所示,图中－P21～－P27 为电流表,－R101～－R107 为分流器,－U21 为隔离放大器。

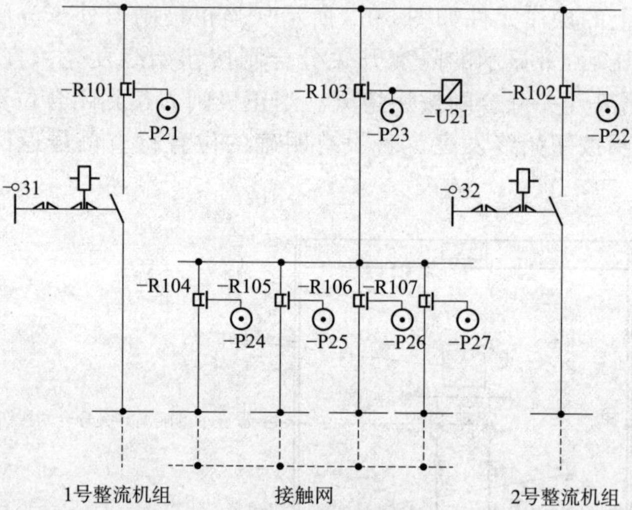

图 3-64 负极闸刀柜电路连接示意

3.7.13 钢轨电位限制装置(以 SCD-T 为例)

1. 工作原理

在直流牵引系统中,操作电流和短路电流的存在可能会引起回流回路和大地间产生超出安全许可的接触电压。在此情况下,就需要在回流回路与大地间装配一套钢轨电位限制装置,以限制运行轨的电位,避免超出安全许可的接触电压的产生(此安全电压的规定参照相关标准)。当产生超出安全许可的接触电压时,此钢轨电位限制装置就将钢轨与大地短接，从而保证人员和设施的安全。钢轨电位限制装置 SCD-T 工作原理如图 3-65 所示。

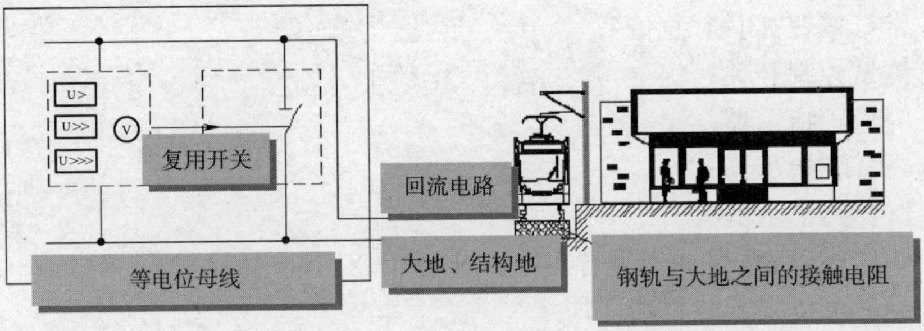

图 3-65　钢轨电位限制装置 SCD-T 工作原理

2. 构成元件

(1)复用开关，由晶闸管元件和直流接触器组成。

(2)多级电压测量元件。

(3)控制及测试逻辑模块 LOGO。

3. 结构

钢轨电位限制装置的各部件组成了一个密封的开关柜。柜内各元件如下：

(1)功能元件

① 直流接触器；

② 晶闸管短路器；

③ 加热器熔丝；

④ 230 V 熔丝；

⑤ 电压继电器；

⑥ 电流继电器；

⑦ 接触器继电器；

⑧ 24 V 直流辅助供电电源；

⑨ LOGO 控制器；

⑩ 配套的小型整流器；

⑪ 硅整流器；

⑫ 电解电容器；

⑬ 端子排；

⑭ 电子制动装置。

(2)操作、显示元件

① 电压表;

② 操作计数器;

③ 带灯按钮"闭锁/复位";

④ 测试控制开关;

⑤ "打开"指示器;

⑥ "关闭"指示器;

⑦ "告警"指示器。

下列用于远程告警的信号可在端子排的"－X2"端子处获得:

① 钢轨电位限制装置断开;

② 钢轨电位限制装置闭合;

③ 辅助电压监测;

④ 钢轨电位限制装置闭锁;

⑤ 报警。

每个开关柜均有两个电力电缆端子:回流回路端子、结构地端子。回流回路端子必须与回流回路连接。结构地端子永远与柜体连接(仅室内装置),且须与等电位母线相连。

4. 电气控制原理

正常情况下钢轨电位限制装置二次回路如图 3-66 所示。

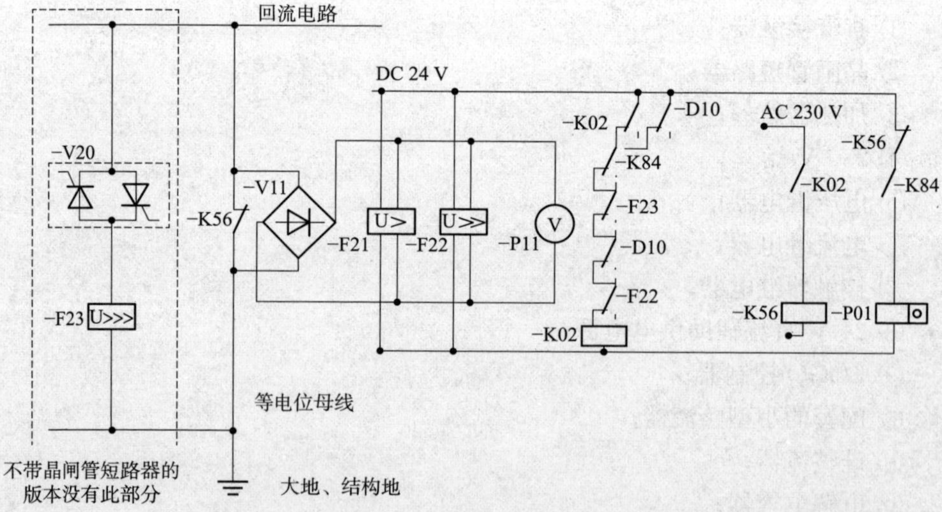

图 3-66　正常情况下钢轨电位限制装置二次回路

复用开关由直流接触器和晶闸管元件组成。它可将钢轨与大地通过等电位母线短接。

在正常情况下，直流接触器的端头是断开的，即接触器触头是断开的，同时晶闸管元件也处于不导通状态（仅对于带有晶闸管短路器的）。钢轨与大地之间的电压可通过电压表检测和显示，由电压测量元件和电子触发器（含晶闸管元件时）判断电压。

钢轨电位限制装置具有不同的、可调整的整定阈值的电压测量元件（图3-66中－F21、－F22、－F23等）。

如果走行钢轨与等电位母线间的电压值小于三种电压监测系统的整定跳闸值，直流接触器开断，即主触头开断。

如果测得的电压大于或等于图3-66中“U>”的阈值，这意味着，电压测量元件－F21落下，该装置会经过一段时间后合闸。这是因为钢轨电压一直处于波动状态中，经常有短暂时间超过“U>”的阈值，如果每一次超过阈值都合闸，那么车站断路器动作次数将过于频繁。可调整的延时确保了在短期允许的电压最大值下，不会发生不必要的短路。10 s后，直流接触器再次自动断开，即短路器再次断开。如果当时的电压值小于“U>”的阈值，则钢轨电位限制装置经过一段可调整的延时后再进入正常状态。如果电压值又变得很高，将再次发生短路。此过程一直持续到电压又保持在许可范围内，若在短时间内短路次数达到预定数字（调整范围为1～n），短路装置即会闭锁。当闭锁时，需按带灯按钮将其手动复归。

如果测得电压大于或等于图3-66中“U>>”的阈值，电压测量元件－F22落下，该装置将无延时（在100 ms之内）合闸。推荐值已预先调整好，可从预置表中获得。合闸状态继续保持，不会复归。当闭锁时，需按带灯按钮将其手动复归。

如果测得电压超过图3-66中“U>>>”的阈值，晶闸管元件（在使用时）导通，－F23动作，直流接触器无延时合闸，闭锁状态继续保持。由于采用晶闸管短路器，当电压大于(600±50) V时，短路速度将显著提高。

此钢轨电位限制装置的控制回路采用闭环原理，保证了一旦控制电源发生故障，装置会自动将钢轨与大地有效短接，保障人员及设施安全。直流接触器在非正常情况下发生故障，故障信息在接触器闭合而电压仍存在的时间段里传出，同时“故障”指示器亮起。如果直流接触器因故障一直开断，在电压大于600 V时，由晶闸管元件导通（无晶闸管元件的钢轨电位限制装置无此功能）。如果晶闸管短路器发生故障，则会变成低阻抗。

3.7.14　单向导通装置

1. 概述

地铁系统的钢轨不但起到列车导轨的作用，同时还是牵引电流回流的通路，可通过钢轨使回流电流回到牵引变电站的负极。在回流电流沿钢轨传输的过程中，由于钢轨与地之间有泄漏电阻，总有少部分牵引电流负回流泄漏至地下，因此在车场、车辆段、隧道、高架桥等特殊地段的轨道上需设置绝缘接头，尽量减少杂散电流并缩小杂散电流影响的范围，从而减小杂散电流对结构钢筋的腐蚀。在采用绝缘接头的钢轨部位，有机车运行时，为了保证回流电流的正常流动，必须采用单向导通装置，将其接于地铁轨道设置的绝缘结处，用于连接绝缘接头两端的钢轨，使钢轨中电流只流通一个方向而在另一个方向截止，有效防止钢轨电流因部分钢轨绝缘水平降低而增加整个地铁杂散电流泄漏的程度。因此，一般在正线与停车场线路走行轨之间、停车场各电气化库的库内线路与库外线路走行轨之间安装单向导通装置。停车场与正线钢轨之间的单向导通装置将停车场与正线的钢轨回流隔离，阻止正线钢轨回流流入停车场，而停车场内的钢轨回流通过单向导通装置流入正线钢轨回流系统。停车场停车库与道场钢轨间的单向导通装置将停车库与道场钢轨隔离，阻止道场钢轨回流流入停车库，而停车库内的钢轨回流通过单向导通装置流入道场钢轨回流系统。

为保证地铁正常运行，在单向导通装置的进出线上并有隔离开关，作为单向导通装置的一部分。当单向导通装置的二极管出现故障和进行检修时，应合上隔离开关使绝缘结两端钢轨导通，保证负回流回路畅通，地铁运行不受影响。同时隔离开关还有在地铁直流供电系统特殊运行方式下连通钢轨的作用。当停车场牵引站退出运行时，开闭装置才投入运行。

列车在特殊情况下紧急制动时首先采用再生方式，如果无其他机车吸收产生的再生电流，机车会自动将弓压抬高直到 1 800 V。由于钢轨上有绝缘结及单向导通装置，使得机车产生的再生电流在钢轨上无法流通，只能从绝缘结一侧钢轨泄漏再返回至绝缘结另一侧钢轨，从而导致绝缘结两端钢轨产生高达上千伏的电位差，可能产生人身伤害事故。为此，在部分单向导通装置的二极管两端并联放电间隙，当钢轨绝缘结两端大于 1 000 V 时，放电间隙击穿，提供一个电流通路，从而避免人身伤害事故的发生。

单向导通装置的主接线方式如图 3-67 所示。

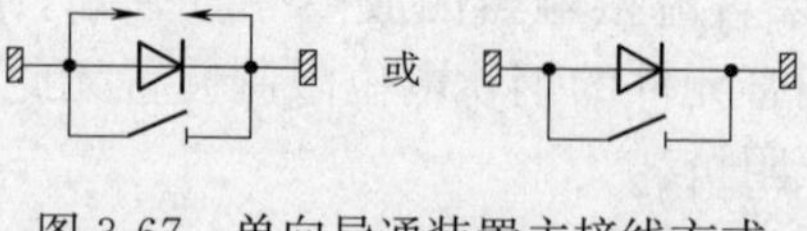

图 3-67 单向导通装置主接线方式

2. 结构及原理

以 DDZ-1 型单向导通装置为例，其箱体由主体部分和防雨帽两部分焊接而成，外壁由不锈钢板焊接内接保温材料构成，能有效阻止外界冷暖空气的影响。箱体底部的电缆进线孔同时又是进风孔，它与防雨帽下部的排风口形成一个空气通道，可以将电缆沟中的冷气吸入箱体同时将箱体内由于导体发热产生的热空气排出箱外，使箱体内温度保持在一定范围内。

主回路由八个二极管并联组成，在二极管两端并联一台额定电压为 1 500 V，额定电流为 3 000 A 的直流隔离开关。在每个二极管支路均串有一个带辅助接点的快速熔断器和一个分流器，它们与二次仪表室中的信号装置共同组成了信号采集、分析和输出系统。快速熔断器与并联在每个二极管两端的压敏电阻、RC 回路组成了保护系统。

正常运行情况下隔离开关处于分闸位置，电流通过二极管流通。如果单向导通装置各支路工作均正常，信号采集装置采集到的是正常工作信号；如果出现了短路或其他的异常信号情况，使快速熔断器或二极管受到损坏，这时信号采集装置采集到的是故障信号，信号装置将根据实际情况发出短路或断路故障信号。

信号装置是单向导通装置的重要元件，同时检测八个支路的运行情况。当一个支路或几个支路发生故障时，该仪器发出信号，并将信号保持到人为复位时为止。仪器内部采用微处理器控制，具有设计先进、检测分辨率高、测试稳定、抗干扰能力强及操作简便等特点。

放电间隙装置是单向导通装置的选用元件，由放电间隙和旁路开关两部分组成。放电间隙由上下电极、磁吹线圈和铁芯组成，它们结实地组装在支持绝缘子上面。旁路开关由动、静触头和操作电磁铁组成，它们安装在一块环氧玻璃布板上。放电间隙装置原理接线如图 3-68 所示，结构如图 3-69 所示。

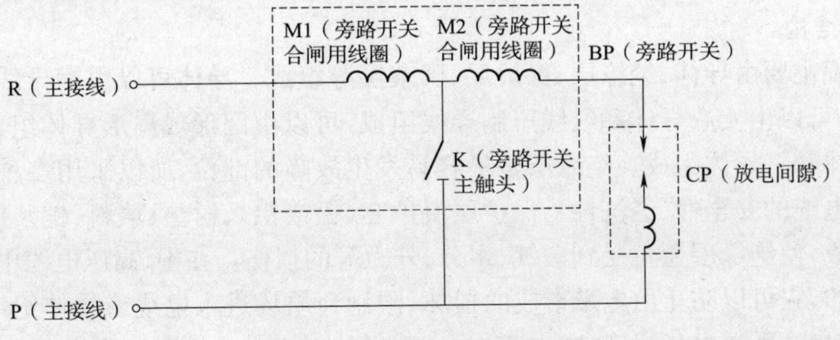

图 3-68　放电间隙原理接线

放电间隙动作原理：当机车进行再生制动，绝缘结两端钢轨电压升高到一定值（1 000 V），放电间隙击穿，放电回路 R-M1-M2-CP-P 内有电流，钢轨电压降低，避免人身事故发生。当回路 R-M1-M2-CP-P 电流值达到 200A 时，由于 M1、M2 的

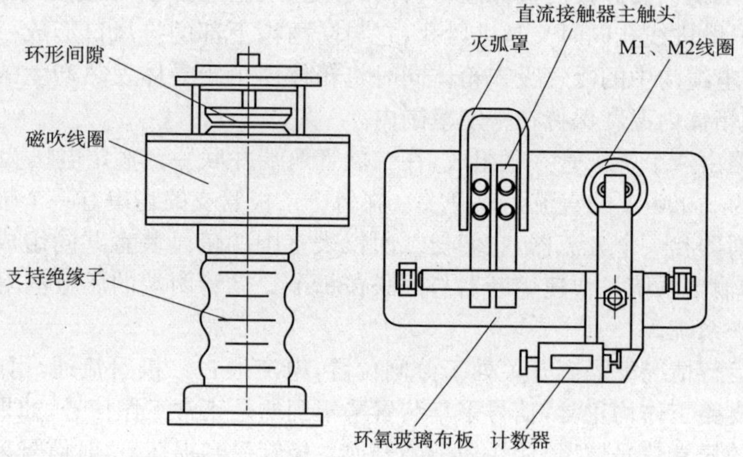

图 3-69 放电间隙结构

作用使旁路开关闭合，R-M1-K-P 回路接通，将放电间隙短路，由 M1 保持旁路开关的闭合。在 M1 中流过的电流减小到 50A 以下时，由于其产生的电磁力不足以保持旁路开关闭合，旁路开关打开。

3.8 电 缆

3.8.1 电缆结构和分类

1. 结构

电缆主要由导体、绝缘层、保护层、屏蔽层等组成。导体可以由铜导线或铝导线构成，可以由实心导体和绞线压制导线组成，可以由圆形或扇形导体组成，可以由单导体和三导体组成。绝缘层是最容易发生故障的部位，所以采用多种绝缘方法提高电缆的安全性、经济性。保护层由护套（铅或铝）、衬垫、填料、铠装层、外被层等组成，使绝缘层避免受到潮气、水分、外力等的损伤。在中、高压电缆中屏蔽层是必需的，它可以防止由电晕形成的损坏；限制介质场进入电缆或导体绝缘内侧；使场强对称，平滑电压强度；减少感应电压；增加对人的安全性。屏蔽层可以由半导体带、薄铜带等组成，必须接地。

2. 分类

（1）按电压等级分：1 kV 及以下为低压电缆；3 kV、6 kV、10 kV、35 kV 为中压电缆；60 kV 及以上为高压电缆。

(2)按电缆导电线芯截面分:共19种规格。

(3)按电缆芯数分:分为单芯、双芯、三芯、四芯。

(4)按传输电能的形式分:分为直流电缆和交流电缆。

(5)按特殊需求分:分为输送大容量电能的电缆、阻燃电缆和光纤复合电缆等。

(6)按电缆绝缘材料和结构分:分为纸绝缘电缆、挤包绝缘电缆和压力电缆。

3. 型号及几种电缆简介

电缆的型号用字母和数字组合表示,电缆型号含义见表3-4。

表3-4　电缆型号含义

类别	导体	绝缘	内护层	外护层	其他
K—控制电缆; P—信号电缆; B—绝缘电缆; R—绝缘软线; Y—移动式软电缆; H—市内电话电缆; 电力电缆不表示	T—铜线(一般省略); L—铝线	Z—纸绝缘; X—橡胶绝缘; (X)D—丁基橡胶; (X)B—乙丙橡胶; V—聚氯乙烯; Y—聚乙烯; YJ—交联聚乙烯	Q—铅包; L—铝包; H—橡套; (H)F—非燃性橡套; V—聚氯乙烯护套; Y—聚乙烯护套	第1个数字代表铠装层: 0—无; 2—双钢带; 3—细圆钢带; 4—粗圆钢带。 第2个数字代表外被层: 0—无; 1—纤维绕包; 2—聚氯乙烯套; 3—聚乙烯套	D—不滴流; F—分相金属护套; P—屏蔽

(1)ZRA-GJYJAV-B/1 500 V——轨道交通用交联聚乙烯绝缘低烟低卤阻燃直流电缆

ZRA-GJYJAV-B/1 500 V直流电缆结构如图3-70所示。导体采用多股圆形铜线绞合压紧型,绝缘采用交联聚乙烯材料,绝缘标称厚度为2.0 mm。该电缆属于防水型电缆,具有径向和纵向阻水的防水层,防水层采用0.2 mm厚的阻水带重叠绕包,与1.5 mm厚的挤出型PE内套共同组成综合防水结构。金属屏蔽采用重叠绕包的软铜带,内衬层采用挤包形式。防鼠铠装由无卤低烟阻燃带、铜带、无卤低烟阻燃带重叠绕包组成,具有良好的阻燃性和防鼠咬功能,铜带厚度为0.12 mm。护套采用低烟低卤阻燃PVC护套材料挤出外护层,不仅具有优良的低烟、低卤、阻燃性能,还具有良好的抗日照、紫外线、老化等性能。

(2)WDZB-YJE63(阻燃B类)——单芯交联聚乙烯绝缘低烟低卤阻燃交流电缆

WDZB-YJE63交流电缆结构如图3-71所示。导体采用多股圆形铜线绞合压紧型,表面有均匀挤包的交联型半导体层作为导体屏蔽层。绝缘采用交联聚乙烯

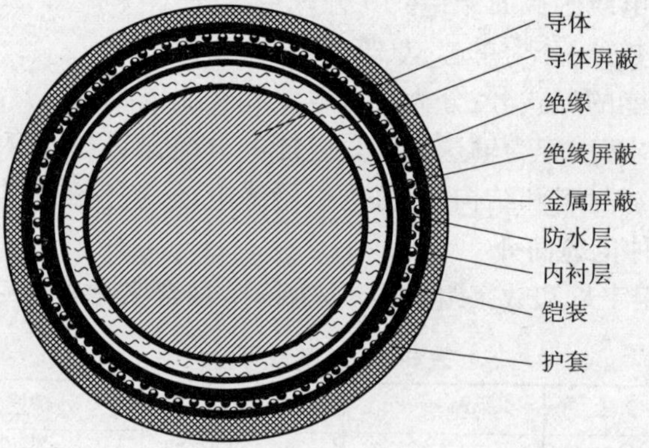

图 3-70 ZRA-GJYJAV-B/1 500 V 直流电缆结构

材料，绝缘标称厚度为 10.5 mm，绝缘表面有均匀挤包的交联型半导体层作为绝缘屏蔽层。金属屏蔽采用重叠绕包的软铜带，铜带标称厚度≥0.12 mm。纵包屏蔽铝带与护套黏结成一体，形成综合护套，采用一层重叠绕包的厚度为 0.12 mm 的非磁性金属材料铠装，具有良好的阻燃性和防鼠咬功能，护套采用低烟低卤阻燃护套材料。

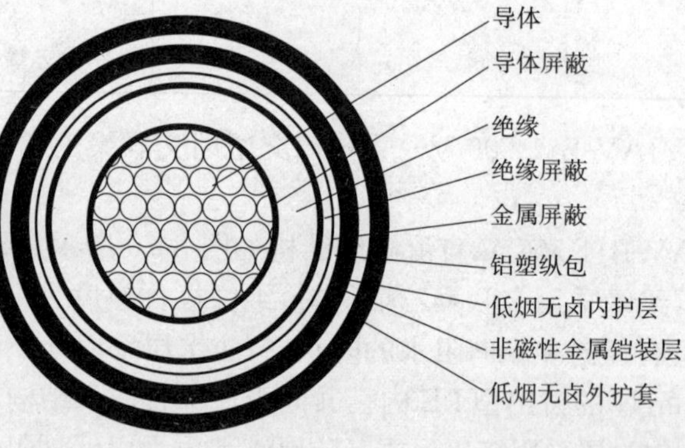

图 3-71 WDZB-YJE63 交流电缆结构

(3) YJV22——三芯交联聚乙烯绝缘钢带铠装聚氯乙烯护套交流电缆

YJV22 交流电缆结构如图 3-72 所示。导体采用多股圆形铜线绞合压紧型，表面有均匀挤包的交联型半导体层作为导体屏蔽层。绝缘采用交联聚乙烯材料，表面有均匀挤包的交联型半导体层作为绝缘屏蔽层。金属屏蔽采用重叠绕包的软铜带。保护层由护套、铠装层、内护套、包带、填料等组成，采用一层重叠绕包的钢带铠装,护套采用PVC材料。

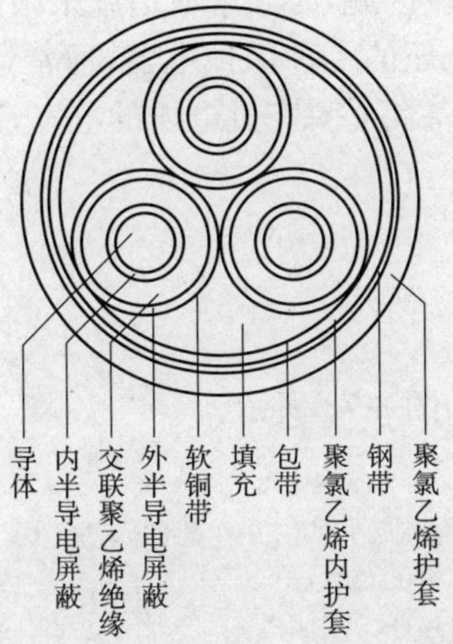

图3-72　YJV22交流电缆结构

3.8.2　电缆终端头和中间接头

电缆终端头和中间接头统称为电缆附件,它们是电缆线路中不可缺少的部分。

1. 电缆终端头

电缆终端头是安装在电缆线路末端,具有一定绝缘和密封性能,连接电缆与其他电气设备的电缆附件。

按使用场所不同,电缆终端头可分为户内终端头、户外终端头、设备终端头、GIS终端头;按所用材料不同,电缆终端头可分为热缩型、冷缩型、橡胶预制型、绕包型、瓷套型、浇注(树脂)型等。

2. 中间接头

中间接头是安装在电缆与电缆之间,使两根及以上电缆导体连通,并具有一定绝缘、密封性能的附件。

按其功能不同,中间接头可分为普通接头、绝缘接头、塞止接头、分支接头、过渡接头、转换接头、软接头等;按所用材料不同,中间接头可分为热缩型、冷缩型、绕包型、模塑型、预制件装配型、浇注(树脂)型、注塑型等。

3.9　避　雷　器

电气设备在运行中除承受工作电压外,还可能遭受过电压,如由雷电引起的雷电过电压、由开关操作引起的操作过电压等,其数值远远超过工作电压,会损伤设备绝缘,甚至导致设备损坏。因此,必须采取措施来限制过电压。

避雷器是用来限制过电压的一种保护电器,通常连接于被保护设备的导电端与地之间,既可保护电气设备免受瞬态过电压的危害,又能限制工频电流的持续时间和幅值。

3.9.1 阀型避雷器

1. 型号含义

阀型避雷器型号含义如图 3-73 所示。

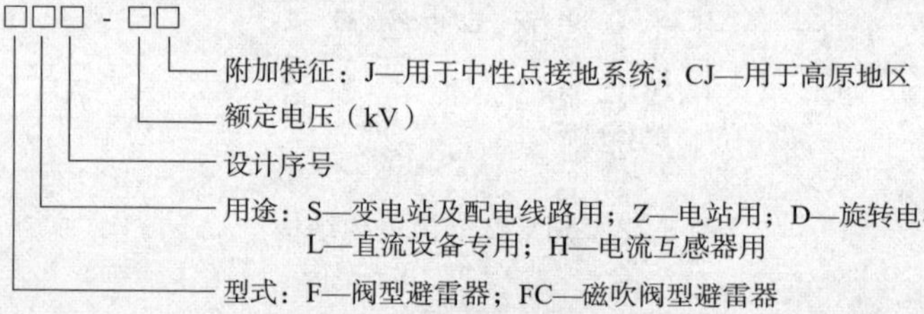

图 3-73 阀型避雷器型号含义

2. 基本元件

阀型避雷器的基本元件是装在密封瓷套中的火花间隙和碳化硅阀片。

阀片是由金刚砂和结合剂(如方解石、玻璃、瓷泥等)在一定的温度下烧结成的直径为 5~100 mm 的圆柱形阀片。为了使各串联阀片之间保持良好的接触,阀片上下两面用铝粉喷涂。阀片侧面涂以无机绝缘涂料,以防发生沿面闪络。由于阀片易受潮变质,因此需装在密封的瓷套中。阀片具有非线性伏安特性,曲线如图 3-74 所示,其非线性系数小于 1,一般在 0.2 左右,当很大的雷电流 I_{LD}流过阀片时,阀片呈现很大的电导率,使避雷器上出现的残压 U_C小于被保护设备的绝缘水平;雷电流消失后,在工频电压 U_X作用下,其电导率陡然下降,使工频电流 I_{XL}被限制到很小的数值(一般在 80 A 以下)。阀片可分成普通阀型避雷器用的低温阀片和磁吹阀型避雷器用的高温阀片。低温阀片非线性系数小,约为 0.2,通流容量小且易受潮;高温阀片通流能力较大,不易受潮,但非线性系数较高,约为 0.24。

火花间隙由两片电极及一个云母垫圈组成,如图 3-75 所示。云母垫圈的厚度仅为 0.5~1 mm,由于电极间的距离很小,电极间的电场比较均匀,所以间隙的伏安特性曲线比较平坦,使避雷器易于与被保护设备实现绝缘配合。火花间隙在正常情况下起隔离作用,以防阀片因长期通过工频电流而损坏;在冲击电压作用下间隙击穿放电,使雷电流顺利导入大地;在工频恢复电压下,间隙切断工频电流。

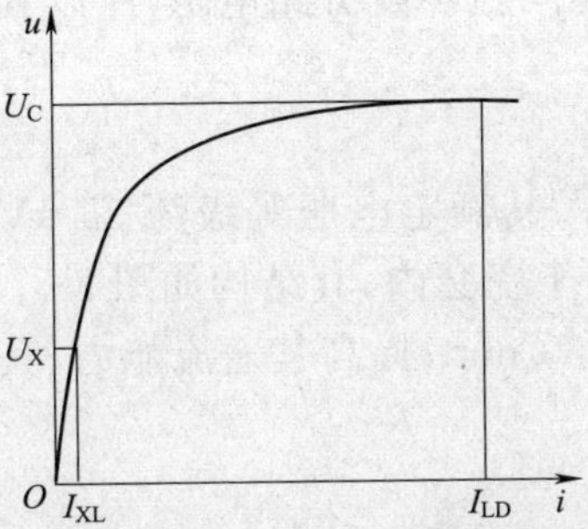

图 3-74　阀片的伏安特性曲线

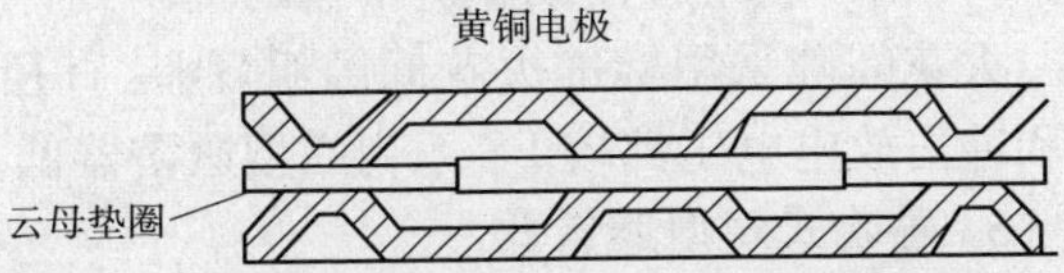

图 3-75　单个平板型火花间隙

普通阀型避雷器内采用多个间隙串联，使工频电流电弧被分隔成多个短弧，在电流过零后就难以再燃。在每个火花间隙(或间隙组)上并联一个高温焙烧的非线性金刚砂电阻，其非线性系数为 0.35～0.45。由于各间隙电极片对地及高压端盖部分的杂散电容影响，各间隙上电压分配不均匀，且不稳定，影响避雷器工频放电电压的稳定性，因此只要每个均压电阻阻值相等，各个间隙上的电压也就基本相等。

3. FS 系列阀型避雷器

FS 系列阀型避雷器用来保护小容量的配电装置，其额定电压等级为 3 kV～10 kV，采用平板间隙和低温阀片，结构如图 3-76 所示。火花间隙和阀片同装在一个瓷套内，上部用螺旋形弹簧压紧，弹簧用铜片短接以减小避雷器的感抗。瓷套为密封式，并配有安装金具。

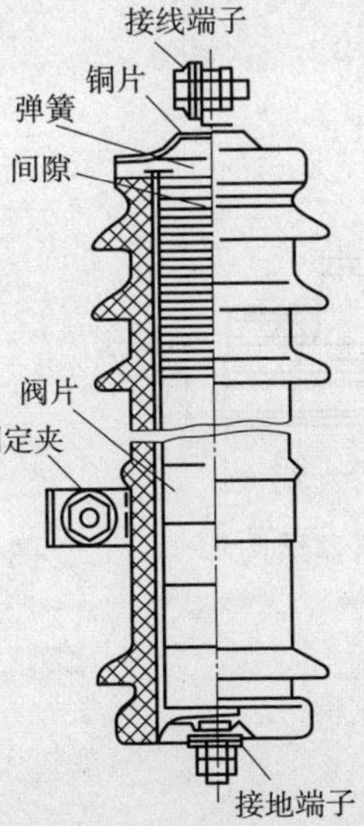

图 3-76　FS 系列阀型避雷器结构

FS系列阀型避雷器所用的阀片直径较小，火花间隙不配分路电阻，所以其通流容量小，伏安特性曲线也比较陡。

4. FZ系列阀型避雷器

FZ系列阀型避雷器用于保护变电站电气设备，其额定电压等级为35 kV～220 kV，由多级组合而成。避雷器的基本元件密封于瓷套内，其结构如图3-77所示。火花间隙采用标准火花间隙组，阀片直径为100 mm，提高其通流能力，其残压和冲击放电电压都较FS系列阀型避雷器低。

5. 磁吹式阀型避雷器

为了进一步改善阀型避雷器的性能，采用磁吹间隙，即利用磁场使电弧运动加速去游离，以提高间隙的灭弧能力。常用的磁吹间隙有电弧旋转式和电弧拉长式两种。

为防止磁吹线圈在雷电流作用下损坏，通常在磁吹线圈上并接一分流间隙(亦称辅助间隙)，其结构如图3-78所示。当雷电过电压作用于磁吹式阀型避雷器时，主、辅间隙同时被击穿，雷电流不经过磁吹线圈即被引入大地。雷电流泄放入大地之后，工频电流仍然存在，辅助间隙中电弧自动熄灭，同时工频电流流经磁吹线圈并产生磁场，加速主间隙电弧的熄灭。

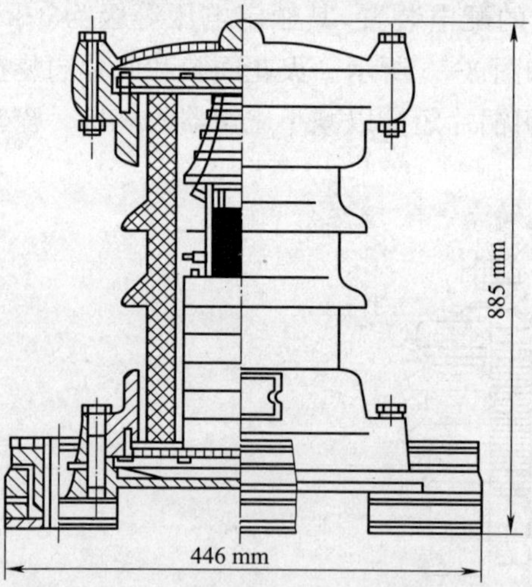

图3-77 FZ系列阀型避雷器结构

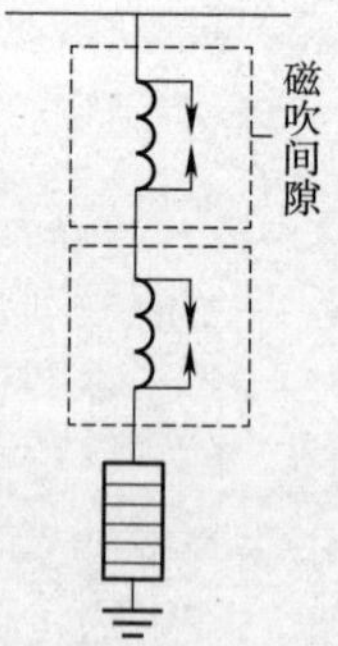

图3-78 磁吹式阀型避雷器结构

3.9.2 氧化锌避雷器

1. 型号含义

氧化锌避雷器型号含义如图3-79所示。

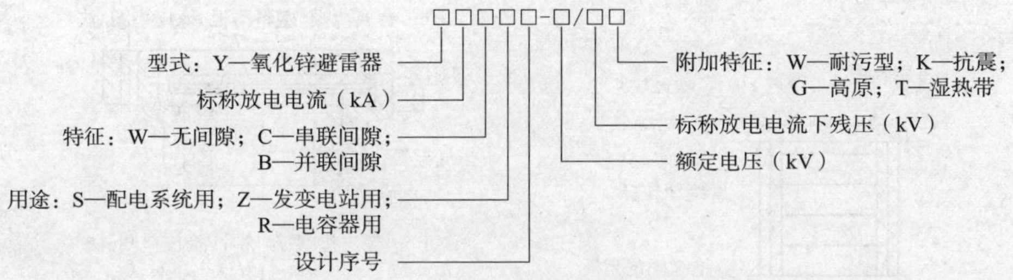

图 3-79　氧化锌避雷器型号含义

2. 结构原理

氧化锌避雷器和普通阀型避雷器在结构上的主要区别是阀片材料不同，其阀片是以氧化锌为主体，添加其他少量金属氧化物（如三氧化二铋、三氧化二钴、二氧化锰、三氧化二锑等），经过粉碎混合后至 1 000 ℃以上高温下烧结而成的。氧化锌阀片比碳化硅阀片具有更优良的非线性，非线性系数仅 0.01～0.04，即使在大电流下，非线性系数也不会超过 0.1。在正常运行电压下，流过的电流很小，仅为 1 mA 左右，不会使阀片过热烧坏，因此可以不用串联间隙来隔离工作电压。在高电压下，其电阻瞬时变得很小，可以通过大量电流，残压也很低。

由于氧化锌阀片的通流容量大，阀片直径小，瓷套的内径比阀片的直径大得多，因此需要采取专门的固定措施。对于实心阀片，将 3～4 根绝缘拉杆放在阀片周围加以固定；对于中间有孔的阀片，将阀片穿在一根绝缘拉杆上加以固定，然后装入瓷套内，再在顶部用弹簧压紧，使芯体牢固地固定在瓷套内，如图 3-80 所示。

氧化锌避雷器装有防爆装置，即在避雷器每节元件上设有由薄金属片或塑料片构成的薄弱环节和排气导弧孔，其结构原理图如图 3-81 所示。当元件内部发生阀片击穿和闪络时，内部气压骤然升高，此时薄弱环节防爆膜首先被破坏，放出内部高压气体，并沿着排气导弧孔的方向排放高温气体，瓷套内部压力迅速降低，避免瓷套发生爆炸。有的金属盖板具有弹性特性，当元件内部气压高于盖板预加的弹性变形压力时，盖板就被顶开，盖板起防爆和密封的双重作用。

3. 主要特点

氧化锌避雷器除了具有结构简单、体积小、质量轻、寿命长等优点外，由于没有间隙，因此性能稳定、制造方便，而且不存在直流下灭弧难的问题，易于制成直流避雷器。由于氧化锌避雷器的保护性能仅由阀片的冲击残压决定，因此其保护性能好。当雷电通过氧化锌避雷器后，由于其没有工频电流问题，因此可以承受多重雷击。氧化锌避雷器可以对大容量电容器组进行保护，在接近保护水平时开始导通，将电容器放电时间拉长，使通过避雷器的电流大大减小。

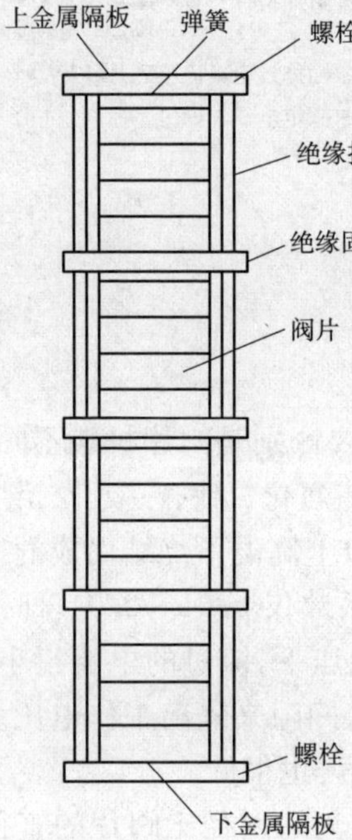

图 3-80 氧化锌避雷器芯体结构

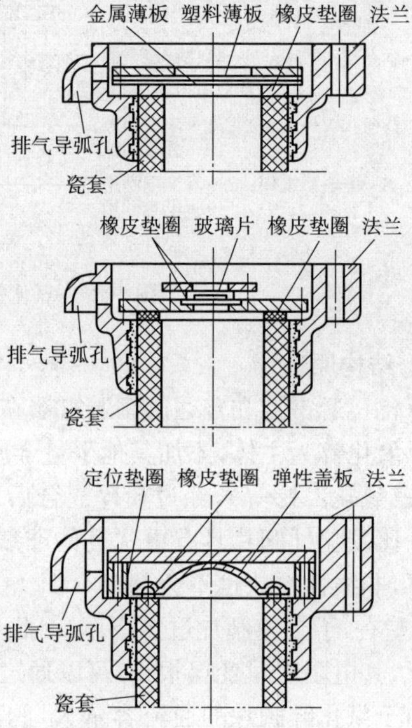

图 3-81 氧化锌避雷器的防爆结构

4. 主要类型

氧化锌避雷器有无间隙型、带串联间隙型和带并联间隙型三种结构，其中无间隙型是主要形式。

(1)无间隙型。无间隙型氧化锌避雷器的内部主要元件仅有氧化锌阀片，运行中，经常不断地有工频电流流过阀片，产生热量，使温度升高，阀片阻值下降，如果散热条件不好，温度会进一步升高，导致阀片老化，甚至发生爆炸。为解决阀片的散热问题，可在瓷套内部空间填充固体绝缘物以提高热传导能力，或将阀片侧面裹以硅胶后装入瓷套内使之紧贴瓷套表面，或填充石英砂，或增大瓷套表面积，以增加散热面积。当工频泄漏电流很小时，也可不采取上述措施。因此在运行中必须监测无间隙氧化锌避雷器的工频泄漏电流，以判断避雷器是否正常。

(2)带串联间隙型。带串联间隙型氧化锌避雷器的结构与普通阀型避雷器的结构基本相同。在正常运行电压下，氧化锌阀片上没有工频电压的作用，不必考虑老化问题。但由于氧化锌阀片的阻值很大，分担了部分工频电压，串联间隙上的电压比普通阀型避雷器低，因而间隙距离可以大大缩短。另外由于氧化锌阀片的限流作用，工频电流很小，电弧完全可以自行熄灭，所以间隙也不必考虑灭弧问题，无需采用多个平板间隙或磁吹限流间隙。同时，由于间隙距离小，过电压作用下可以迅速击穿，相应的冲击放电电压大大下降。由于氧化锌阀片的通流能力是碳化硅阀片的4倍，因此其直径可以大大缩小。

(3)带并联间隙型。带并联间隙氧化锌避雷器将阀片分成主阀片和并联阀片两部分，并联阀片上有并联放电间隙。正常运行时，并联间隙不放电，通过阀片的电流很小，运行安全可靠；当遭受雷电过电压时，在避雷器上残压尚未达到规定值之前，并联间隙开始放电，将并联阀片短接，避雷器的残压仅为主阀片上的残压，其值较低，保护性能便能满足要求。

按外绝缘材质的不同来区分，氧化锌避雷器有瓷套型和合成绝缘(硅橡胶)型两种。合成绝缘型的外壳与阀片浇注成一体，内部没有气隙，不会受潮，体积更小，质量更轻。合成绝缘型外壳具有憎水性，并具有良好的防污性能和防爆性能。

3.10　接地装置

1. 接地的概念及其分类

将电力系统或电气装置的某一部分经接地线连接到接地体称为接地。按作用不同，电力系统接地可分为以下几类：

(1)工作接地

工作接地是电力系统正常运行所需要的接地。例如中性点直接接地系统中的变压器中性点接地，其作用是稳定电网对地电位，从而使对地绝缘能力降低。

(2)保护接地

保护接地也叫安全接地，是为了人身安全而设置的接地。电气装置的金属外壳、配电装置的构架和线路杆塔等不带电的金属部分，由于绝缘损坏有可能带电，为防止其危及人身和设备的安全，将其与接地体相连接。

(3)防雷接地

防雷接地可将强大的雷电流安全导入地中，避免雷电流流过时引起高的电位，如避雷针、避雷线以及避雷器等接地。

(4)防静电接地

防静电接地是为了消除静电危险而设置的接地。摩擦产生的静电荷聚集到一定数量会发生静电放电而引起爆炸，因此它们的外壳必须接地。电力变压器中的铁芯接地即属于防静电接地。

2. 接地装置

变电站的接地装置与电力系统的安全运行密切相关，接地装置还关系到某些继电保护装置的正确动作。直接与土壤接触，起散流作用的金属导体或导电组称为接地体，通常由金属管制成。接地体与电气装置接地部分间的金属连线称为接地线。接地线和接地体总称接地装置，它是电气设备安装和运行的一个组成部分。在选择接地体时，优先利用自然接地体，即利用地下金属构件、金属管道等作为接地体，当不能满足要求时，再安装人工接地体，即按照设计规范要求埋设的金属接地体。

3. 接地电流和接地电阻

从带电体流入大地中的电流，称为接地电流。接地电流分为正常工作接地电流和故障接地电流。正常工作接地电流是指正常工作中通过接地装置流入地下的电流，故障接地电流是指出现接地故障时的接地电流。

接地电阻是指电流经过接地体进入大地并向周围扩散时所流过的电阻。大地具有一定的电阻率，有电流流过时，大地各处就具有不同的电位。电流经接地体注入大地后，它以电流场的形式向四处扩散，离接地点越远，半球形的散流面积越大，地中的电流密度就越小，因此可认为在较远处（15～20 m以外），单位扩散距离的电阻及地中电流密度已接近零，该处电位已为零电位。接地点处的电位 U_m 与接地电流 I 的比值定义为该点的接地电阻 R，$R=U_m/I$。接地电阻主要取决于接地装置的结构、尺寸、埋入地下的深度及当地的土壤电阻率。由于金属接地体的电阻率远小于土壤电阻率，故接地体本身的电阻在接地电阻中可以忽略不计。

4. 电气装置接地的一般规定

(1)变电站内电气装置的下列金属部分均应接地或与PEN线相接：

①变压器的金属底座和外壳；

②电气设备的传动装置；

③配电装置的金属构架以及靠近带电部分的金属遮拦和金属门；

④配电、控制、保护用的屏（柜、箱）等的金属框架和底座；

⑤交、直流电力电缆的接头盒、终端头和膨胀器的金属外壳，电缆的金属护层、可触及的电缆金属保护管和穿线的钢管；

⑥电缆桥架、支架和井架；

⑦封闭母线的外壳及其他裸露的金属部分；

⑧SF_6封闭式组合电器和箱式变电站的金属箱体；

⑨控制电缆的金属护层。

(2)接地装置宜采用钢材。接地装置的导体截面应符合热稳定和机械强度的要求，但不应小于表3-5所列规格。110 kV及以上变电站或腐蚀性较强场所的接地装置应采用热镀锌钢材，或适当加大截面。

表 3-5　不同使用条件下钢接地体和接地线的最小规格

材料规格		地上		地下	
		室内	室外	交流电流回路	直流电流回路
圆钢直径/mm		6	8	10	12
扁钢	截面/mm²	60	100	100	100
	厚度/mm	3	4	4	6
角钢厚度/mm		2	2.5	4	6
钢管管壁厚度/mm		2.5	2.5	3.5	4.5

(3)低压电气设备地面上外露的铜和铝接地线的最小截面应符合表 3-6 的规定。

表 3-6　低压电气设备地面上外露的铜和铝接地线的最小截面

材料	最小截面/mm²		
	明敷的裸导体	绝缘导体	电缆接地芯或与相线包在同一保护外壳内的多芯导线的接地芯
铜	4	1.5	1
铝	6	2.5	1.5

(4)在地下不得采用裸铝导体作为接地体或接地线。

(5)蛇皮管、管道保温层的金属外皮或护网以及电缆铅皮等不得作为接地线。

5. 手携式和移动式电气设备的接地

(1)手携式电气设备应用专用芯线接地，严禁利用其他用电设备的 PEN 线接地；PEN 线和接地线应分别与接地装置连接。

(2)手携式电气设备的接地线应采用软铜绞线，截面不小于 1.5 mm^2。

(3)由固定的电源或由移动式发电设备供电的移动式机械的金属外壳或底座，应和这些供电电源的接地装置有金属的连接；在中性点不接地的电网中，可在移动式机械附近装设接地装置，以代替敷设接地线，并应首先利用附近的自然接地体。

3.11　电力电容器

1. 型号含义

电力电容器型号含义如图 3-82 所示。

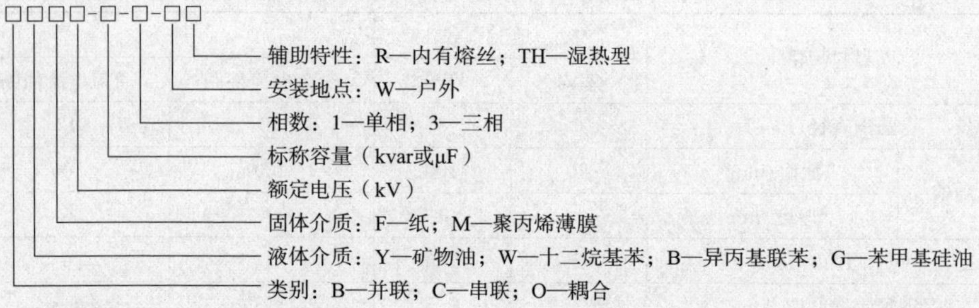

图 3-82　电力电容器型号含义

2. 原理及作用

任何两块金属导体中间用绝缘介质隔开，即形成一个电容器，电容大小由电容器本身几何尺寸和两个极板间的绝缘介质的特性决定。用于电力系统和电工设备的电容器叫作电力电容器。电力电容器的主要作用是补偿电力系统的无功功率，提高负荷功率因数，减少线路的无功输送，提高电网的输送功率，减少功率损耗，降低电能损耗，改善电压质量以及提高设备利用率。根据电网的需要和电容器的额定电压、容量大小和保护方式，电容器组可以接成三角形、星形或双星形等接线形式。一般每组电容器均装有串联电抗器，这是为了通过限制电容器组在合闸过程中的涌流，限制操作过电压和抑制电网中高次谐波对电容器的影响。

电力系统中的负荷大部分是感性负荷，总电流向量滞后于电压向量一个角度 φ，φ 叫作功率因数角，负荷电流可分解为有功电流 $\dot{I}_R$ 和无功电流 $\dot{I}_L$ 两个分量，无功电流 $\dot{I}_L$ 滞后电压 $\dot{U}$ 90°，如图 3-83 所示。

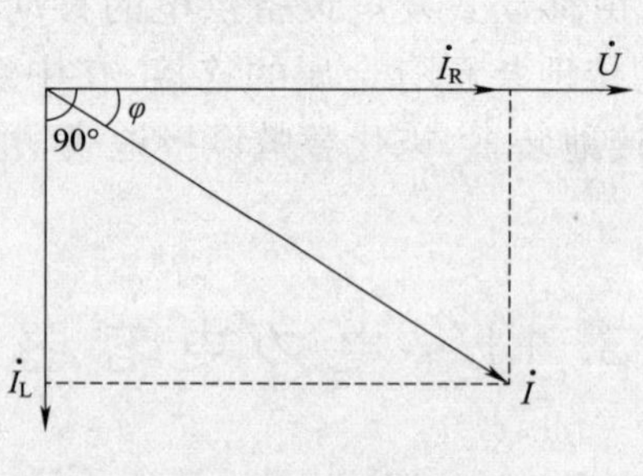

图 3-83　负荷电流向量图

如果将一电容器组连接于系统，在外加正弦交变电压的作用下，电容器组回路将通过按正弦交变的电容电流 $\dot{I}_C$，$\dot{I}_C$ 将超前电压 90°。

电力电容器作为补偿装置时有串联和并联两种连接方法，一般电力系统均采用电力电容器并联补偿，即将电容器并联接于感性负荷回路中，容性电流 $\dot{I}_C$ 与感性电流 $\dot{I}_L$ 正好相反，可以抵消一部分感性电流，补偿后的功率因数角比补偿前的 φ 小，功率因数得到提高，同时又能降低功率损耗和电能损失，即减少线路的能量损耗，降低线路电压降。

3. 基本结构

电力电容器主要由外壳、电容元件、液体和固体绝缘、紧固件、引出线和套管等元件组成。

电力电容器外壳分为金属外壳和绝缘外壳两种。金属外壳导热性能好，有利于散热，且由于箱壁薄钢板有弹性，当电容器温度上升，绝缘油体积膨胀时，可调节压力，防止油箱爆裂。绝缘外壳包括瓷外壳和胶纸筒外壳两种。绝缘外壳导热性能较差，不能调节内部压力，必须采用特殊的温度补偿装置来满足散热效果。优点是体积和质量都比金属外壳小得多。

电容元件主要采用卷绕的形式。用铺有铝箔的电容器纸（或薄膜）卷绕成圆柱状卷束，然后压成扁平状。铝箔是电容元件的极板，是载流导体，电流通过时会发热和产生电动力。电容元件在安装中应注意压紧，以免极板和引线因振动而疲劳损坏。

随着聚丙烯电工薄膜的出现，电力电容器很快地从全纸介质经过纸膜复合介质向全膜介质发展。全膜电容器的固体介质材料是聚丙烯薄膜，液体介质材料是芳香烃类的混合油。聚丙烯全膜介质的耐压强度和机械强度都很高，介质损耗和吸水性小，化学性能和电老化性能都比较好。当发生电容元件击穿后，薄膜融化使极间短路，不会产生电弧，可避免电弧使油分解产生高压气体，减少油箱爆炸和扩大事故的可能性。

电容元件的极板引出线是由薄铜片搪锡制成的，插在元件内与相应的电极相连。引出线的连接应使不同极板的电流方向相反，以减少电感的数值。电容元件在电容器内组合时，应满足额定容量和额定电压的要求，通常采用竖排。

电容器的负荷由线路电压决定，正常运行中总是满负荷的。过电压、过电流和过热都会缩短电容器的寿命，因此必须严格控制电容器的电压、电流和运行温度。

4. 运行参数

（1）额定电压

电容器额定电压原则上应等于电网中的额定电压，但当电容器接入电网后，其端电压会有所升高，因此电容器的额定电压应略高于电网的额定电压，其数值一般为该电网额定电压的 1.05 倍。

(2)运行温度

电容器在规定的环境温度范围内工作。为了防止放电影响电容器的寿命，电容器应避免在超过上限温度的情况下工作，也应避免在低于下限温度的情况下投入，否则电容器可能会发生击穿现象或在介质中产生局部放电而过早损坏。

(3)过电压

过电压对电容器的危害很大，其对电容器寿命的影响与过电压的幅值、作用时间、作用次数及电容器的温度有关，电容器能在 1.05 倍额定电压下长期运行，并能在 1.1 倍额定电压下运行 4 h，但应尽量避免最高环境温度及瞬时过电压同时出现。

电容器组采用非重燃断路器(如真空断路器等)，当电容器与电动机直接连接作单台补偿时，为了防止电动机自激产生过电压，电容器的电流应比电动机的空载电流小约 10%。

当电容器或电容器组串联时，电容器或电容器组间的电容容差应尽可能小，以防止在电容较小的电容器或电容器组产生较高的过电压。

(4)过电流

电容器在过电流不超过其额定电流的 1.3 倍时可连续运行。电容器的过电流是由工频过电压和高次谐波引起的，因此，在轻负荷下电压升高时应切除一部分电容器，如过电流超过规定数值，可用串联电抗器抑制。当投入新的电容器组，使其与正在运行的电容器组并联运行时，可能产生高幅值和高频率的瞬时过电流(涌流)，因此一般在一组母线上不设置两组及以上的电容器组。未装设串联电抗器的电容器组不可以相互投切，即一组母线上已有一组电容器投运时，不可将另一组电容器再投入运行母线上运行。同样，在两组母线实连且已有一组电容器投入运行时，不可将另一组投入，如两组电容器已分别在两组母线上运行，则在母联/分段断路器合、分操作时，可不停用电容器。装有串联电抗器的电容器组，可以相互投切。

(5)铁磁谐振

在轻负荷下投入空载变压器或并联电抗器时易发生铁磁谐振，产生过电流，为了消除这种现象，在投入变压器或电抗器前，可暂时切除电容器组。

3.12　有源滤波器

1. 原理及作用

有源滤波器是一种用于动态抑制谐波、补偿无功功率的新型电力电子装置，它能够对大小和频率都变化的谐波以及变化的无功功率进行补偿。该装置需要提供电源(用以补偿主电路的谐波)，可克服 LC 滤波器等传统的谐波抑制和无功补偿方法的缺点(传统方法只能固定补偿)，实现了动态跟踪补偿，而且可以既补偿谐波又补偿无功功率。

2. 基本结构

有源滤波器是采用现代电力电子技术和基于高速DSP器件的数字信号处理技术制成的新型电力谐波治理专用设备。它由指令电流运算电路和补偿电流发生电路两个主要部分组成。指令电流运算电路实时监视线路中的电流，并将模拟电流信号转换为数字信号，送入高速DSP对信号进行处理，将谐波与基波分离，并以脉宽调制(PWM)信号形式向补偿电流发生电路送出驱动脉冲，驱动IGBT或IPM功率模块，生成与电网谐波电流幅值相等、极性相反的补偿电流注入电网，补偿或抵消谐波电流，主动消除电力谐波。

3. 特点

(1)小型化

有源滤波器体积更为小巧，占用更少空间，可适应不同的工况，采用壁挂式或机架式使安装使用更少的原材料，保护环境。

(2)智能化

有源滤波器可补偿谐波可调性，实现容性无功补偿自动检测，构成谐振功能监控系统。

(3)模块化

有源滤波器采用 $N+1$ 冗余，显著提高系统可靠性，实现更出色的质量保证，减少单故障点，可以灵活并联，具有可扩展功能，可适应不同工况。

4. 功能特性

(1)可同时滤除2～50次谐波，或选择2～50次内任意次数谐波进行补偿，响应时间小于300 μs。

(2)采用3DSP+CPLD全数字控制方式和IGBT，闭环控制，精确滤除谐波。

(3)应用四相线技术，消除中性线电流。

(4)自动消除谐振，不受电网阻抗和系统阻抗变化影响，具有补偿谐波，同时补偿谐波和无功，同时补偿谐波、无功和负载三相电流不平衡三种工作模式。

(5)电子式过负荷保护。

(6)逆变器控制，具备了极其快速的FPGA、功率数字信号处理功能。

(7)模块化设计，易于扩展多机并联集中监控功能、远程网络监控功能。

(8)维护方便，在符合要求的工作环境下工作时，非机器故障无需维护。

3.13　高压绝缘子

高压绝缘子用于支持固定母线与带电导体，使带电导体间及对地保持足够的安全距离和绝缘。因此，绝缘子必须有足够的绝缘强度和机械强度。电气设备用的绝缘子主要包括支持绝缘子、套管绝缘子和线路绝缘子，又可分为户内型和户外型，普通型和防污型。

1. 支持绝缘子

支持绝缘子在变电站中用来支持和固定户内、外配电装置的母线，在电气设备中用来支持载流导体。

支持绝缘子的结构和形状如图 3-84 所示。户内支持绝缘子分为外胶装、内胶装和联合胶装三种形式。外胶装式是指上下金属附件均装在瓷件外面的绝缘子，内胶装式是指上下金属附件均装在瓷孔里面的绝缘子，联合胶装式是指上金属附件为内胶装结构，下金属附件为外胶装结构的绝缘子。户外支持绝缘子分为针式和棒式，棒式支持绝缘子由于质量轻、尺寸小、电气性能好、不易老化、在运行中不易发生瓷体击穿等特点，已逐渐替代针式支持绝缘子。

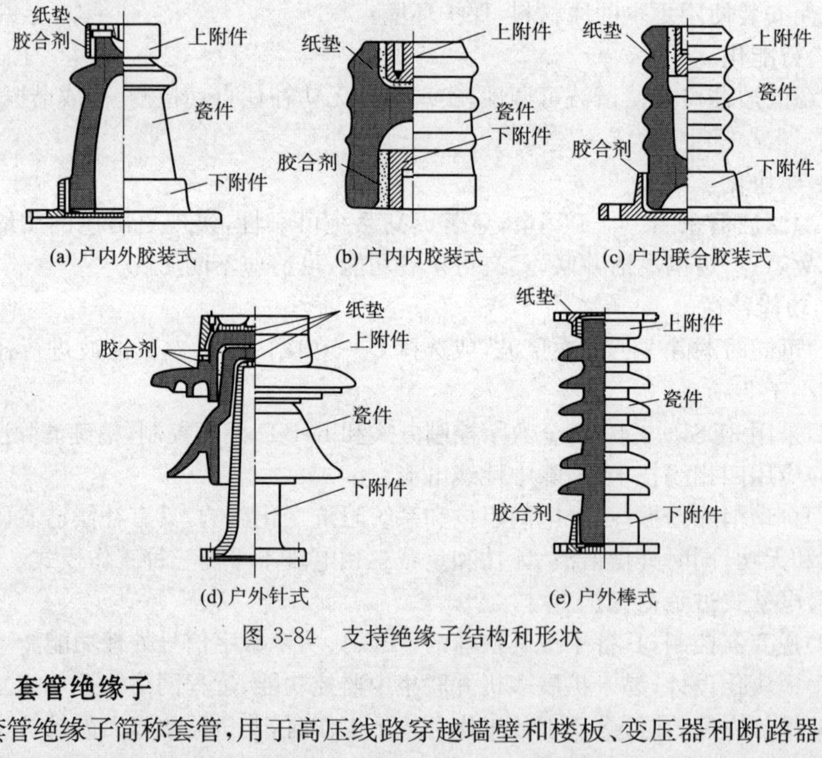

图 3-84 支持绝缘子结构和形状

2. 套管绝缘子

套管绝缘子简称套管，用于高压线路穿越墙壁和楼板、变压器和断路器的引出线、封闭式配电装置中导线的固定等，可分为单一绝缘套管(纯瓷、树脂)、复合绝缘套管(充油、充胶、充气)和电容式套管(油纸电容式、胶纸电容式)。多种套管的结构示意如图 3-85～图 3-88 所示。电容式套管的内部绝缘中，以锡箔构成多层电极，组成很多个圆柱电容器，目的是使绝缘层上所受的电场均匀，从而提高耐污性能。另外，由于套管绝缘子制成全封闭型，避免了因油氧化变质或受潮降低绝缘耐压水平。

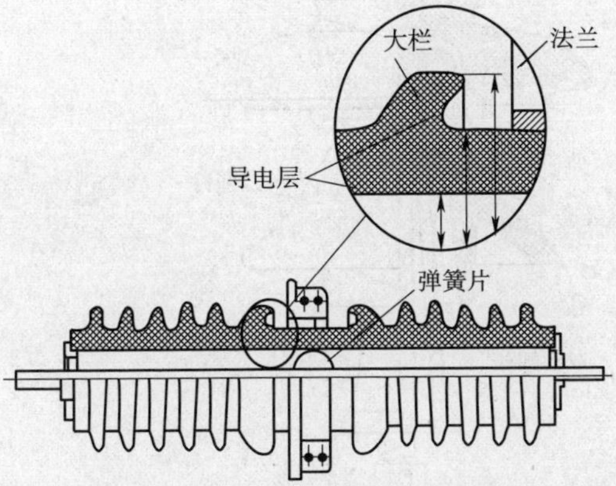

图 3-85　35 kV 纯瓷穿墙套管结构

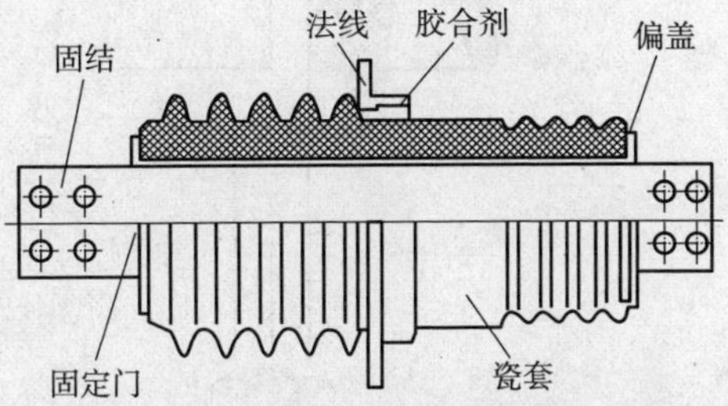

图 3-86　10 kV 纯瓷穿墙套管结构

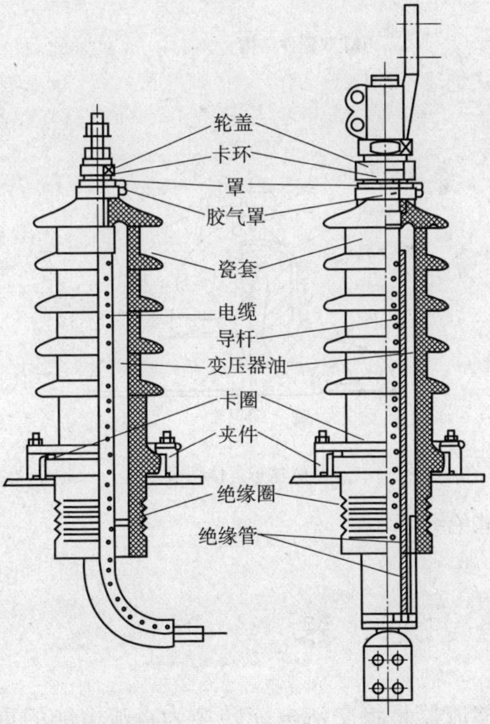

(a) 穿缆式　　(b) 导杆式

图 3-87　35 kV 充油变压器套管结构

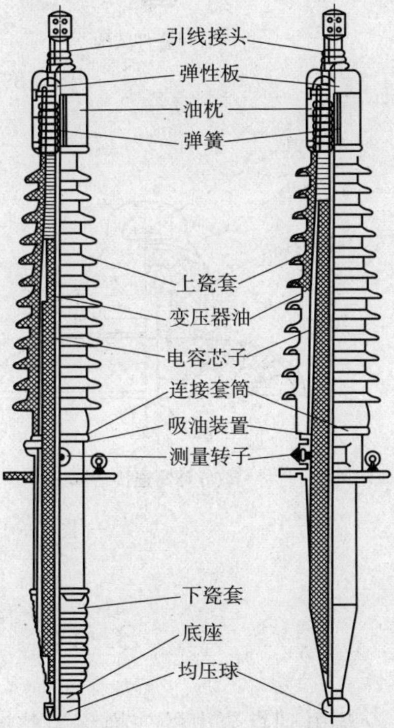

(a) 油纸电容式　　(b) 胶纸电容式

图 3-88　110 kV 电容式变压器套管结构

3. 线路绝缘子

线路绝缘子分为针式和悬式两种，结构如图 3-89、图 3-90 所示。

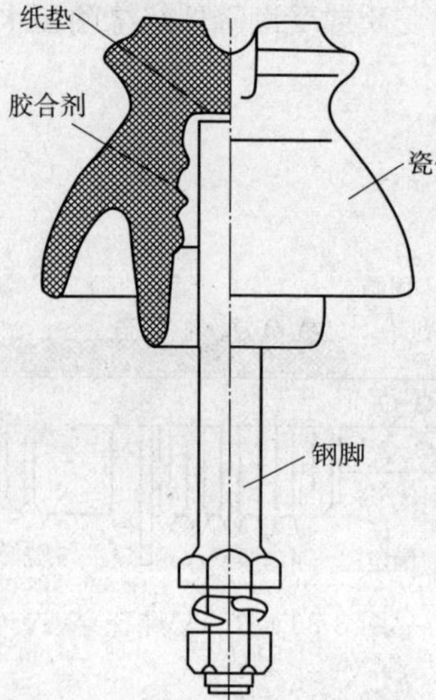

(a) 单瓷件结构

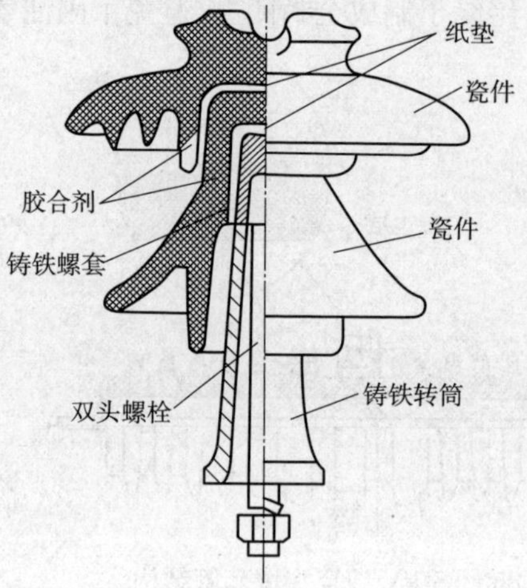

(b) 双瓷件结构

图 3-89 针式绝缘子结构

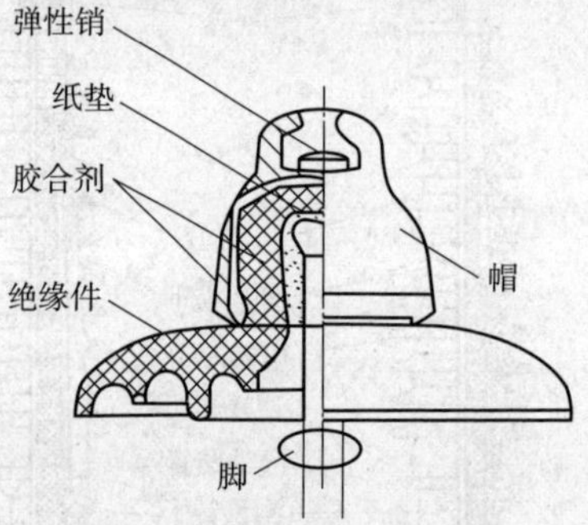

(a) 球窝连接结构

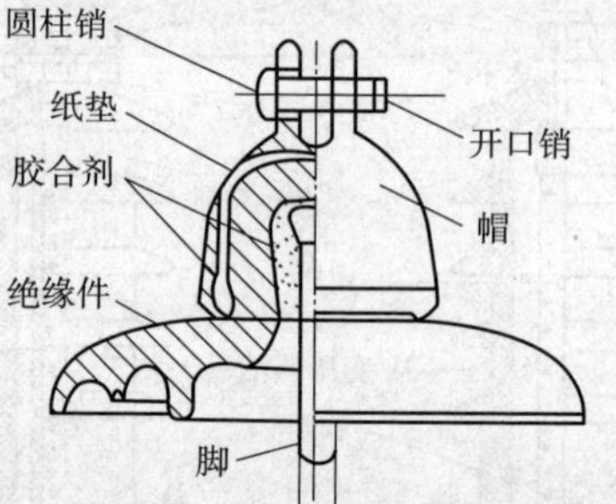

(b) 槽形连接结构

图 3-90 悬式绝缘子结构

3.14 整 流 器

交流电到直流电的变换称为整流。整流器是将交流电能转换为直流电能的重要设备。上海地铁每座牵引变电站都配置两台整流器。由于地铁牵引负载是较为典型的冲击负载,所以要求整流器有一定的过载能力,过载能力符合负载等级Ⅵ的要求,即 100%额定输出电流连续;150%额定输出电流 2 h;300%额定输出电流 1 min。牵引变电站 1 500 V 直流母线为单母线接线形式,两台整流器并列运行。

3.14.1　整流电路

把交流电变换为直流电的电路称为整流电路。整流器中实现电能形式转换的元件是硅整流二极管。二极管具有单向导通反向截止的单向导电性。

1. 单相桥式整流电路

单相桥式整流电路由四个二极管组成，结构如图3-91(a)所示。

当u_2为上正下负时，电源由u_2正极经D_1、R、D_3、u_2负极形成回路。D_2、D_4受反压截止，电阻上流过的电流波形与电压波形一致，为正半周的正弦波。

当u_2为上负下正时，u_2正极经D_2、R、D_4形成回路，D_1、D_3受反压截止，电阻上流过的电流波形与电压波形一致，为正半周的正弦波。

这样通过四个二极管就可以将交流电变换成脉动的直流电，如图3-91(b)所示。

2. 三相桥式整流电路

单相桥式整流电路输出的直流电压脉动很大，与直流电的波形要求相去甚远，为了改善直流脉动系数，一般采用三相桥式整流电路或增加滤波装置。

三相桥式整流电路如图3-92所示，由六个二极管组成，三个阴极相连的D_1、D_3、D_5称为共阴组，三个阳极相连的D_4、D_6、D_2称为共阳组，R为负载电阻，整流二极管利用交流电线电压的交变，实现自然换相，将三相交流电变换成六脉波脉动直流电。三相桥式整流电路输出波形如图3-93所示。

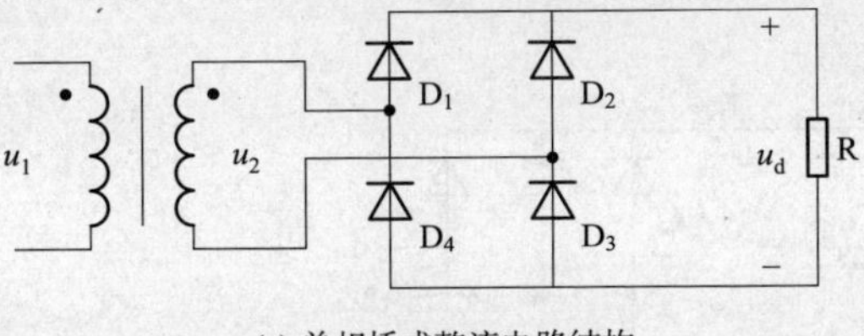

(a) 单相桥式整流电路结构

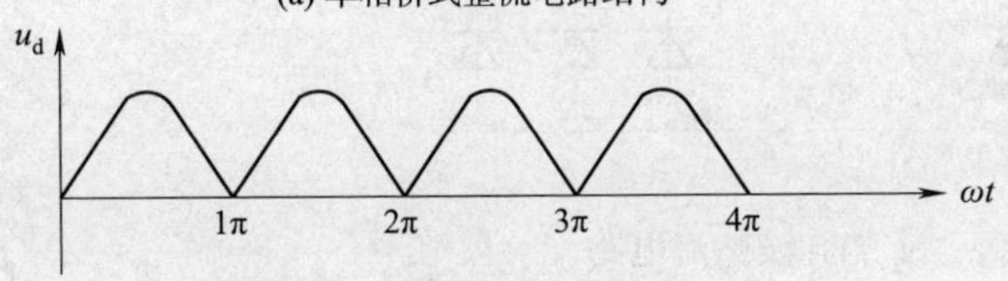

(b) 单相桥式整流电路输出波形

图3-91　单相桥式整流电路及其输出波形

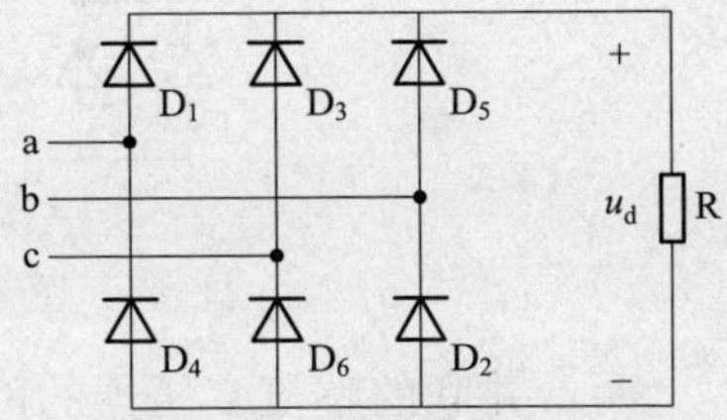

图3-92　三相桥式整流电路

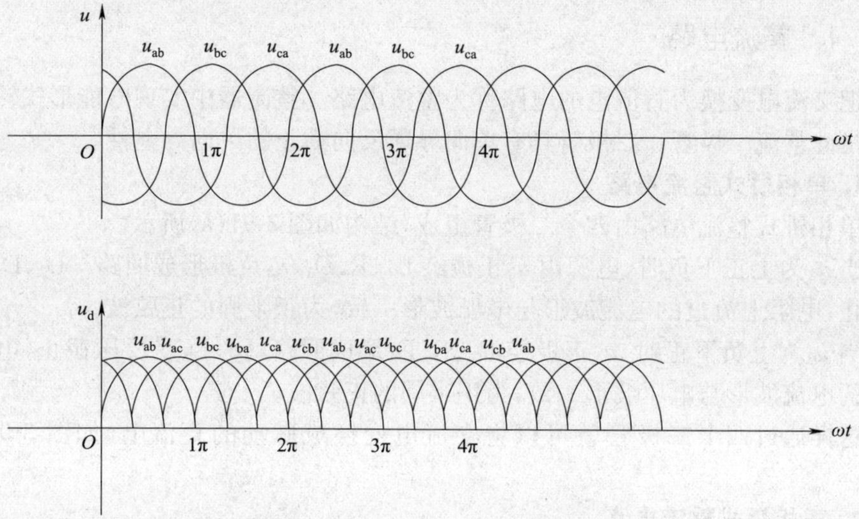

图 3-93 三相桥式整流电路输出波形

3. 十二脉波整流电路

利用变压器接线组别的不同，可以获得不同相序的线电压。整流变压器两组高低压绕组分别为△—△接法和△—Y 接法，二组低压绕组之间相位差 30°，引入整流器，两个三相桥式整流电路并联组成十二脉波整流电路。十二脉波整流电路并联连接的基本排列如图 3-94 所示，在阴极和阳极侧每相至少有一只二极管，十二脉波整流电路的二极管最少为 12 个。

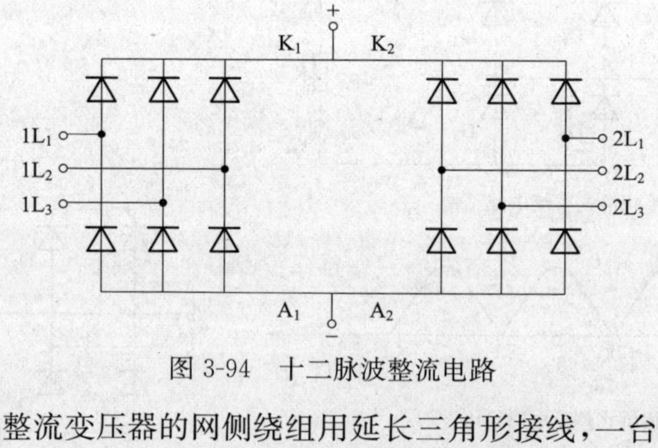

图 3-94 十二脉波整流电路

两台并联的整流变压器的网侧绕组用延长三角形接线，一台整流变压器移相 +7.5°，另一台整流变压器移相 −7.5°，两台整流器便组成二十四脉波整流电路。

大容量高电压的整流设备对整流二极管都有特殊的要求。当整流电压较高，二极管的反向耐压无法承受时，采用二极管串联连接方式，要求串联的二极管的反向电压平均分配，以提高承受反向电压的能力。当遇到电流较大的情况，采用二极管并联连接方式，要求并联二极管的通态电流平均分配，以提高整流器的负载能力。地铁牵引采用的整流器用二极管并联的方式来提高负载能力，整流电路每个桥臂有两个正向峰值压降值相近的平板压接式整流管并联，以获得相近的电流分配，结构如图 3-95 所示。整个整流电路共有 24 个面接触平板式环氧封装的整流二极管。整流器主电路如图 3-96 所示。每台整流器由两个三相电桥组成，每个三相电桥与相应整流变压器输出两路电压系统中的一路相连，分别为 $1L_1$、$1L_2$、$1L_3$；$2L_1$、$2L_2$、$2L_3$。整流器内有三个电源块 A_1、A_2、A_3，以阶梯形安装。每个电源块与两路输入电源之一的一相连接。

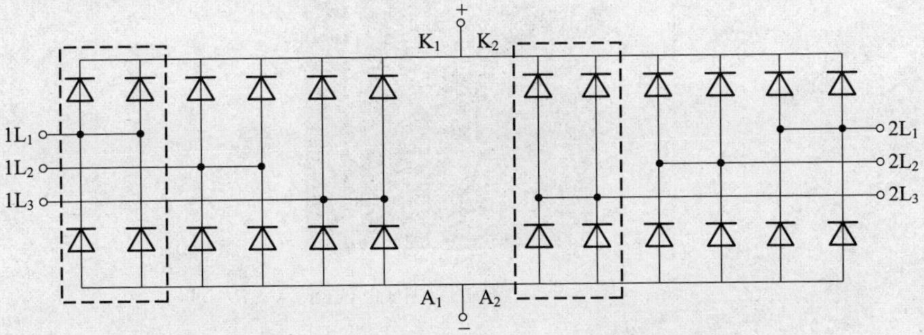

图 3-95　带两只并联二极管的十二脉波整流电路

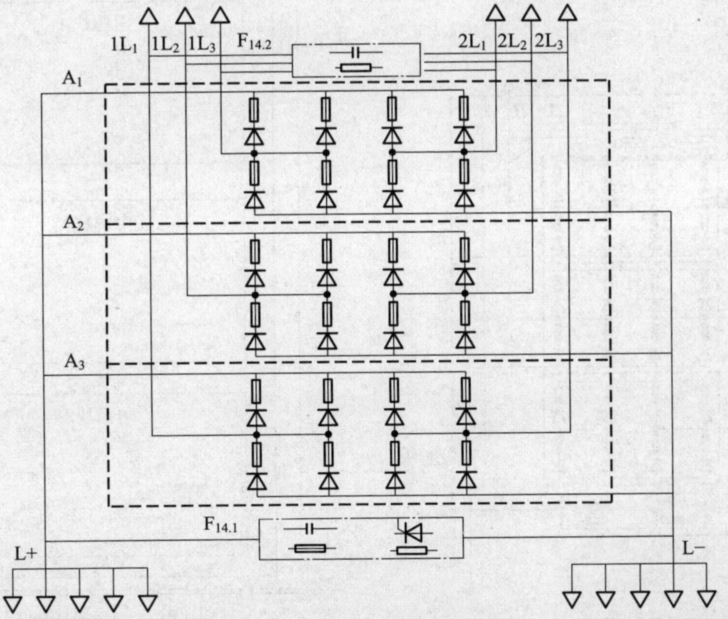

图 3-96　整流器主电路

3.14.2 整流器柜结构

整流器柜内正视图如图 3-97 所示。装有二极管和熔断器的三电源整流器布置如图 3-98 所示。

图 3-97 整流器柜内正视图

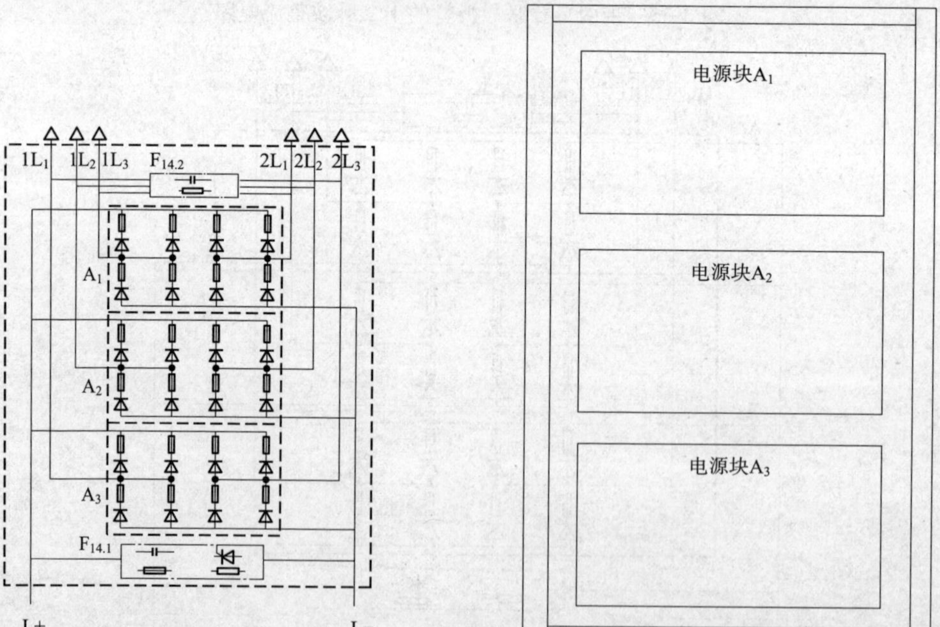

图 3-98 装有二极管和熔断器的三电源整流器布置

图 3-99 为电源块正视图(简化)。后部是交流端子,前部上端为直流正极端子,下端为直流负极端子。熔断器和微动开关装于相关直流母线的电源块前面,并通过铜片与后方的前部散热片相连。熔断器固定在铜棒上,铜片固定在散热片上。二极管、散热片和接触压力组合件位于电源块中间,二极管位于两散热片中间(一个小的前部散热片和一个大的后部散热片)。后部散热片与交流端子相连。上部二极管(阴极二极管)和下部二极管(阳极二极管)的安装方法如下:上部二极管正向至电源块正极母线,下部二极管正向至交流端子,安装位置如图 3-100 所示。

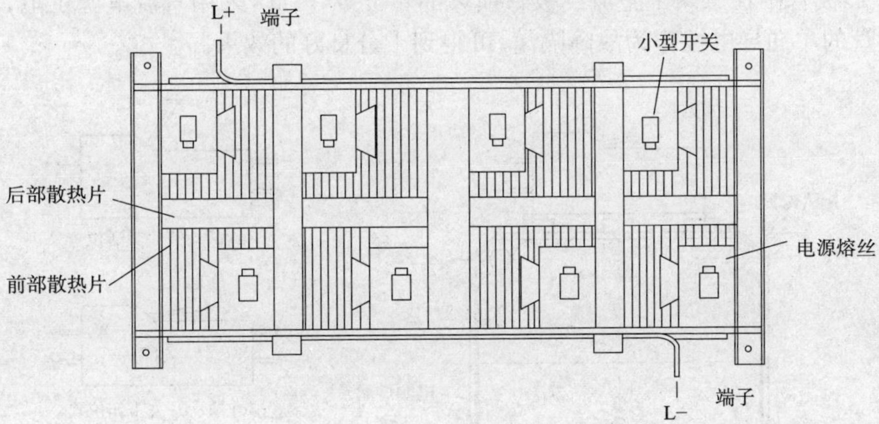

图 3-99 电源块正视图(简化)

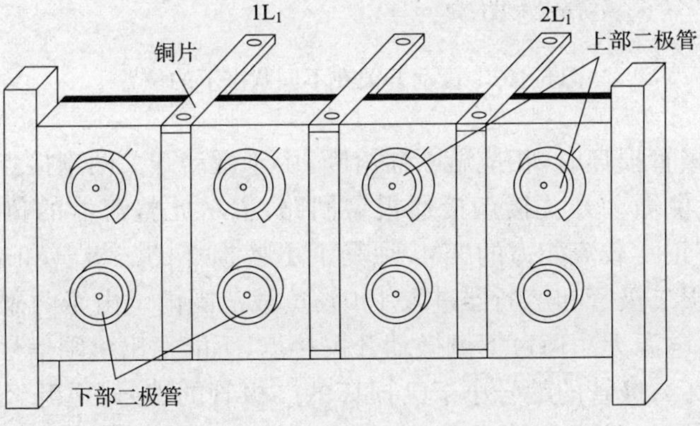

图 3-100 整流器二极管安装位置

若整流器进出线方式为上进下出,则两路三相交流输入的六根电缆装配在上部端子上,直流输出电缆装配在下部端子上。

3.14.3 整流器的保护

1. 过载、短路保护

每个二极管都串接一个快速熔断器作为短路保护，当整流管反向击穿引起内部短路时，快速熔断器熔断以防止事故扩大。在快速熔断器上装有微动开关，每个微动开关都有两副常开接点，当一个二极管损坏时熔断器熔断弹簧顶出，微动开关动作，两副常开接点关闭。微动开关在不同状态下的位置如图 3-101 所示。由于 24 个二极管中任意两个整流二极管损坏都要报警，因此，采用直流电源供电，利用二极管的单向导电性作为故障隔离，可得到十分良好的效果。

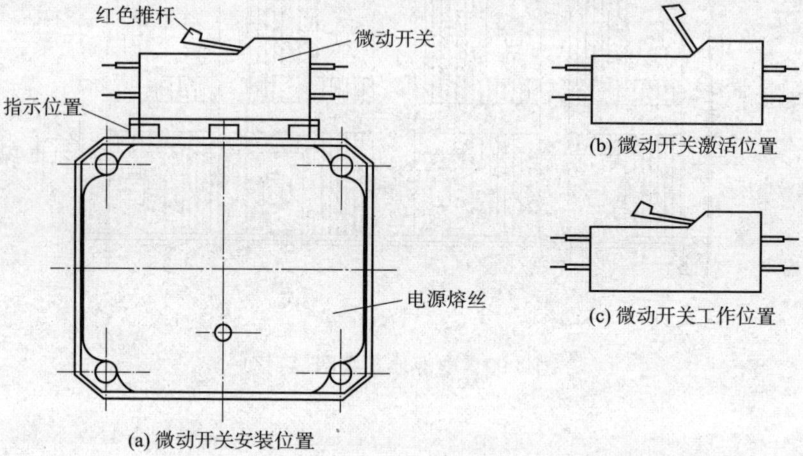

图 3-101 微动开关在不同状态下的位置

当一个二极管损坏时，相应熔断器熔断，由于微动开关两副接点之间串入二极管，使电源经上侧微动开关接点接通报警回路，警示此整流器的负载能力有所下降，整流器仅有正常载流能力的 3/4，须马上更换损坏的二极管和熔断器，不允许整流器带有受损二极管和熔断器进入 150%负载范围内。由于两副接点之间隔离二极管的作用，电源无法通过下侧微动开关接点，不能发出跳闸信号。

当后续损坏二极管的编号小于已损坏的二极管的编号，电源经后续损坏二极管熔断器上微动开关的上侧接点与已损坏二极管熔断器上微动开关的下侧接点接通跳闸回路。当后续损坏二极管的编号大于已损坏二极管的编号，电源经已损坏的二极管熔断器上微动开关的上侧接点和后续损坏二极管熔断器上微动开关的下侧接点接通跳闸回路，将跳开与之相对应的整流变开关。因为两个熔断器烧坏，很可能发生在同一桥臂上并联的两个二极管上，这将会影响整流器的输出波形，改变整流输出的相数，增加直流的脉动成分，影响机车的调速性能，增加谐波含量，必须使之与电网隔绝，更换二极管、熔断器，故障修复后方能投入使用。

2. 温度保护

温度从一定程度上反映了整流器的负载情况，因此对整流器的温度进行监测也是十分重要的。在整流器的正、负母线和二极管的散热器上，各装有温度检测元件，根据测得的不同温度值，发出不同的信号，其测温动作值及对应信号见表 3-7。跳闸信号驱动与整流器相对应的 35 kV 交流开关跳闸，以避免长时间过载运行引起发热、损坏设备。

表 3-7　整流器测温动作值及对应信号

检测位置	报警温度/℃	跳闸温度/℃
正、负母线	80	90
散热器	140	150

3. 防过压保护

(1)反向峰值电压

反向峰值电压 V_{RRM} 是最大允许重复的反向电压的瞬时值，发生在二极管击穿期间。二极管通常在适用的额定电压下运行，其峰值由最大重复反向峰值电压除以安全系数得出。安全系数 1.5 用于大多数知道的过压，安全系数 2.5 一般用于装置设计中。

假设已知直流系统额定电压为 1 500 V，适用整流器二极管的直流电压为 1 540 V，最大电压(20%最大)为 1 800 V，则 $V_{RRM}=2.5\times1\ 800\ \text{V}=4\ 500\ \text{V}$。

(2)过电压吸收装置

过电压吸收装置有三个主要功能，分别为反向电流缓冲、电压峰值吸收和过压吸收，原理如图 3-102 所示。整流器的交流输入每相有两个电阻并联，并形成星形接法，电阻与电容串联，吸收接通整流变压器引起的电压峰值，抑制整流变压器在空载或轻载时断开交流开关所产生的过电压，同时抑制整流元件的换相过电压。整流器的直流侧接有压敏电阻等组成的过电压抑制电路，用来吸收接触网系统可能击穿设备的大功率电压(如剩余电压)和动车再生制动的高反向电压。为保护过电压吸收装置，安装三个熔断器，并用微动开关监视熔断器状况，熔断器熔断后，小弹簧顶出，驱动微动开关发出跳闸信号，跳开 35 kV 整流变开关，使故障的整流器退出运行。

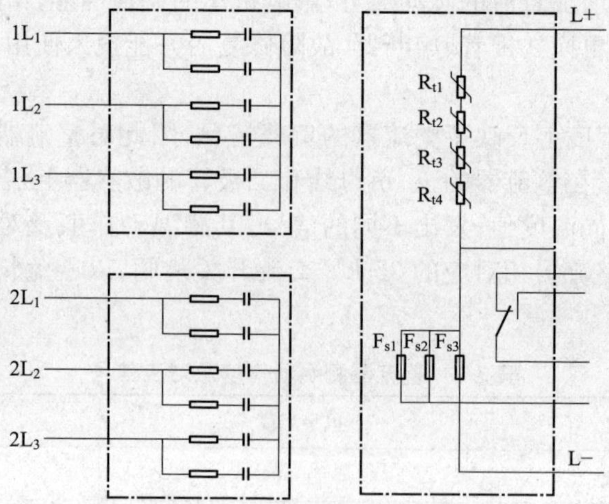

图 3-102　过电压吸收装置原理

3.15　杂散电流防护装置

3.15.1　地下杂散电流的产生与危害

1. 产生

在直流牵引供电系统中，接触网与牵引变电站的正极连接，走行轨兼作负回流线，与牵引变电站的负极连接。在地铁运行时，走行轨中流过电流，在走行轨自身电阻上形成对地的一个电位分布，使走行轨中的一部分电流通过过渡电阻（走行轨与排流网之间过渡电阻和排流网与主体结构钢筋的过渡电阻）向道床、主体结构钢筋泄漏，并在一定的地方流回走行轨和牵引变电站的负极。泄漏到道床及主体结构钢筋的电流叫作地下杂散电流，又称地下迷流。

2. 危害

杂散电流在主体结构钢筋和其他金属管线处会产生电化学腐蚀。地铁运行很多年后，走行轨与道床之间的绝缘扣件老化或者外表脏污，使走行轨与排流网之间的过渡电阻变小，杂散电流增大，日积月累，造成比较严重的腐蚀。当电动列车所在处附近的杂散电流从走行轨流向金属体时，金属体对地电位形成阴极区。在变电站附近，杂散电流从金属体流回走行轨和变电站，金属体对地电位形成阳极区。在阳极区，杂散电流从金属体流出的地方将出现电解现象，这种电解现象导致金属体被腐蚀。轨道交通本身、附近的金属管道、各种地下电缆或金属结构件在长期的电化学腐蚀作用下，将受到严重的损坏。地下杂散电流流入电气接地装置将引起过高的接地电位，使某些设备无法正常工作。

3.15.2　杂散电流的防护原则

1. 设计应减少杂散电流，使城市轨道交通内部及其附近金属结构在设计年限内不受杂散电流腐蚀的影响。

2. 为便于运营管理维护，全线杂散电流腐蚀防护及接地系统的设计技术标准、设备选型应尽可能一致或兼容。

3. 杂散电流腐蚀防护设计应按“以防为主、以排为辅、防排结合、加强监测”的原则进行。

(1)防：控制杂散电流泄漏的途径，加强回流钢轨对地绝缘，减少杂散电流进入轨道交通工程的主体结构钢筋、设备、金属管线和其他相关设施的概率。

(2)排：建立有效的杂散电流排流系统，设置杂散电流返回牵引变电站的金属通路，降低杂散电流向轨道交通系统外部的泄漏量，减少对金属管线、金属构件的腐蚀。

(3)测：建立完善的杂散电流防护监测系统，动态监测沿线杂散电流的变化，为运营管理、维护提供依据。

4. 轨道交通的运营维护应按照工程设计的要求，确保牵引回路畅通、钢轨过渡电阻值达标、杂散电流腐蚀防护及监测系统运行有效。

5. 杂散电流腐蚀防护系统应根据具体的结构形式，采用合理的设计方案，以满足杂散电流腐蚀防护相关标准的要求。

6. 轨道交通明挖区段、盾构区间等隧道区段应采用连通法对结构钢筋进行防护。

7. 沿线的设备金属外壳、各种金属管线、隧道及道床结构钢筋不得与走行钢轨有直接的电气连接。

8. 杂散电流腐蚀防护技术要求应落实到牵引供电、动力照明、轨道、桥梁、结构、隧道、给排水、通信、信号等相关专业工程技术标准中。

9. 轨道交通区域内的地中金属管线结构，应采取有效的防腐蚀措施。

10. 正常运行的轨道交通线路，应在运行方式上力求减少杂散电流值。

11. 轨道交通运营的线路和线路上部建筑，应符合国家相关防水标准，经常处于清洁、无积水、无渗水及良好绝缘的状态。

12. 轨道交通结构及设备受杂散电流腐蚀的危险性指标，应由结构表面向周围电解质漏泄的电流密度和由此引起的电位极化偏移来确定。危险性指标应满足CJJ/T 49《地铁杂散电流腐蚀防护技术标准》的要求。

13. 杂散电流腐蚀防护与安全接地发生矛盾时，应优先考虑安全接地。

14. 接地系统设计在满足各类强弱电设备工作接地、安全接地和防雷接地要求的基础上，应简明、统一，便于工程实施。

15. 接地系统应满足：保护运营人员和旅客安全，防止电击；保护城市轨道交通设备、设施，防止损坏；保护弱电设备，防止电气干扰。

16. 为保证旅客和工作人员的人身安全，正线每座车站设置钢轨电位限制装置。

17. 在保证杂散电流腐蚀防护及接地系统成功实施的基础上，尽量减少投资和降低工程实施难度。

18. 杂散电流腐蚀防护和监测系统的设备/材料选型应满足工程技术性能、运行环境要求，并应从技术、价格、运营成本等方面经综合比较后确定，优先选择国产化产品。

19. 在技术、成本均合理的条件下，设备选择应满足小型化、防潮、防火、抗电磁干扰和适应宽电压等要求。

3.15.3 杂散电流防护的技术措施

牵引回流系统主要由走行轨、负回流线、上下行均流线等组成。理论和工程实践都已证明：抑制杂散电流首先要保持牵引回流回路的畅通，减小回路电阻；应设法尽量加大走行轨与道床的过渡电阻，合理设置牵引变电站的间距，限制杂散电流产生。

1. 牵引供电系统

(1)采用走行钢轨回流的直流牵引供电系统，其接触网与牵引变电站的正母线连接，回流走行钢轨与负母线连接，正极、负极均采用不接地系统。

(2)牵引供电系统选用较高的牵引电压和分布式的牵引供电方式，合理设置牵引变电站的间距。

(3)正常运行情况下，接触网实行双边供电，馈电区间两侧牵引变电站直流母线上的空载电压值基本保持一致，不应出现越区供电现象。

(4)车辆基地中的接触网具有来自车辆基地牵引变电站的主电源及来自正线的备用牵引电源。

(5)牵引变电站的负极回流线与走行钢轨连接，走行钢轨正线线路区段实现牵引电流沿双方向回流。

(6)牵引变电站的负回流线使用 n 根 150 mm^2 直流铜芯电缆，与走行钢轨连接后引至回流箱，再用 m 根 400 mm^2 直流铜芯电缆引至牵引变电站负母线，其数量 n、m 根据牵引供电计算结果确定，且应保证当其中一根电缆故障时，其余电缆能满足导电截面的要求。

2. 走行钢轨回流系统

(1)正线、车辆基地出入段线走行钢轨采用60 kg/m钢轨，车辆基地走行钢轨采用50 kg/m钢轨。

(2)采用减少走行钢轨回流通路电阻等措施，确保走行钢轨回流路径通畅。

(3)回流走行钢轨焊接成长钢轨，钢轨接头电阻小于5 m长的回流钢轨电阻阻值，除杂散电流检测需要设置可断点外，全线应电气连续。

(4)正线回流走行钢轨于下列地点设置杂散电流检测需要的可断点：

①正线车站的大里程端；

②长度超过3 km的区间。

(5)可断点处采用绝缘接头断开，可断点处的回流走行钢轨采用钢轨接头夹板连接，易于拆分和组合，并应做好明显标识；在钢轨接头夹板连接处的每根钢轨采用2×150 mm^2直流铜芯电缆进行纵向连接。

(6)车辆基地采用单轨回流，走行钢轨绝缘接头处采用钢轨接头夹板连接，纵向钢轨接续线应采用2×150 mm^2直流铜芯电缆进行连接。

(7)设有防淹门的过江、过河流隧道区段，在上下行每根钢轨处纵向并联1根150 mm^2直流铜芯电缆，并联电缆长度应为江、河宽度每端延长50 m。

(8)轨道交通线路中的道岔处(尖轨与辙叉间)采用2×150 mm^2直流铜芯电缆与走行钢轨连接。

(9)车辆基地内根据接触网供电分区情况设置牵引回流通路及回流点，形成畅通的回流通路。

(10)在轨道交通线路区间设置股道均压线，股道均压线的间距应不大于600 m。

(11)每座车站两端各设置一处股道均压线；车站设有牵引变电站端的一侧，上下行钢轨分别设置回流箱，与钢轨连接的回流电缆经回流箱引至牵引变电站负极柜，此端不再设置股道均压线，在车站另一端设置股道均压线。

(12)股道均压线采用2×150 mm^2直流铜芯电缆与钢轨进行连接。

(13)车辆基地库外应适当设置股道均压线；停车库内单列位停车时，应在库前和库后位置设置不少于两处的股道均压线；停车库内双列位停车时，应在库前、库中和库后位置设置不少于三处的股道均压线；停车库内应仅选择一处均压线的单端与停车库建筑预留的接地极相连。

(14)除牵引变电站负回流电缆与走行钢轨连接采用焊接方式外，其余线缆与走行钢轨的连接全部采用打孔螺栓连接方式。严禁在轨底角或钢轨接缝处进行打孔或焊接。打孔与焊接的中心位置只能在钢轨的中心轴上。

3. 走行钢轨绝缘

(1)车辆基地与正线走行钢轨的衔接处设置绝缘接头并装设智能导通装置;智能导通装置的安装位置应与接触网电分段、进段/场信号机的绝缘接头位置相对应。

(2)车辆基地内的检修库及停车库中,每一条走行钢轨均应使用绝缘接头与库外线路走行钢轨相隔离,绝缘接头处应设置单向导通装置。

(3)正线及车辆基地走行钢轨采用绝缘法安装,钢轨与扣件之间,钢轨与混凝土轨枕之间、紧固螺栓及道钉与混凝土轨枕之间、扣件与混凝土轨枕之间应采取绝缘措施,减少杂散电流。

(4)车辆基地库外、设置防淹门的过江隧道区段走行钢轨支撑处采用聚氨酯树脂类绝缘复合轨枕。

(5)单个钢轨的支撑处在干燥条件下的绝缘电阻值应达到 1×10^{8} Ω 以上,轨底部与道床之间的间隙值应不小于 70 mm。

(6)回流走行钢轨与道床、隧洞主体结构(或大地)之间的过渡电阻值(按可断点处区间分段进行测量并换算为 1km 长度的电阻值):新建线路应不小于 15 Ω,运行线路应不小于 5 Ω。

4. 沿线设施设备绝缘

(1)轨道交通线路的结构,应能保证道床、线路上部建筑及轨道不受水流和积水的浸蚀,不污染。隧洞结构不得渗水和积水,应具有良好的排水系统。严禁采用直排废水入隧洞的设计与运行方式。

(2)轨道交通沿线的各种金属设施和设备、临时存放洞内的钢轨、备用材料及设备等与走行钢轨之间不得有金属连接。

(3)变电站内的整流器柜、直流开关柜、负极柜、排流柜等直流设备应采用绝缘法安装,对地绝缘电阻值应不小于 1 MΩ,并设置框架泄漏保护装置。

(4)正常运行方式下,正线架空地线与车辆基地架空地线应电气分断,仅在正线与车辆基地间需要采取支援供电方式时进行连通。正线与车辆基地衔接处宜采用双极隔离开关,实现正线与车辆基地间接触网、架空地线分合的同步操作。

(5)沿线设置的信号设备(道岔控制箱、信号箱、信号机等)及通信设备应采用绝缘安装,对地绝缘电阻值应不小于 1 MΩ,与杂散电流排流网及钢轨无任何电气连接。

5. 安全与接地系统

(1)车站、车辆基地的接地系统设置应满足 GB/T 50065《交流电气装置的接地设计规范》的要求。

(2)每座车站(含换乘车站)应设置综合接地网,综合接地网的接地电阻值应不大于 0.5 Ω，同时应满足接触电压和跨步电压的要求。

(3)车站变电站建筑的综合接地网应由自然接地体与人工接地体组成。自然接地体与人工接地体连接处应不少于两处，自然接地体与人工接地体的接地电阻值应能分别测量。

(4)车辆基地单体建筑物应设置接地网，接地网宜采用自然接地，并在结构柱预埋接地连接用的钢板。当自然接地体接地阻值不满足要求时，应辅以人工接地网。

(5)检修库及停车库内应预留与股道均压线一端相连接的接地极。停车库内单列位停车时，应在库前和库后位置每侧设置不少于两处接地极；停车库内双列位停车时，应在库前、库中和库后位置每侧设置不少于三处接地极。

(6)各综合接地网通过沿线接地扁钢、电缆金属铠装、接触网架空地线等连接，在全线范围内形成统一的高低压兼容、强弱电合一的综合接地系统。

(7)正线上、下行接触网分别设置全线贯通的接触网架空地线，接触网所有不带电的金属构件均与接触网架空地线连接，地下(高架)接触网架空地线与牵引变电站的强电(防雷)接地母排连接，构成接触网系统的接地保护回路。

(8)沿线的通信、信号设备外壳、电缆支架、信号机、电话支撑架等应通过接地扁钢接地，不应与走行钢轨有任何电气连接，且应与安装处的排流网绝缘。

(9)正线每座车站应设置两台钢轨电位限制装置，与走行钢轨的连接点在车站有效站台长度的 1/4、3/4 处；车辆基地变电站应设置一台钢轨电位限制装置，并与车辆基地库外钢轨连接。

(10)钢轨电位限制装置应一端与走行钢轨通过 $2\times150\ \text{mm}^2$ 直流铜芯电缆直接相连，另一端与车站接地极相连。

(11)屏蔽门与走行钢轨不应有任何电气连接，屏蔽门金属结构应与车站接地极相连。

3.15.4　排流系统设置

防护杂散电流的技术措施能使杂散电流大大减小，但仍无法避免一小部分杂散电流从混凝土道床流到隧道结构内的金属导体上，若不采取措施这部分杂散电流会使金属导体产生腐蚀。因此，还须对各种设备采取减少杂散电流的防护措施。

1. 设置排流网

(1)正线回流走行钢轨下，整体道床区段内的纵向结构钢筋按一定要求连接(焊接)，建立杂散电流专用排流网，以降低整体道床内结构钢筋受杂散电流腐蚀及杂散电流继续向地下车站和区间隧道结构钢筋扩散的概率。排流网内部钢筋、铜排应电气连通。

(2)杂散电流主收集网截面应满足一定的要求,确定方法如下:

①根据牵引供电计算出各牵引变电站的供电分区在远期高峰小时的平均电流。

②根据牵引变电站间距、远期高峰小时走行钢轨中的平均电流、走行钢轨泄漏阻抗等数据选择整体道床收集网的截面。

③根据整体道床结构钢筋截面选择结果,在走行钢轨每千米对地泄漏阻抗≥15 Ω的条件下,计算出远期高峰小时各供电分区整体道床结构钢筋的平均腐蚀电位校验结果。

(3)排流网内的钢筋总截面应满足远期高峰小时排流网极化电位的正向偏移平均值不大于0.5 V的要求。

(4)每段整体道床内部上、下行轨道下方应各预埋一根20 mm×8 mm的扁铜,扁铜与整体道床内部横向钢筋每隔5 m进行可靠焊接。预埋的扁铜长度应与每段整体道床长度一致。

(5)每段整体道床内被选作排流网的钢筋应均匀分布。纵向钢筋若有搭接,必须进行搭接焊,焊接长度应不小于6倍钢筋直径。沿整体道床纵向每隔5 m用一根横向钢筋与所有的纵向钢筋进行焊接。

(6)在每段整体道床的两端(即靠近结构缝处),应将靠近结构缝的第一排横向钢筋与交叉的所有纵向钢筋进行焊接,并将埋入式测防端子与第一排横向钢筋焊接后在整体道床的左、右两侧分别引出作为连接端子。

(7)排流网应与盾构管片、地下结构段内部结构钢筋实现电气隔离。

(8)将地下车站及盾构管片的钢筋焊接作为全线自然接地体。

2. 设置排流端子

(1)靠近牵引变电站的站台层,上下行排流网分别设置排流端子。

(2)在两座牵引变电站间距的1/4、3/4区间处,上下行排流网分别设置排流端子。

(3)正线设有牵引变电站的车站结构钢筋上下行分别设置排流端子。

(4)排流端子应与排流网进行焊接,排流端子应通过1×150 mm^2直流铜芯电缆与牵引变电站内的排流柜连接。

(5)排流端子采用埋入式防盗型端子。

3. 设置排流柜

(1)牵引变电站内设置户内型杂散电流排流柜。每一排流回路应能控制排流电流大小,并具有超限报警功能。排流柜一端接至牵引变电站负母排,另一端通过排流电缆与杂散电流排流网的排流端子连接。

(2)排流柜内设置由排流网至负极柜负母排的单向导通通路,每台排流柜应设置不少于8条通路。

(3)线路开通运营初期,排流柜不投入运行,应根据杂散电流监测系统对杂散电流泄漏的监测结果判断是否投入运行。当排流网极化电位的正向偏移平均值大于0.5 V时排流柜应投入工作。

3.15.5　杂散电流的监测

杂散电流腐蚀防护系统可以把杂散电流值限制在一定范围内。随着运营时间的增加,绝缘材料会不断老化,走行钢轨的泄漏阻抗会逐渐变小,隧道防水性能也会逐渐降低,产生的杂散电流将逐渐增加,因此,应设置完备的杂散电流监测系统,实时监测杂散电流对整体道床、车站和隧道结构钢筋的腐蚀情况,以便及时采取相应的维护措施。

杂散电流监测系统监测整体道床、车站和隧道结构钢筋对周围混凝土介质的极化电位,并通过数据传输通道将相关信息传送至杂散电流计算机综合管理系统进行分析和存储,使运营人员可在办公室内直接查询各种统计信息,并可打印各种管理报表。运营人员可根据分析结果,及时对相关区段进行相应的维护管理。

1. 杂散电流监测系统构成

杂散电流监测系统由参比电极、杂散电流主收集网测试端子、杂散电流辅助收集网测试端子、智能传感器、杂散电流监测装置、通信电缆和杂散电流计算机综合管理系统组成,具体构成方案如下。

(1)在每个测试点,将参比电极端子和杂散电流收集网测试端子接至智能传感器,并将该车站区段内上、下行线路的智能传感器通过通信电缆分别连接到各车站变电站的杂散电流监测装置。智能传感器采集的数据上传至杂散电流监测装置后,再经数据传输通道传至杂散电流计算机综合管理系统。

(2)智能传感器完成对参比电极与结构钢筋的电位监测,并将测量的模拟信号转换为数字信号。

(3)杂散电流监测装置完成对区段内上、下行线路所有智能传感器的信息收集,并将收集的信息实时传送到控制中心的杂散电流计算机综合管理系统。

(4)杂散电流计算机综合管理系统由计算机、管理软件、打印机和UPS等组成,具有对现场采集信号进行实时在线采集、存储、显示、查询、输出打印等功能。

2. 杂散电流监测装置

(1)测量端子应采用埋入式铜端钢身防盗型端子。

(2)沿线路方向,车站站台两端进出站附近和距车站有效站台端部200 m处区间的排流网中上下行分别引出测量端子。

(3)在每个测量端子不超过1 m的范围内,应设置1个参比电极。

(4)排流网、结构钢筋电位的参比电极应选用适合于混凝土介质、稳定性高、寿命长、体积小、便于安装的非液体电极。

(5)参比电极的安装不影响土建结构安全时,应采用硫酸铜参比电极。参比电极的安装影响土建结构安全时,宜采用氧化钼参比电极。

(6)车站两端及距离车站有效站台端部 200 m 处的测量端子附近 1 m 范围内应设置智能传感器,传感器设置数量应与测量端子相对应。监测电缆采用单芯 2.5 mm^2 铜芯低烟无卤信号电缆 3 根,分别接至钢轨腰部(可采用打孔铜镅加螺栓)、测量端子、参比电极等。

(7)在钢轨至侧墙的人行过道处,需将监测电缆加金属套管固定在地面上,防止踩压。

(8)各传感器通过 4 芯 2.5 mm^2 通信电缆连接,内部为并联关系,即当某一传感器发生故障时,不影响后面传感器的采集工作。

(9)智能传感器宜采用专用 AC 220 V 电源供电,并具有数字/模拟信号输出功能。

第4章 继电保护和自动化

4.1 继电保护的基础知识

4.1.1 继电保护的作用、分类、基本要求及装置维护

1. 继电保护的作用

供电系统运行设备中，由于绝缘老化、机械损伤或其他原因可能产生各种故障或异常的工作状态，如各种类型的短路，配电线路发生单相或两相断线以及多种故障组合的更为复杂的故障类型。这些故障对人身及设备安全都将造成威胁。继电保护的主要功能和作用就是在最短时间内有效隔离故障点，消除设备的故障和不安全状态。

2. 继电保护的分类

继电保护包括变压器保护、母线保护、配电线路保护、发电机及电动机保护。按类型可分为过流保护、差动保护、过/欠电压保护、过载保护等。在国内地铁供电系统中，用到了过流、差动、欠(失)压等保护类型。在直流牵引中还用到了上升率保护、热保护、框架保护及各种联跳保护。

3. 继电保护的基本要求

对继电保护有四项基本要求，分别是灵敏性、选择性、速动性和可靠性。

(1)灵敏性指的是当在继电保护装置保护范围内发生故障或处于不正常运行状态时，装置能够灵敏地作出反应，通常用灵敏系数来衡量。

(2)选择性指在电力系统发生故障时，继电保护装置应能准确切除故障点，而对其余正常部分保持供电，以使停电范围降至最小。继电保护的选择性需与前后级之间的灵敏性和动作时限相互配合。

(3)速动性指的是在短路故障情况下，断电保护装置应该快速动作，以减轻短路电流对电气设备的破坏程度，缩小故障影响范围。在某些情况下，速动性和选择性的效果相反，这时应该在保证选择性的情况下力求提高保护动作的速动性。

(4)可靠性指的是保护经常处于准备动作状态，当属于该保护范围内的故障和不正常工作状态发生时，应能可靠工作，即不发生拒动；当不属于该保护范围内的故障和不正常工作状态发生时，应能可靠的不动作，即不应误动。衡量可靠性的标

准是拒动率和误动率。拒动率和误动率越小,保护的可靠性就越高。

供电系统中的设备及线路保护应有主保护和后备保护,必要时可再增设辅助保护。

(1)主保护是满足系统稳定和设备安全要求,能以最快速度有选择地切除被保护设备和线路故障的保护。它能够在故障发生时迅速响应,确保系统和设备的安全。

(2)后备保护是主保护或断路器拒动时,用以切除故障的保护。后备保护可分为远后备和近后备两种方式。远后备指当主保护或断路器拒动时,由相邻电力设备或线路的保护来实现后备保护。近后备指当主保护拒动时,由本电力设备或线路的另一套保护来实现后备保护;当断路器拒动时,由断路器失灵保护来实现后备保护。

在设置保护系统时,需要考虑以下因素:

①设备和供电系统网络的结构特点和运行特点;

②故障出现的概率和可能造成的后果;

③供电系统的近期发展情况;

④经济上的合理性;

⑤国内和国外的经验。

4. 继电保护装置的维护

为了确保继电装置的正常运行,需要进行定期维护和校验。

(1)物理环境

①防止机械性撞击。

②使用过程中要确认安装固定、牢靠,接线完整、牢固。

(2)整定及校验

①根据产品使用说明书及注意事项,正确整定继电保护装置。

②根据继电保护试验的相关规程,定期对保护装置进行校验,确保其在故障发生时能准确动作。

(3)继电保护装置维护的相关规程

在电力系统中,继电保护装置的维护至关重要。与继电保护装置维护相关的规程很多,但其中最重要的是 GB/T 14285《继电保护和安全自动装置技术规程》。该规程详细规定了电力系统继电保护和安全自动装置的科研、设计、制造、施工及运行等相关部门应共同遵守的基本原则。它广泛适用于 3 kV 及以上电力系统中电力设备和线路的继电保护和安全自动装置,是电力行业内共同遵守的技术规程。

4.1.2　继电保护的基本原理和构成方式

1. 继电保护的基本原理

电力系统发生故障时,往往伴随着电流增大、电压降低以及电流和电压间相位关系的变化。继电保护就是根据这些变化的物理量反应相应故障的电力系统部件。根据反应物理量的不同,可构成以下各种类型的继电保护:

(1)反应电流变化的保护,如电流速断保护、定时限过流保护、反时限过流保护及零序电流保护等。这些保护方式主要依据电流的大小和变化来判断故障是否存在。

(2)反应电压改变的保护,如低电压保护和过电压保护。当电力系统中的电压降低到一定程度或升高到异常水平时,这些保护将启动以切除故障或采取其他保护措施。

(3)既反应电流又反应电流、电压间相位变化的保护,如方向过流保护。这种保护方式不仅考虑电流的大小和方向,还考虑电流与电压之间的相位关系,从而能够更准确地判断故障位置和类型。

(4)反应电压与电流的比值,即反应故障点至保护安装处的阻抗的保护,如距离保护。

(5)反应输入电流、输出电流差的保护,如差动保护。

2. 继电保护的构成方式

继电保护在组成上一般都具有测量、逻辑及执行三大部分,其组成框图如图 4-1 所示。

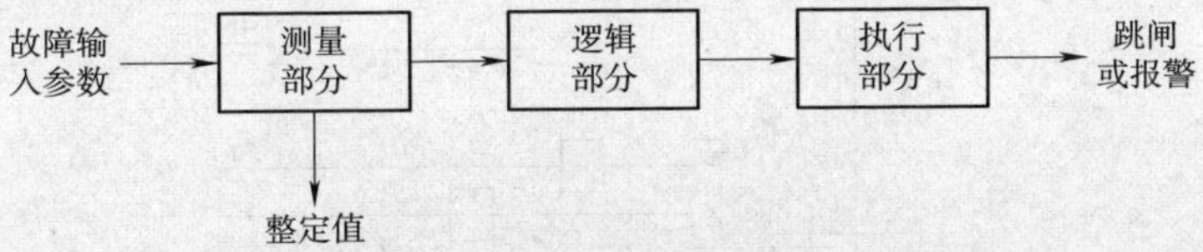

图 4-1　继电保护的组成框图

(1)测量部分:主要完成对反应被保护对象工作状态的一个或几个物理量的采集,并将采集结果与保护整定相比较,比较结果将用于下一步的逻辑运算。

(2)逻辑部分:根据测量与整定的比较结果,由逻辑作出判断,以决定保护装置采取何种反应。

(3)执行部分:执行逻辑运算做出的决定,将逻辑运算结果通过电气执行回路完成报警、跳闸或保持不动等动作。

因此,继电保护三大组成部分缺一不可,只有三大部分的准确、合理、协调、配合才能使继电保护满足电力系统要求，快速、准确、灵敏、可靠地对故障状态做出反应。

4.1.3 继电保护的二次接线

1. 继电保护的制图方式

在继电保护系统中，二次接线的制图方式包括集中式原理图、展开式原理图及安装接线图。以 10 kV 开关的跳闸原理图为例，对集中式及展开式两种制图方式作简单介绍。

集中式制图方式可将所有元器件集中在一张图上，按集中式原理图方式制作的 10 kV 开关跳闸原理图如图 4-2 所示。展开式制图方式可以使各元器件在不同回路图中展示。与以上两种类型不同，安装接线原理图更适合设备的安装接线，它可以将各元器件的接线细节完整地反映在图纸上，但图中图形元素的数量比前两种接线图要多。

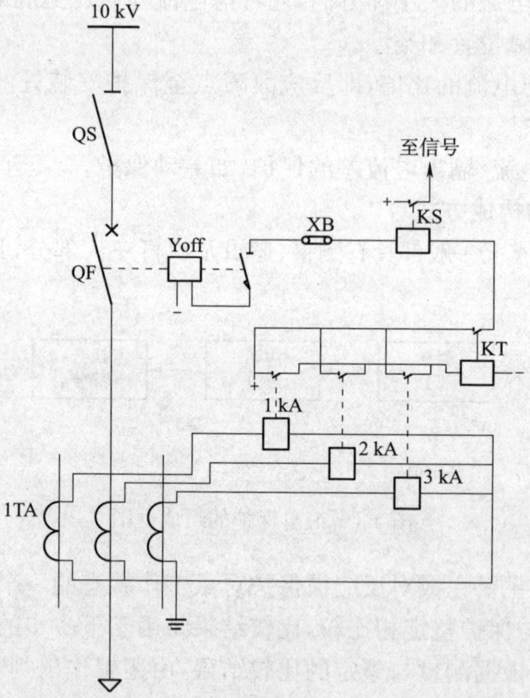

图 4-2 按集中式原理图方式制作的 10 kV 开关跳闸原理图

2. 电流保护的接线方式

目前使用较多的电流保护接线方式有三相星形接法和二相星形接法，具体接线方式示例如图 4-3 所示。

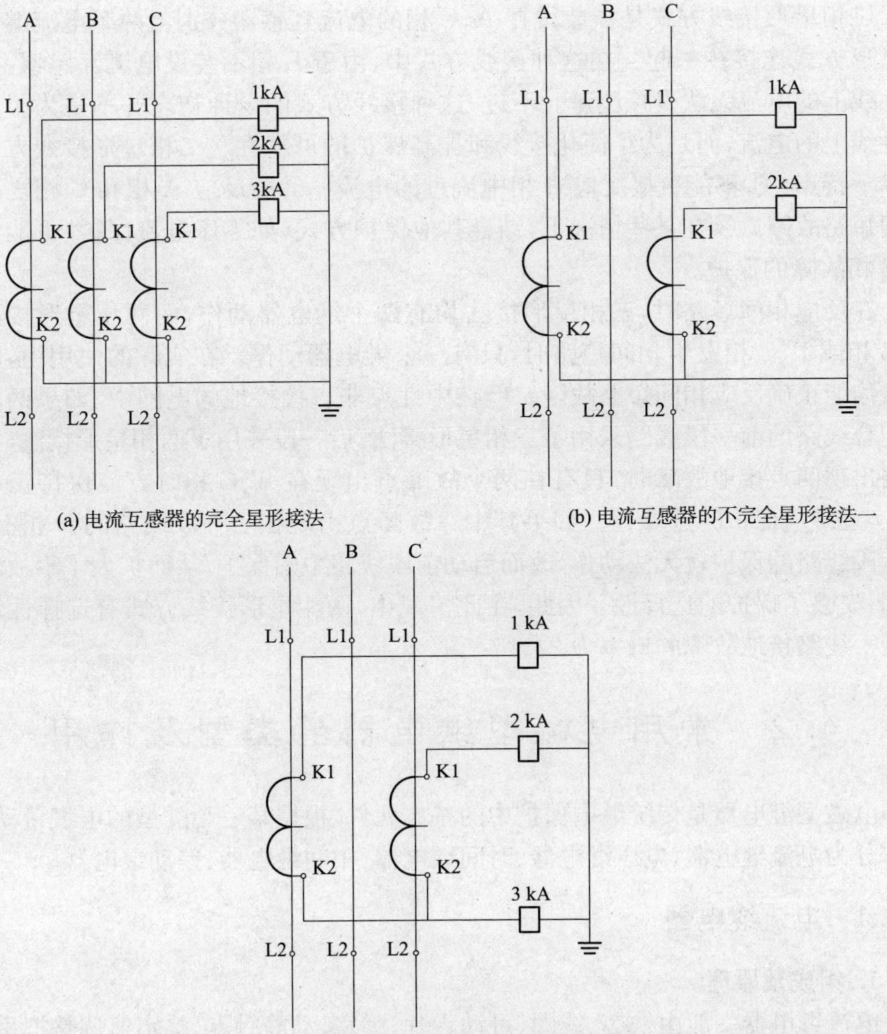

(a) 电流互感器的完全星形接法

(b) 电流互感器的不完全星形接法一

(c) 电流互感器的不完全星形接法二

图 4-3　电流互感器的接线方法

三相星形接线方式是指将三个电流互感器(分别装设在 A 相、B 相、C 相)与三个电流继电器分别按星形方式连接在一起。在这种接线方式中,互感器和继电器均接成星形,且互感器中性线上的电流是 $I_A + I_B + I_C$。在正常情况下,由于三相电流平衡,该中性线上的电流应为零。三相星形接线方式具有以下特点:①能反应各种相间短路故障。②在中性点直接接地电网中,能反应单相接地短路故障。

③任意一继电器触点闭合均可触发跳闸或启动时间继电器，实现故障快速切除。

二相星形接线方式是指装设在A、C相的电流互感器分别与两个电流继电器按星形方式连接在一起。在这种接线方式中，由于B相不装设电流互感器，因此中性线上的电流无法直接测量。不过，这种接线方式的设计初衷并不是为了测量中性线上的电流，而是为了简化接线和提高保护的可靠性。二相星形接线方式具有以下特点：①不能直接反应B相中流过的电流。②能反应A相和C相之间的相间短路故障。③在某些情况下，结合其他保护方式(如零序电流保护)也能实现对B相故障的保护。

在反应相间短路时，三相星形接法均有两个继电器动作，而两相星形接法在A、B相或B、C相发生相间短路时，只有一个继电器动作。在实际的使用中，两种接法均能正确反应相间短路故障。但在中性点非直接接地的电网中，如果两段相互配合线路的前一段线路采用了三相星形接法，后一段采用了两相星形接法，则当线路出现两点接地故障时，只有在两个故障点出现在A、C相时方能保持正确动作，实现继电保护的选择性。如果其中一故障点出现在后一段线路的B相上时，后一段线路的保护就无法动作，改而启动前段线路中的保护，从而扩大了事故停电范围，失去了保护的选择性。因此，在此情况中，两相星形接线方式有选择性地切除后一线路接地故障的概率为2/3。

4.2 常用电磁型继电器的类型及作用

电磁型继电器是传统继电保护中的基本元件，根据某一个类型的电气量动作，具体分为电流继电器、电压继电器、时间继电器、中间继电器、差动继电器。

4.2.1 电流继电器

1. 组成及原理

电流继电器一般由铁芯、线圈、可动舌片、弹簧、动静触点、整定值调整把手、刻度盘等部件构成，如图4-4所示。其动作原理是电流通过线圈产生电磁力，当电磁力作用于活动杠杆产生的力矩M_e大于由弹簧引起的力矩M_{th}时，舌片将转动，使触点闭合，发出继电保护动作信号。所以继电器动作的条件是$M_e \geqslant M_{th}$，但由于存在机械部件的摩擦阻力矩M_m，实际动作的力矩将会有所增大。因此，继电器实际动作的条件为$M_e \geqslant M_{th}+M_m$。满足继电器动作的最小电流值，称为继电器动作电流(又称启动电流)。

在继电器动作后，要使继电器能返回原位应满足的力矩条件为$M_e \leqslant M_{th}-M_m$。即弹簧产生的力矩M_{th}，在克服机械阻力矩M_m后，应超过电磁力矩，继电器方能返回，此时与 M_e 对应的电流值称为返回电流。

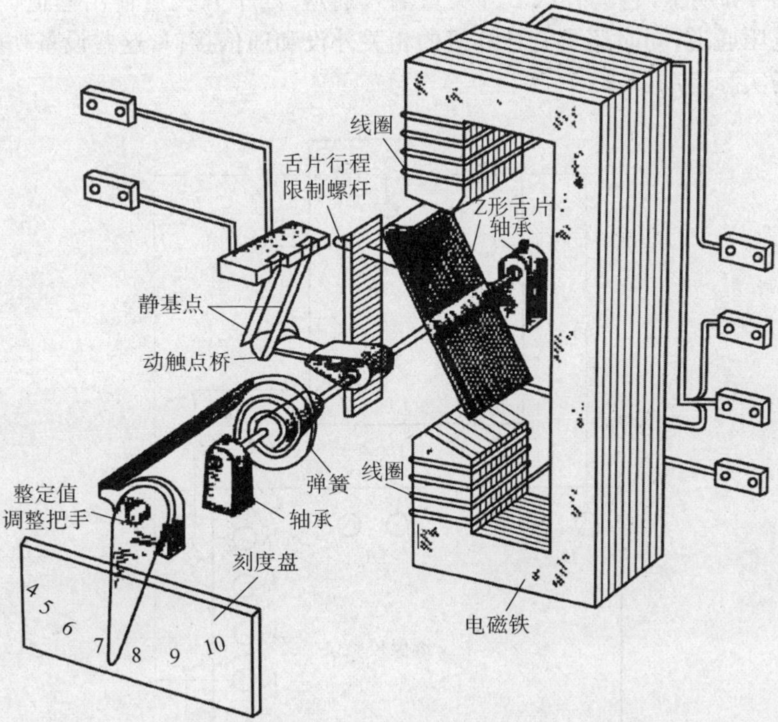

图 4-4　电流继电器结构

返回电流与启动电流之间的关系可以用返回系数衡量。返回系数是返回电流与启动电流的比值，通常情况下，返回系数恒小于 1，即返回电流小于启动电流。电流继电器的返回系数一般为 0.85～0.9，越高越好。电流继电器的启动电流可通过改变线圈匝数和弹簧张力来调整。增加线圈匝数或增大弹簧张力都会使启动电流增大，反之会使启动电流减小。因此，在实际应用中，可以根据需要调整启动电流大小，以满足保护和控制的要求。

除电磁型电流继电器外，还有晶体管型、集成电路型电流继电器。它们通常都包括电压形成回路、整流滤波回路、比较回路、执行回路及输出等组成部分。

2. 校验

(1)校验接线

DL-11/100 型电流继电器线圈串接时的校验接线原理如图 4-5 所示，4、6 端子需短接。其中 DI_1 为保护校验装置第一个开关量输入通道，DI_n 为第 n 个开关量输入通道。I_A、I_B、I_C、I_N 为三相电流输出孔。开关量、模拟量的输入/输出通道的数量及保护校验仪的性能与各个厂家的产品设计有关。HD-6940E 继保校验仪正视图如图 4-6 所示，它具有八个开关量输入通道、四个开关量输出通道、三相电流及四相电压通道，同时还具有计算机的相关外设和通信接口，这些设备功能充分满足了现场实际运用需求。

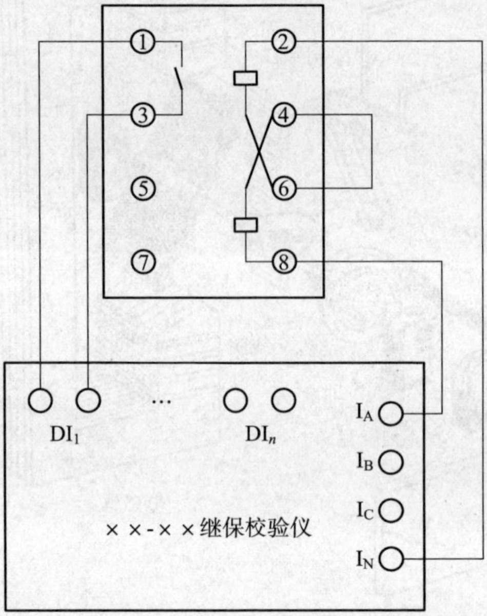

图 4-5　DL-11/100 型电流继电器线圈串接时的校验接线原理

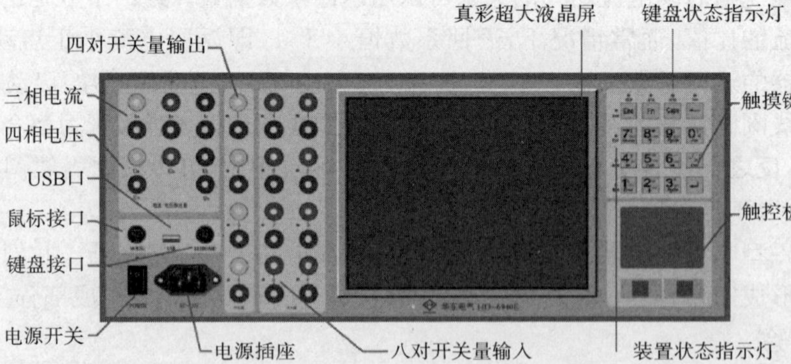

图 4-6　HD-6940E 继保校验仪正视图

(2)校验项目及要求

校验项目及要求见表 4-1。

表 4-1　校验项目及要求

检查类别	检查项目	要求或标准	备　注
机械部分检查	继电器外观检查	外观完好，可动部分接触元件无灰尘，有防尘措施	—
	触点检查	触点光洁完好，接触与返回可靠，触点距离为 1.5～2 mm 且无偏移	
	各连接部位检查	各连接部位连接可靠，无虚焊、假焊、脱焊现象	
	舌片活动情况检查	Z 形舌片活动灵活，无卡阻现象，舌片活动范围在 7°左右，上下间隙不小于 0.5 mm	
	游丝、轴承、刻度盘把手等部件检查	游丝或轴承垂直，层间距均匀、平整，刻度盘把手固定后不自由移动，把手与传动弹簧杆夹角为 90°	
绝缘检测	二次回路绝缘电阻测量	线路对地的绝缘电阻不得低于 50 MΩ，线圈间绝缘电阻不得低于 20 MΩ	当二次回路额定电压为 48 V 及以下时，可选用 500 V 的兆欧表；当二次回路额定电压为 110 V 或 220 V 时，选用 1 000 V 的兆欧表进行测量
	交流耐压试验	继电器的导体对地能够承受 50 Hz，1 000 V 的交流电压 1 min	当无交流耐压设备时，可以用 2 500 V 兆欧表代替，但必须断开或短接绝缘水平低于 1 000 V 的元器件
大电流冲击试验	用 50 A 以上的大电流冲击	触点应接触良好，不应有抖动、鸟啄现象，触点在闭合和断开过程中应平稳，无异常声响；舌片灵活、无卡阻，在动作过程中应能自由移动，不受任何阻碍	—
		触点闭合数次后应保持完好、无损伤，且继电器动作定值仍在允许范围内	
继电器整定值试验	整定值刻度位置检查	继电器动作整定值应在允许范围内。整定值刻度应≥全刻度的 1/3	—
	整定动作电流校验	整定点动作电流值与整定值误差≤3%。通以 95%整定值试验电流时，继电器应可靠不动作。通以 1.2 倍动作电流时，继电器应动作，且动作时间≤0.15 s	
	时限特性试验	通以 1.2 倍动作电流时，继电器动作时间应≤0.15 s	
	返回系数 K_h 校验	K_h＝返回电流/动作电流，其值应为 0.85～0.95	
	多组运行定值检查	如在运行中需改变定值，需对各个整定各点的动作电流实施校验，并做好标识	

4.2.2 电压继电器

1. 原理

电压继电器在电力系统电压升高或降低时动作，是一种用于保护发电机、变压器、输电线路及电动机等设备的保护装置。当被保护设备的电压发生变化时，它能够根据预设的整定值进行相应动作，从而实现对电路的保护和控制。

电压继电器的工作原理与电流继电器基本一致，但也有其自身的特点。与电流继电器接在电流互感器二次侧不同，电压继电器接于电压互感器二次侧。在电压继电器中流过的电流并非直接反映一次侧的电流，而是与加在电压继电器上的电压及其阻抗有关。电压继电器的电磁力矩与继电器端子上的电压平方成正比。

为了减少继电器误动，避免轴承磨损，对于经常接入低电压的继电器，其整定值应不小于全刻度盘的1/3。这是因为当电压较低时，继电器内部的电磁力较小，如果整定值设置得过低，容易导致继电器在微小电压波动下误动作。在使用电压继电器时，应确保其与电压互感器的接线正确无误；应定期对电压继电器进行检查和校准，以确保其动作准确、可靠。在选择电压继电器时，应根据实际保护需求选择合适的型号和规格。

2. 校验

(1)校验接线

DJ-111型电压继电器线圈串接时的校验接线原理如图4-7所示，4、6端子需短接。其中端子1、3接入继保校验仪的DI_1通道，电压输出端子U_A、U_N分别接入串联线圈的8、2端子。

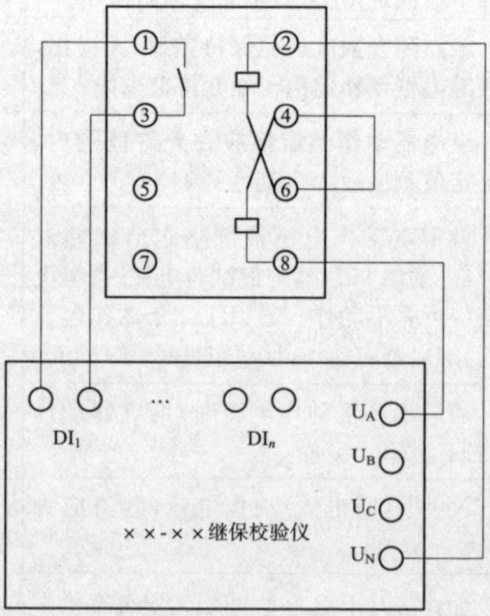

图4-7 DJ-111型电压继电器线圈串接时的校验接线原理

(2)校验项目及要求

校验项目及要求见表 4-2。

表 4-2　校验项目及要求

检查类别	检查项目	要求或标准	备　注
机械部分检查	与电流继电器一致		
绝缘检测	与电流继电器一致		
电压冲击试验	在额定电压下	电压继电器触点应无振动或抖动	—
	对于过电压继电器	当施加 110%的额定电压冲击时，电压继电器触点不应振动或出现鸟啄现象，舌片活动灵活、无卡阻，动触点在静触点上的滑移距离不超过其触点长度的 2/3	试验时，电压刻度调整手柄应在最小刻度位置
	对于低电压继电器	当施加的电压从额定电压均匀下降至动作电压和零值时，触点应无振动或鸟啄现象	—
	冲击试验后的触点完好度检查	在实际负荷状态下，施加冲击电压动作数次后，触点应完好无损，且继电器动作定值不超过许可范围	—
继电器整定值试验	整定动作电压校验	整定点动作电压值与整定值误差≤3%，当施加 95%整定电压时，继电器应可靠不动作	—
	动作时间检查	对于过电压继电器，当通以 1.2 倍动作电压冲击时，继电器动作时间应≤0.15 s。对于低电压继电器，其时限特性一般不作校验	
	返回系数 K_h 校验	K_h＝返回电压/动作电压，对于过电压继电器，其值应为 0.85～0.95；对于低电压继电器，其值应为 1.05～1.25	

4.2.3　时间继电器

1. 原理

传统的时间继电器主要采用机械式钟表机构取得延时效果，这种继电器通过机械结构的转动和摩擦来实现延时功能，其延时范围和时间精度受到机械结构的限制。此外，还有一种利用电磁原理构成启动机构的时间继电器，它利用电磁铁的动作来控制触点的闭合和断开，从而实现延时控制。

新型计算机保护装置通过集成时间元件来获得延时效果，具有延时准确、可靠性高等优点。与传统的时间继电器相比，计算机保护装置的延时元件在延时准确性上无疑要更胜一筹。计算机保护装置采用数字电路和微处理器技术，能够实现精确的延时控制和保护功能，大大提高了电力系统的可靠性和安全性。然而，尽管计算机保护装置在延时准确性方面具有优势，但在传统控制回路中，传统时间继电器仍然具有实用性。这是因为传统时间继电器具有结构简单、易于维护、成本低廉等优点，能够满足一些基本控制需求。在一些对延时精度要求不高的场合，传统时间继电器仍然是一种经济实用的选择。

2. 校验

(1)校验接线

DS-111 型时间继电器的校验接线原理如图 4-8 所示。

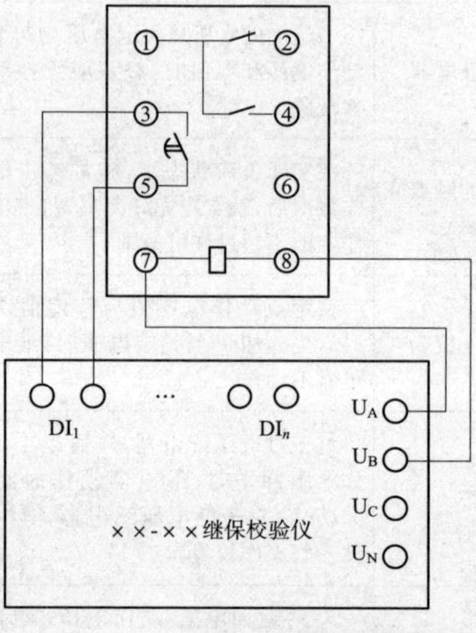

图 4-8 DS-111 型时间继电器的校验接线原理

(2)校验项目及要求

校验项目及要求见表 4-3。

表 4-3 校验项目及要求

检查类别	检查项目	要求或标准	备 注
机械部分检查	内外部连接及触点情况检查	继电器各部件外观完好，连接部分牢固，无虚焊、假焊、脱焊等现象，压接良好。触点光洁、完好，能良好接触或可靠分开	—

续上表

检查类别	检查项目	要求或标准	备　注
机械部分检查	可动系统检查	当把时间刻度放至最大值，用手按住衔铁，时钟应转动均匀、无卡阻。迅速释放衔铁，动触点应迅速返回原位；缓慢释放衔铁，应无卡阻现象，动触点亦能返回原位	—
	时间刻度调整以后的稳定度检查	时间刻度在调整以后不能自由移动，继电器的额定电压和电阻的设计应满足线圈的热稳定性要求	一般来说，对于不附加电阻的时间继电器，在 110% 的额定电压下，其线圈的持续通电能力只有 2 min
绝缘检测	与电流继电器一致		
动作电压与返回电压检查	动作电压	对于直流时间继电器，应不高于额定电压的 70%；对于交流时间继电器，应不高于额定电压的 85%	动作电压指的是使继电器衔铁完全吸下的最小冲击电压
	返回电压	继电器的返回电压应不低于额定电压的 5%	—
继电器整定值试验	动作时间检测	在额定电压下测量时间继电器的动作时间，每点测 5 次以上，取其平均值，要求与刻度值的误差不超过 5%	—
	整组试验后的触点情况检查	在实际负荷下，通过继电器保护整组试验后，时间继电器的触点应保持完好	

4.2.4　中间继电器

1. 组成及原理

中间继电器的主要作用是，当继电保护系统需要同时闭合或断开几个回路，或要求比较大的触点容量和触点数量时，用中间继电器实现信号的扩展和转换。按接线方式可分为两种情况，一种是线圈与电压回路并联（并联线圈），另一种是线圈与电流回路串联（串联回路）。

中间继电器一般都按电磁原理构成，其结构如图 4-9 所示。中间继电器一般包括电磁铁、线圈、衔铁、动触点、静触点、反作用弹簧及铁芯等构件。中间继电器的作用原理是线圈上电后，电磁铁将产生电磁力吸合衔铁，衔铁带动常开或常闭触点，使其闭合或断开，当外加电压消失后，反作用弹簧将拉动衔铁使其恢复原位。

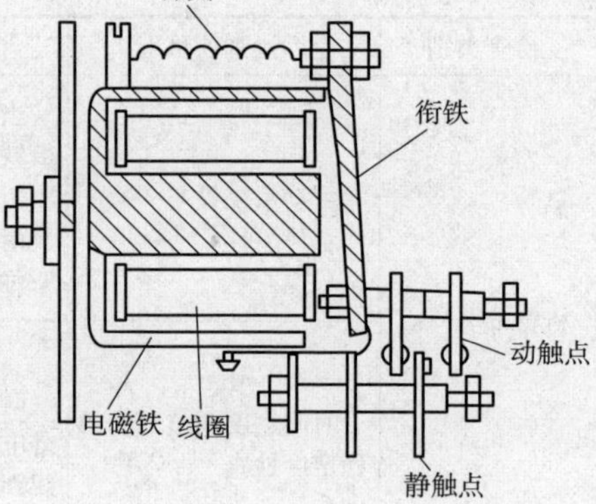

图 4-9 电磁式中间继电器结构

除了电磁式直流中间继电器外，还有电磁式交流中间继电器，与直流中间继电器相比，这种继电器可以直接接入电流互感器的二次回路，接入与否可由其他继电器的触点来控制。因交流中间继电器直接串接在电流回路中，故有时也称串联中间继电器，其动作原理也遵循电磁作用原理，但在内部构件上，它增加了桥式整流器和饱和变流器，因此，经桥式整流器和饱和变流器后，作用在中间继电器线圈上的电流仍然是直流。

2. 校验

(1)校验接线

DZB-138 型中间继电器的校验接线原理如图 4-10 所示，其电压线圈的 1、2 端子及电流保持线圈 3、4 端子所施加的电压、电流均为直流量。

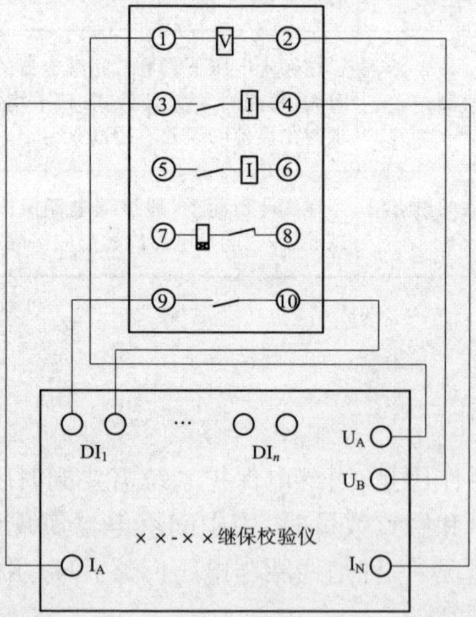

图 4-10 DZB-138 型中间继电器的校验接线原理

(2)校验项目及要求

校验项目及要求见表 4-4。

表 4-4　校验项目及要求

检查类别	检查项目	要求或标准	备　注
机械部分检查	外观及连接件检查	焊接点完好,无虚焊、假焊、脱焊现象。螺栓紧固,导线压接良好正确,各部件无变形、损坏。可动衔铁活动灵活,继电器线圈规格及所附阻值与原理设计要求及铭牌标识一致	中间继电器有多余触点时应尽可能并联使用,接线应连接在接线端子上,不应连接在继电器内部
	触点检查	触点表面光洁,接触与返回可靠,具有良好的断流能力。在额定负荷下动作数次后,触点应无烧损现象,常开触点间距≥2 mm	
绝缘检测	二次回路绝缘电阻测量	线路对地的绝缘电阻不得低于 50 MΩ	当二次回路额定电压为 48 V 及以下时,可选用 500 V 的兆欧表;为 110 V 或 220 V 时,应选用 1 000 V 的兆欧表进行测量
	交流耐压试验	继电器的导体对地能够承受 50 Hz, 1 000 V 的交流电压 1 min	在无交流耐压设备时,可以用 2 500 V 兆欧表代替,但必须断开或短接绝缘水平低于 1 000 V 的元器件
线圈极性检查	动作线圈与保持线圈极性检查	对有保持线圈的中间继电器(直流继电器),动作线圈与保持线圈之间要求同极性,因为只有同极性才能起保持作用	—
继电器整定值试验	动作、返回及保持值检查	对于出口中间继电器,一般要求其动作值为额定电压的 55%～70%;对于其他中间继电器,要求其动作值为额定电压的 30%～70%或不大于额定电流的 70%。返回电压(电流)则不大于额定值的 5%。对具有保持线圈的中间继电器,要求电流保持线圈的保持电流不大于 8%的额定电流,电压保持线圈的保持电压不大于 65%的额定电压	—
	时限特性试验	在额定电压下的动作时限≤0.06 s	

4.2.5　差动继电器

1. 原理

在由一个三柱式铁芯的速饱和变压器和一个电流继电器组成的差动继电器

中，中间柱绕有差动线圈 L_{op} 和平衡线圈 L_{b1} 及 L_{b2}，两个边柱则分别绕有制动线圈 L_{brk} 和二次线圈 L_{sec}，其中制动线圈及二次线圈一分为二，分别绕在两个边柱，两个边柱上的 $L_{sec}/2$ 同向串联，而两个制动线圈 $L_{brk}/2$ 则反向串联。Φ_{brk} 为由制动电流产生的磁通，Φ_{op} 为差动电流产生的磁通。Φ_{brk} 在两个二次线圈上感应出来的电流大小相等，方向相反，因此不会使电流继电器动作；Φ_{op} 在二个边柱的二次线圈 $L_{sec}/2$ 上感应出的电流大小相等，方向相同。因此，在与电流继电器线圈组成的回路中形成环流，只要环流的大小达到电流继电器的动作值，继电器将动作并驱动变压器高低压侧断路器跳闸。

2. 校验接线

校验项目及要求见表 4-5。

表 4-5 校验项目及要求

检查类别	检查项目	要求或标准	备　注
机械部分检查	外观及连接件检查	螺栓紧固，导线压接良好，各部件无变形、损坏	中间继电器有多余触点时应尽可能并联使用，接线应连接在接线端子上，不应连接在继电器内部
	执行元件检查	衔铁活动灵活、无卡阻，游丝平整、间距均匀，触点间距≥2 mm，动作要有超行程，触点接触可靠。动作电压为 1.5～1.56 V，动作电流为 220～230 mA，返回系数为 0.7～0.85	
绝缘检测	导体与外壳绝缘电阻测量	导体与外壳的绝缘电阻不得低于 50 MΩ	—
继电器特性试验	无制动安匝时的启动安匝检查	为(60±4)安匝	—
	各绕组正确性检查	要求各绕组面板插孔上所标匝数与实际的匝数相符	—
	制动绕组与二次绕组间的无互感检查	在制动绕组通入 10 A 电流时，二次绕组上的感应电压应≤40 mV	—
	制动特性检查	检查过程中，需设定制动电流为一定值(如 20 A)，并逐步增加工作电流，观察两者之间的差值及相位关系。当工作电流对制动电流的超前角在一定范围内(如 0°～90°)变化时，制动系统应保持稳定，不应有误动作	—
	可靠系数检查	工作线圈及平衡线圈均置于最大匝数，通以 1 倍动作电流，记录此时二次绕组上的感应电压 U_1，通以 2 倍、5 倍动作电流并记录相应的电压 U_2、U_5，要求 $U_2/U_1 \geqslant 1.2$，$U_5/U_1 \geqslant 1.35$	—

续上表

检查类别	检查项目	要求或标准	备　注
继电器特性试验	动作时间检查	当通以 3 倍工作电流时，继电器的动作时间应≤0.35 ms	—
投运前检查	空载投入试验	当差动保持装置全部检验完毕，确定其接线及整定值准确无误后，应在变压器高低侧进行 5 次空载闭合冲击试验，差动保持装置应能可靠不动作	—

4.3　地铁变电站继电保护

4.3.1　地铁主变电站继电保护

1. 110 kV 系统继电保护的主要类型和内容

在地铁 110 kV 系统中，主要设置过流保护、变压器差动及瓦斯保护、零流保护等多种保护类型。

其中变压器差动及瓦斯保护作为变压器的主保护，分别反应变压器绕组及引出端故障和油箱内故障，两者配合使用基本上可以切除与变压器相关的各种故障。过流保护则作为变压器的后备保护，在整定时避开变压器可能出现的最大负荷电流整定，并取一定的可靠系数。因为 110 kV 侧属于大电流接地系统，短路概率比较大，为了防御母线和引出线上可能出现的接地短路，一般都装设有零序电流保护，作为变压器或相邻元件的后备保护。

2. 35 kV 系统继电保护的主要类型和内容

在主变的 35 kV 系统中，主要配置过流、零流保护等类型。系统装设接地变用于构造 35 kV 系统的接地点，为系统零流保护的装设创造条件，接地变本身装设过流保护，用于防御接地变自身内部出现的短路故障。35 kV 系统母线还设置了母线分段自切功能。

3. 10 kV 系统继电保护的主要类型和内容

10 kV 系统主要配置有定时限过流、零流、反时限过流、定时限速断等保护类型。

4. 主变电站内继电保护的配合

在地铁主变电站中，差动保护与瓦斯保护配合作为变压器的主保护。差动保护以避开变压器励磁涌流及外部穿越性故障电流在二次系统中可能出现的最大不平衡电流为原则进行整定。过流保护则以避开二次侧可能出现的最大负载电流为原则，一般综合系数为 2～4，过流保护作为变压器的后备保护。接地变一般装设过流和零流保护，其中过流一段为瞬时过流保护，用于防止接地变自身内部或引线端出现的短路故障,过流二段为定时限过流保护,为接地变后备保护。零流一段、二段均为防止低压侧供电系统可能出现的接地故障,其中零流一段按避开下一母线出口处出现单相或两相接地时可能出现的最大不平衡电流来整定,取一定的可靠系数(一般为1.2~1.3)。

4.3.2 变压器瓦斯保护和差动保护

1. 变压器瓦斯保护

瓦斯保护是一种因油箱内部产生的气体或油流而动作的保护类型。它又分为轻瓦斯保护和重瓦斯保护。瓦斯保护只能反映变压器油箱内部的故障,无法反映变压器外部端子上的故障情况。重瓦斯保护是靠油流的冲击而动作的,油流的速度不恒定(即不稳定),且断路器瞬间有足够的动作时间来执行跳闸操作。为了防止短时闭合(即防止断路器在短时间内重复开合)造成动作不可靠,出口中间继电器需采用"自保持"回路以确保其稳定动作。一般情况下,400 kV·A及以上的车间内油浸式变压器或800 kV·A及以上的油浸式变压器,应装设瓦斯保护。

气体继电器是构成瓦斯保护的重要元件。它安装在油箱和油枕之间的连接管道上。为了使气体能通畅地流过气体继电器,变压器安装时应使其顶盖沿气体继电器的方向与水平面有1%~1.5%的升高坡度,而气体继电器经油枕的连接管道则应有2%~4%的升高坡度,如图4-11所示。

旧式瓦斯继电器(浮筒式水银接点继电器)运行尚不够稳定,抗振能力差,容易因振动导致水银流动造成误动作。开口杯挡板式瓦斯继电器具有较高的耐振能力,动作可靠。因此,目前在我国电力系统中推广应用的是开口杯挡板式瓦斯继电器,其结构如图4-12所示。正常情况下、上、下开口杯均浸在油中,由于开口杯和附件在油内的重力矩小于平衡锤的重力矩,因而开口杯向上倾。在轻微故障时,油内部所产生的少量气体聚集在气体继电器上部,气体的压力使油面下降,上开口杯露出油面。由于浮力减小,开口杯和附件在空气中的重力加上杯内油的重力产生的力矩大于平衡锤产生的重力矩,故开口杯将按顺时针方向转动,并带动永久磁铁靠近干簧触点,使触点闭合,从而发出轻瓦斯保护信号。当变压器油箱内产生严重故障时,大量的气体和油流将直接冲击挡板,使下开口杯按顺时针方向转动,并带动永久磁铁靠近下部干簧,使触点闭合发出重瓦斯保护动作信号。

一般情况下,轻瓦斯保护信号用于报警,重瓦斯保护信号用于跳闸。在接线方式上,上开口杯的触点可直接接入信号报警继电器回路,下开口杯的触点则应接入一个具有电流保持线圈的中间继电器来驱动跳闸,这主要是为了防止下开口杯在大量气流作用下,由于油流不稳定而造成干簧触点的抖动,使断路器无法可靠跳闸,跳闸中间继电器的自保持可由断路器辅助触点断开。

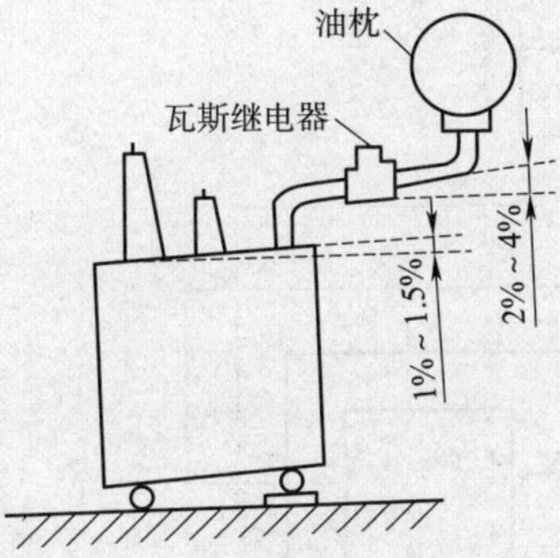

图 4-11　瓦斯继电器安装示意

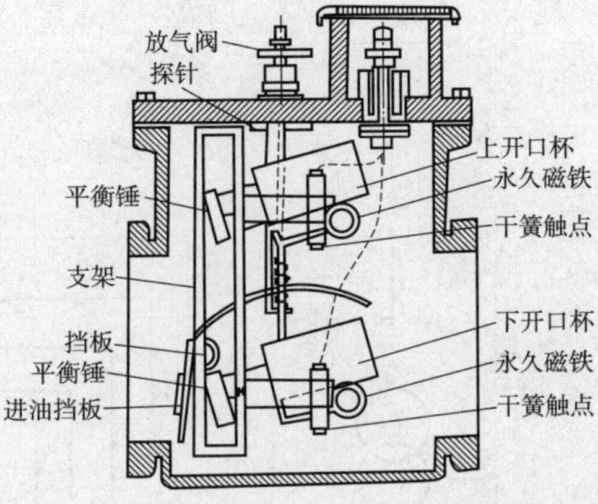

图 4-12　开口杯挡板式瓦斯继电器结构

在地铁供电系统的实际运用中，一般将轻、重瓦斯保护信号接入计算机保护装置中，由计算机对保护信息进行采集判断，并通过站控自动化系统将保护信息上传至监控工作站或控制中心做记录或处理。

2. 变压器差动保护

变压器差动保护是一种反映变压器内部故障的保护类型，其基本原理是流入变压器的能量与流出变压器的能量理论上应该相等（除去变压器的励磁及漏磁损耗），实际使用中往往以电流的形式来反映。差动保护分为纵差与横差两种保护。地铁中使用的无论是变压器差动保护还是线路差动保护都属于纵差保护。变压器差动保护的接线原理如图 4-13 所示，通过选择合适变比的电流互感器，可使得高压侧及低压侧电流互感器二次侧产生的电流比较接近，电流继电器线圈上流过的电流即为高低压电流互感器二次侧电流的差值，理论上差值应为 0，但实际使用中由于高低压侧电流互感器型号变比的不同，这个固有的差值电流是存在的。也就是说，正常情况下，电流继电器线圈是有电流通过的，在这个电流作用下，继电器不应误动作。而在变压器内部故障的情况下（如短路），故障电流在电流互感器二次侧差动电流继电器线圈中的电流远大于正常的电流差值，导致继电器动作，跳开高低压侧断路器。多线圈的变压器差动保护原理与双线圈的变压器差动保护原理完全一致。

在实际运用中，差动继电器的整定值应大于以下因素引起的不平衡电流：

①由变压器励磁涌流所产生的不平衡电流。在变压器空投时，励磁涌流中将含有大量的谐波分量，其中以二次谐波及五次谐波为主。为防止变压器励磁涌流导致误动作，一般采取制动措施。目前使用的计算机型变压器差动继电器也设置了二次谐波及五次谐波制动的功能选项，用户可根据需要启用或关闭。

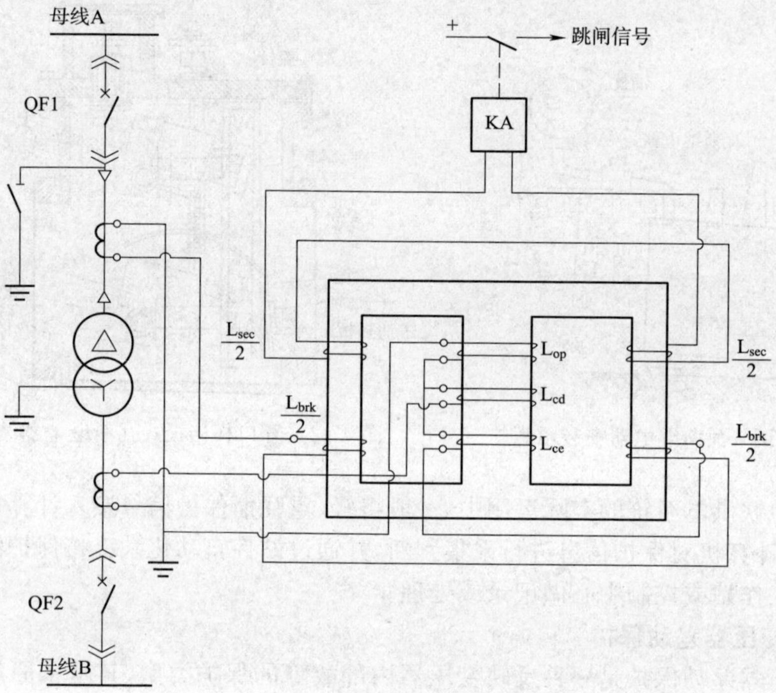

图 4-13　变压器差动保护的接线原理

②由变压器两侧相位不同而产生的不平衡电流。

③由计算变比与实际电流互感器变比的不同而产生的不平衡电流。

④由两侧电流互感器的不同型而产生的不平衡电流。

⑤由变压器带载调压产生的不平衡电流。

⑥由穿越故障引起的不平衡电流。

当不考虑制动线圈的作用时，差动线圈与二次线圈实际上就是一个饱和变流器，因此它可以有效消除不平衡电流或励磁涌流中的非周期分量。使用中将在这种情况下的继电器动作电流称为最小工作电流，用 I_{kact} 表示。但当考虑制动线圈的作用时，它就有了更好地避开穿越性故障不平衡电流的性能。因为在穿越性故障情况下，随着一次故障电流增大，制动电流 I_{brk} 也随之增大，从而使两边柱的磁通饱和，磁导率降低。在这种情况下，要使电流继电器动作，就必须加大差动线圈 L_{op} 的电流。在 I_{brk} 一定的情况下，制动线圈 L_{brk} 匝数越多，制动能力就越强，动作电流 I_{kact} 也就增加得越多。通过试验可以获得继电器动作电流与制动电流之间的关系，即 $I_{kact}=f(I_{brk})$ 制动曲线，如图 4-14 所示，其与水平轴的夹角为 α，$\tan\alpha$ 为制动系数，用 K_{brk} 表示。为了保证继电器在内部故障的情况下能可靠动作，一般 $K_{brk}=$

$I_{kact}/I_{brk}=\tan\alpha$（范围为 0.5～0.6）。

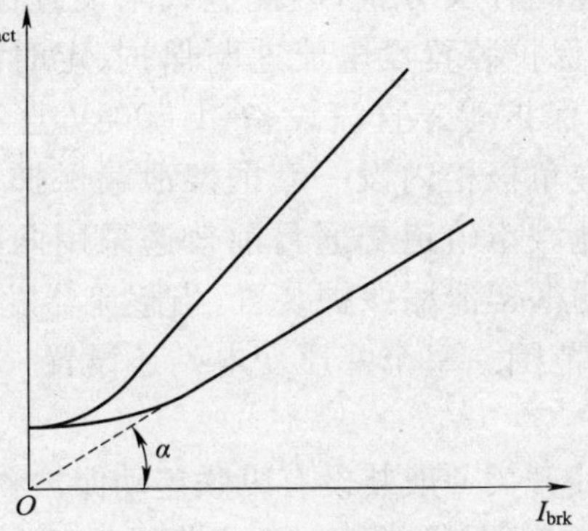

图 4-14 制动曲线

制动功能的引入，使得变压器在穿越性故障的情况下，能够可靠地不动作，因为动作电流将随着制动电流的提高而成倍提高。但在变压器内部故障的情况下，差动继电器能迅速地作出反应并驱动跳闸。

4.3.3 地铁牵引变电站继电保护

1. 地铁牵引变电站继电保护

地铁牵引变电站的主要作用是将 35 kV 交流电经牵引整流变压器变压后，降为 1 220 V 交流，再经三相桥式整流（全波）后输出理论值为 1 720 V 左右的每周期 24 脉动波形的直流电（图 4-15），该直流电通过高速直流开关馈往接触网，用作列车牵引动力源，再通过列车的受电弓将电能引入列车的驱动系统。

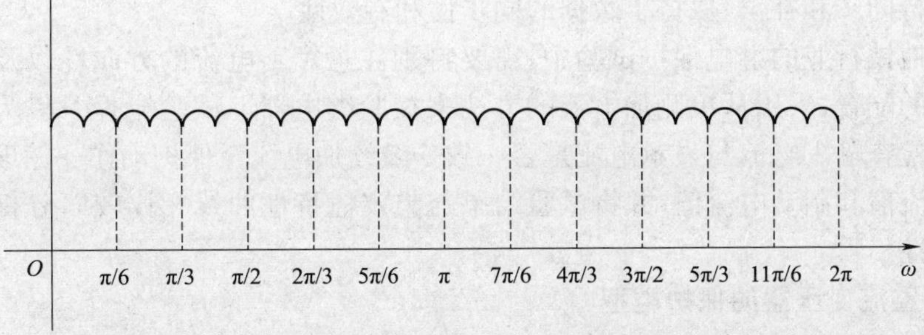

图 4-15 整流后 1 500 V 母线上获得的 24 脉波直流电压波形

牵引变电站的进出线中主要有纵联差动保护及过流、零流、（欠）失压保护等保护类型。在整流变压器馈线中装设有变压器温度保护、二极管监视保护、整流柜母排温度保护、散热器温度保护等保护类型。在DC 1 500 V系统中,上海地铁进线开关采用电动隔离开关方式,因此进线未设置保护装置。馈线断路器本体设大电流脱扣保护,保护装置设电流速断保护、定时限过电流保护、双边联跳保护、接触网热过负荷保护等。直流设备(1 500 V直流开关柜、整流器及负极柜)对地绝缘安装后,在负极柜内设一套框架泄漏保护,框架泄漏保护包括电流元件和电压元件。其他城市轨道交通目前普遍采用两套框架泄漏保护方案,整流器负极柜设置单独的框架泄漏保护装置,当整流器发生框架泄漏故障时,不联跳临所,能够缩小故障范围。每个降压变电站还设置一台钢轨电位限制装置。

2. 35 kV进线保护

35 kV进线、联络线开关一般装设有纵联差动保护和过流保护,其中过流保护又启用了反时限和定时限等具体类型。在上海地铁3号、5号线等地铁线路的供电系统中,为最大限度确保地铁安全运营,35 kV相邻联络站点采用了进线、联络线"四投三"的运行方式。在某一站点35 kV进线失压的情况下,能自动断开失压线路进线开关,并自动合上联络开关,通过联络线实现由相邻牵引站往本所供电,这种运行方式对地铁的安全运营是极其重要的。

3. 线路纵联差动保护

35 kV进线或联络线一般均装设线路纵联差动保护(简称线路纵差保护),该保护为进线电缆或联络电缆的主保护。它依据流入电缆的电流与流出电缆的电流相等(除去远离输电时的电容电流)工作。

目前上海地铁使用比较多的是7SD系列(数字式)差动继电器。特别是新开发的线路中,全部采用了功能先进的数字式光纤纵联差动保护继电器,原理如图4-16所示。线路两端装设的继电器实时采集线路上通过的电流值,通过光纤与另一侧继电器进行数据交换,以便进行差、制动电流分析。两台差动继电之间采用软件进行同步和补偿,保持了数据的同步性和有效性。

在地铁行业的继电保护试验中,需要特别注意短路电流的方向性以及现场试验电源的配置,采用从单侧加电流的方法来校验继电器。试验流程一般为单侧加电流→检查输入电流与显示电流是否一致→继续加电流至保护动作→读取并记录差动电流值和制动电流值,并将试验结果与整定值特性曲线相比较以分析其动作的准确性。

4. 整流变压器的保护类型

整流变压器柜一般配备电流速断保护、延时过流保护、零流保护及反时限过流保护等保护类型,同时装设变压器超温保护。在以上保护类型中,电流速断保护为主保护,其余为后备保护。变压器的过负荷保护通过电流继电器的反时限来实现。

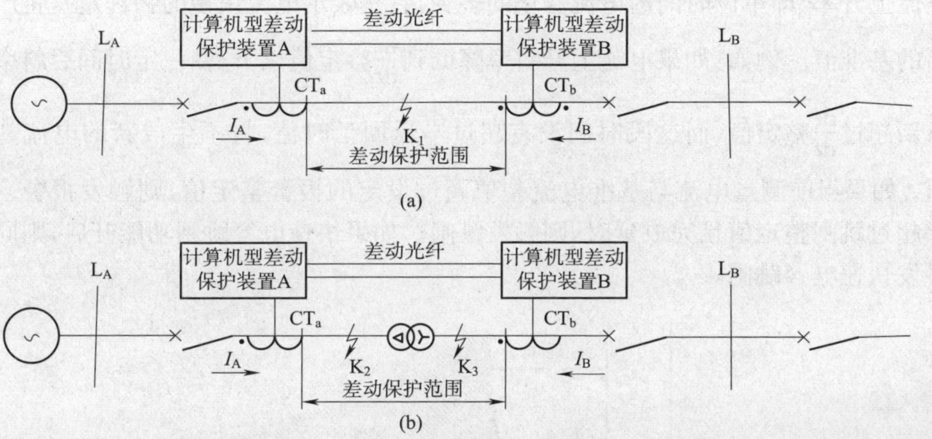

图 4-16　计算机型纵联差动保护原理

5. 整流器的保护类型

在地铁牵引供电的整流器中，一般装设有二极管快速熔断器故障报警/跳闸（即所谓一报警二跳闸）、散热器超温报警/跳闸（或热敏装置报警/跳闸）、母排超温报警/跳闸。这几类跳闸将使整流变的 35 kV/33 kV 开关跳闸，使整流器组退出运行。

6. 牵引变电站继电保护配置实例

在地铁牵引供电中，在 35 kV 进线或联络线中配置了 7SD 系列线路差动计算机保护用于与上游差动继电器配合，保护 35 kV 进线或联络线电缆，并配备了 7SJ 系列过流保护装置，作为 35 kV 的母线保护。另外，为了实现相邻站进线及联络线之间的“四投三”功能，还装设了 7SJ 保护装置，用于检测两侧进线的欠失压情况，相应的欠失压信号经逻辑处理，自动实现相邻联络站之间的“四投三”功能。

7. 直流高速开关的保护类型和内容

在直流高速开关中，配备了过流、速断及热保护等类型，这些保护类型与交流系统同一类型的保护在原理上具有相似性，本书中不作论述。除此之外，直流高速开关还配备有直流系统特有的保护类型，如电流上升率保护（包括远端及近端）、联跳保护等。同时，直流开关还装设有本体保护，这也是直流开关独立于直流保护装置之外的最后一道保护。

以上海地铁路网中使用较多的 Sitras PRO 保护装置为例，简要分析保护装置的保护原理。图 4-17 是 Sitras PRO 电流增量（ΔI）特性图。它的作用是在达到最大的短路电流之前检测到短路，并发信跳闸。这对于直流供电系统的安全具有极其重要的作用。在 ΔI 监视模式下，计算生成新电流测量值与内部保存的基准电流值之间的电流差值 ΔI。如果电流上升斜率低于某个$\frac{di}{dt}$值（$\frac{di}{dt}$在直流保护中表示电流上升率，即单位时间内电流变化的多少，它是表示电流快慢的物理量），将产生新的基准值。例如：如果电流上升斜率降低到$\frac{di}{dt}$整定值以下，在一定时间后斜率又重新超过$\frac{di}{dt}$整定值，而这段时间没有超过$\frac{di}{dt}$返回延时值，将不生成新的电流基准值。如果当前测量电流与基准电流差值超过设定的报警整定值，则触发报警。如果超过跳闸整定值且完成延时，则触发跳闸。如果快速电容跳闸功能开启，则同时触发快速电容跳闸。

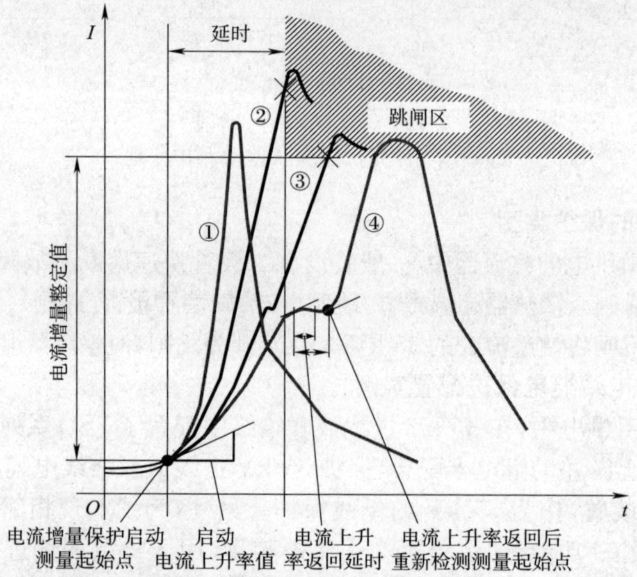

图 4-17　Sitras PRO ΔI 特性图

通过延时可以避免电流尖峰引起的 ΔI 误动作。延时整定值通常设置为 3～5 ms。参考值与测量值的时间差为 100 μs。

以下为图 4-17 中的四条典型电流曲线的差异：

①由于电容充电使电流以陡峭的斜率上升，电流上升至最大值后迅速回落到正常负荷电流值。

不跳闸：ΔI 延时值未达到。

②迅速上升的电流超过 ΔI 保护延时整定值及允许（预先设定）的 ΔI 保护电流上升率。

跳闸：ΔI 保护跳闸整定值及延时整定值都达到。

③迅速上升的电流超过 ΔI 保护允许（预先设定）的电流上升率。$\frac{di}{dt}$返回延时

值未达到。

跳闸：ΔI 保护跳闸整定值及延时整定值都达到。

④在电流上升过程中有所中断，并达到了预设的$\frac{di}{dt}$返回延时值。重新开始 ΔI 保护的电流测量及计算。电流值虽然达到了 ΔI 保护跳闸整定值，但保护动作条件并未完全满足。

不跳闸：$\frac{di}{dt}$返回延时值达到，ΔI 保护返回并重新开始。

ΔI 保护适合于近端短路保护。图 4-18 为上升率保护的远端短路保护特性，当$\frac{di}{dt}$连续超过预设值并达到设定的延时时间时，保护将动作并发出跳闸信号。

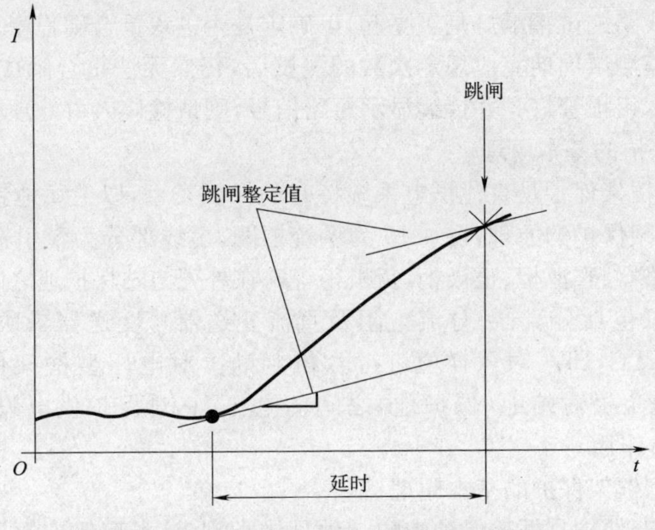

图 4-18　上升率保护的远端短路保护特性

8. 直流$\frac{di}{dt}$保护、ΔI 保护的判断和基本处理方法

直流供电系统$\frac{di}{dt}$保护和 ΔI 保护是直流（上升率）保护中的两种具体形式，其中$\frac{di}{dt}$保护适用于远端故障，而 ΔI 保护则适用于近端故障保护，不同厂家的产品对$\frac{di}{dt}$及 ΔI 保护的描述各不相同，但原理基本一致。

一般情况下，可通过在液晶屏查看故障信息判断是$\frac{di}{dt}$保护还是 ΔI 保护。

通过判断是 ΔI 保护动作还是 $\frac{di}{dt}$ 保护动作初步判断故障点靠近哪一个牵引站，从而为快速故障处理争取时间。该类型保护动作跳闸后，系统将进入自动重合闸程序，PLC 或计算机保护装置将启动线路测试，检测线路残余电阻值是否满足要求，如果残余电阻值大于系统设定值，则发出合闸命令，否则进入新一轮测试程序，一般来说，线路测试的次数设定在 3～5 次，如果重复完设定次数的线路检测后，仍然检测到线路残余电阻低，则闭锁线路重合闸，并发出“持续短路”或类似的相关故障信号。

根据以上分析的保护动作流程，可以看出，对于运修人员来说，在保护动作后，只需要做以下几项工作：

(1)观察指示灯或两台 HMI 液晶屏，观察保护的动作类型。

(2)观察线路测试指示灯是否亮起，以确定是否进入重合闸程序。

(3)如线路测试周期完成规定次数的测试后，仍然无法重合闸成功，并且显示线路测试封锁，组报警灯亮并持续显示短路信号，则请检修人员处理。

9. 框架保护的基本原理

牵引系统框架保护是直流供电系统特有的保护类型，以上海地铁 1 号线旧线为例来说明框架保护的原理，图 4-19 为系统框图，虚线部分为牵引系统设备外壳(包括直流断路器、整流柜、正极柜、负极柜等)，在外壳与站保护地之间装设有电流泄漏检测装置(包括分流器、分流电阻及直流变送器)，变送器二次侧电流(0～20 mA)送往 PLC，PLC 对采样值进行分析判断。对电压型框架保护而言，采样值代表的是负极对站地(保护地)之间的电压，它对保护供电设备的安全具有极其重要的作用。

(1)电压型框架保护的基本原理

电压型框架保护是框架保护中的一种具体类型，该类型保护的采样对象是整流柜负极与站保护地之间的电位差。当负极对地电位达到一定值时，该类型保护将动作，发出跳闸信号跳开本站两台 33 kV/35 kV 牵引变压器开关及本站所有直流高速开关。装设电压型框架保护的主要目的是保护设备安全，它与车站短路器不一样，车站短路器主要是为了保护人身(乘客)安全设置的，在整定值上框架保护的动作定值要比车站短路器的定值高。通过 PLC 实现电压型框架保护的采样原理如图 4-20 所示，它通过分流器、电压变送器将框架电压信号变成 PLC 模块可以接受的电流或电压信号，由 PLC 对输入的信号进行处理，决定是否报警或跳闸；当然，也有一些地铁线路直接采用电压检测继电器来直接采样电压值，以判断框架电压是否达到报警或跳闸值。如上海地铁三号线、五号线，均采用了电压检测继电器来直接检测框架对地电压，并直接通过继电器的触点发出相应的保护动作信号，用于跳闸及给 SCADA 系统发信。

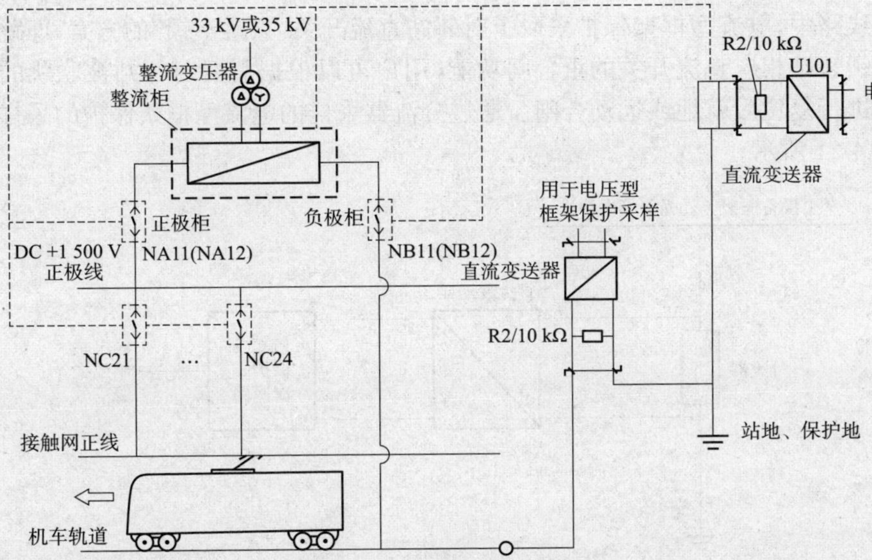

图 4-19　框架保护系统框图

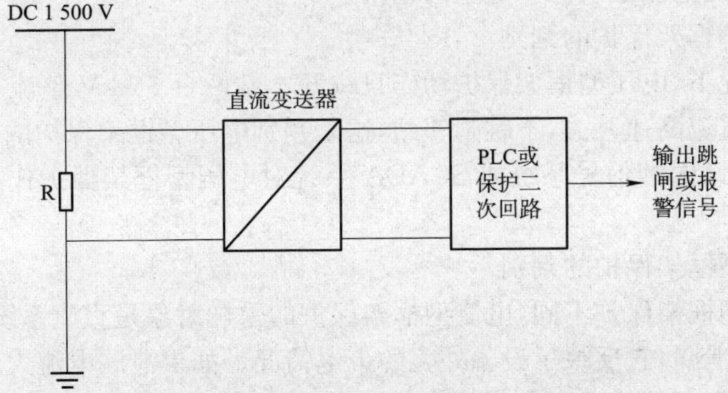

图 4-20　通过 PLC 实现电压型框架保护的采样原理

(2)电流型框架保护的基本原理

电流型框架保护是框架保护的另外一种形式,与电压型框架保护不同的是,它的采样对象是牵引设备的框架(整流柜、直流开关柜和正负极柜的外壳)对地的电流泄漏,其主要目的是保护人身的安全。当然,对于设备的安全来说,电流型框架保护的设置同样具有重要意义。

当框架泄漏电流大于电流继电器整定值时,框架保护将动作,并跳开两台

33 kV/35 kV 牵引整流变 35 kV 开关、本站的所有直流高速开关以及左右邻站供同一区段的四台直流开关，跳闸后形成闭锁，直到收到框架复位信号为止。在新近建设的线路中，电流型框架保护采取了对邻站直流开关“只跳不锁”的方案，即跳闸后仅闭锁邻站相应直流开关的重合闸功能，用户可以根据需要对邻站被联跳的直流开关进行复位后就地或远动合闸。通过分流器采样的电流型框架保护的采样原理如图 4-21 所示。

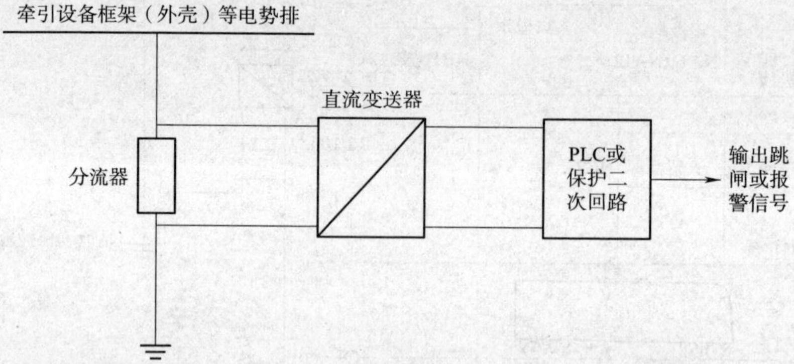

图 4-21　通过分流器采样的电流型框架保护的采样原理

(3)牵引变电站框架保护类型的判别

①电压型框架保护的判别

一般情况下，电压型框架保护动作只跳开本站两台 35 kV 整流变压器开关及本站所有的直流高速开关，不跳闸邻站，这是判别电压型框架保护的依据之一。另外，也可通过站内的信号系统或 SCADA 系统对电压型框架保护作相应的识别和判断。

②电流型框架保护的判别

与电压型框架保护不同，电流型框架保护的采样对象是直流系统框架对地(保护地)的电流泄漏，它反映了设备外壳的带电情况。如果泄漏电流大于允许的设定值，则发出框架保护信号至各直流开关柜及 35 kV 中压开关柜，同时发信至相邻站驱动供往同一区段的直流高速开关跳闸，跳闸后闭锁相应开关的重合闸程序，直至收到框架保护复位信号为止。因此，是否联跳邻站直流开关是判定电流型或电压型框架保护动作的重要依据之一。此外，信号系统及 SCADA 系统对框架保护动作情况也有相应的标识和记录。

(4)框架保护的一般校验方法

对电压型框架保护而言，可施加相应的报警或跳闸电压至变送器输入端，检查保护是否会作出相应的动作反应。对有些线路而言，如三号线、五号线，因为直接采用了电压检测继电器采样框架电压，可直接通过给该继电器施加直流电压，观察继电器是否能准确动作。

对通过分流器采样的电流型框架保护而言，可施加相应的电流或电压至变送器，观察逻辑控制器是否能准确动作。但对于直接采用电流继电器检测框架泄漏电流的线路而言，则必须使用足够大的电流发生器来施加动作电流(80 A)，才能检测继电器动作的准确性。

10. 整流器保护动作的判别和一般分析

在地铁牵引系统中，整流器保护类型包括二极管快速熔断器故障报警/跳闸、散热器超温报警/跳闸及母排超温报警/跳闸等保护类型。判别方式有多种，可以通过负极柜面板上的信号指示器观察，也可以通过信号屏上的二极管小指示灯判断或通过 PLC 模块上的指示灯判断，还可以通过站控及控制中心 SCADA 系统进行识别判断。二极管监视报警跳闸原理如图 4-22 所示。

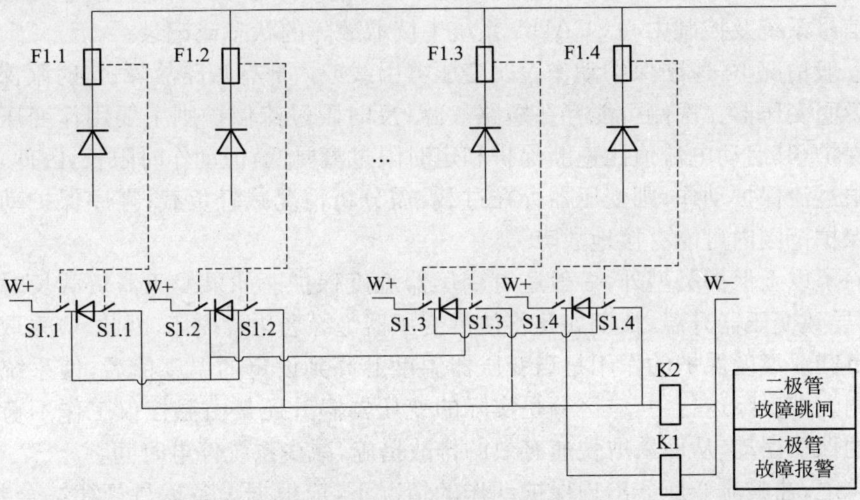

F1. 1、F1.2、F1. 3、F1.4—整流柜二极管快速熔丝；K2— 二极管快速熔丝监视跳闸继电器；
S1. 1、S1. 2、S1. 3、S1. 4—快速熔丝监视的微动开关；K1 —二极管快速熔丝监视报警继电器。

图 4-22　二极管监视报警跳闸原理

在后期建设的线路中，由于设备自动化水平的提高，设备故障有了更好的人机界面提示，用户可以直接通过操作人机界面获知相应的故障信息。

以上海地铁 1 号线旧线为例，通过以上各种识别方法确定是何种类型的保护动作后，即可进行下一步分析。如出现二极管故障报警，则表示有一只快速熔断器熔断，跳闸则表示有两只快速熔断器熔断。如果散热器发出报警信号，则表示散热器温度已达到 140 ℃，如果继续上升到 150 ℃，该保护类型将会动作并发出跳闸信号，使相应的整流变 35 kV 开关跳闸。母排超温报警则表示母排温度达到 80 ℃，如果继续上升至 90 ℃，则发出母排超温跳闸信号，使相应的整流变 35 kV 开关跳闸。

11. 整流变压器保护动作的判别和一般分析

对小容量的变压器而言，可不装设专门的差动保护，而是通过装设过流保护来达到对变压器保护的目的，地铁整流变压器就采取了这种方式。在整流变 35 kV 开关柜上，装设了时间过流继电器，启用了电流速断保护、延时过流保护、零流保护及反时限过流保护等保护类型。其中电流速断保护为主保护，其余类型均作为变压器的后备保护。当然，除上述类型的保护外，整流变压器还有自身的温度保护。

保护动作类型的识别，可通过信号系统加以判断，因为保护动作总会在信号系统中留有痕迹。在地铁牵引变电站中，整流变压器一般都装设有先进的计算机保护装置，因此很容易从继电器面板上的指示灯观察出保护的动作类型，也可以从站内的信号系统及控制中心 SCADA 系统中读取故障的状态或记录。

一般情况下，速断保护动作表明变压器引线或内部有短路故障；定时限保护动作则说明变压器二次侧可能存在短路故障；反时限过流保护则主要用作变压器的过载保护，其启动电流值比速断保护和定时限过流要低，但动作时限长，因此，如果反时限过流保护动作，则变压器存在过载，需分析情况减轻负载；零序保护动作则说明保护范围内可能有接地故障。

除了以上保护类型外，一般还有变压器温度保护。如果变压器负载长时间过大，将导致变压器升温，长期如此将使得变压器绝缘老化或损坏，因此，应采取措施减轻负载。温度保护的作用是当变压器温度升高到设定的温度值后，使系统报警或跳闸。在实际运行中，应区分是实际的变压器温升还是由温控仪工作不稳定而引发的保护误动，从而采取快速有效的排故措施，减少系统停电时间。

总之，在整流变压器出现保护动作的情况下，应根据设备运行规律综合判断，科学处理。

12. 直流高速开关保护装置的一般维护和使用

直流开关保护装置在地铁牵引供电系统中起着极其重要的作用，其动作的准确性和可靠性直接影响到地铁列车的运营。因此，在使用和维护过程中应注意以下几个方面的问题：

(1)主、附件均应牢靠安装，切忌机械撞击。

(2)使用过程中尽量减少不必要的电源分断，以减少电源分合时带来的冲击。

(3)保护装置修理或更换后，投用之前必须对其进行功能性试验，应严格按照保护装置的试验要求施加电压或电流信号。

(4)保护装置的维护工作必须由专业技术人员或接受过专门培训的工作人员进行。

(5)做二次回路绝缘检测时，应断开与继电器的相关连接。

13. MCB 小开关的应用

MCB 小开关通常指具有过流保护及过载保护的空气开关。它用于不频繁接通或断开的电路或电动机回路中，一般配有用于监视的辅助触点。

在地铁供电系统中，它广泛用于控制回路、联跳回路以及整流器的控制电源回路等。在直流系统中，电力检测或站内信号系统均对相应的 MCB 小开关进行了监视，有些小开关跳闸会导致直流高速开关跳闸，如柜内的控制电源小开关。因此，全面了解系统内 MCB 小开关与主回路开关跳闸之间的关联关系，对确保供电系统运营有重要意义。

4.3.4 地铁降压变电站继电保护

1. 地铁降压变电站继电保护的主要类型

地铁 10 kV 供电系统采用了单母线分段的供电模式，Ⅰ、Ⅱ段进线分别取自主变电站或中心变电站的 10 kV 系统，后续变电站的进线供电来源分别取自上游变电站的出线，其形式如图 4-23 所示，因为单线图看起来呈环状，故又称之为地铁 10 kV 环网。

10 kV 主要配置了速断、过流、零流等保护类型，其中定时限过流及零流装设于 10 kV 环网进、出线柜上，用于实现对本站 10 kV 母线相间及接地短路的故障保护，同时与下游线路及本站配电变压器的过流、零流保护配合，用作下游线路或电力变压器的远后备保护。

变电站之间通过时效配合并遵循阶梯原则，上游继电器的保护动作时限比下游继电器的保护动作时限高出一个 Δt，以确保在发生故障时，能够按照顺序有选择性地切除故障，从而将对系统的影响降到最低。对同一电流路径上各个变电站可能出现的线路或母线故障，系统能有选择性地截除，确保其他部分的正常运行。为应对系统可能出现的几种不同运行方式，保护装置往往设有两组整定值供选择，调度可根据实际运行方式对整定值组进行切换。

2. 10 kV 母线保护类型

在供电系统中，母线保护的主要类型为母线差动保护，未装设母线差动保护时，也可通过母线电源进线回路中装设的过电流保护来保护母线免受故障损害。在每个站点，通过环网柜等设备将电能分配给各个用电设备。同时，各站点之间通过联络开关等设备实现互联互备，以提高供电的可靠性和灵活性。在地铁供电系

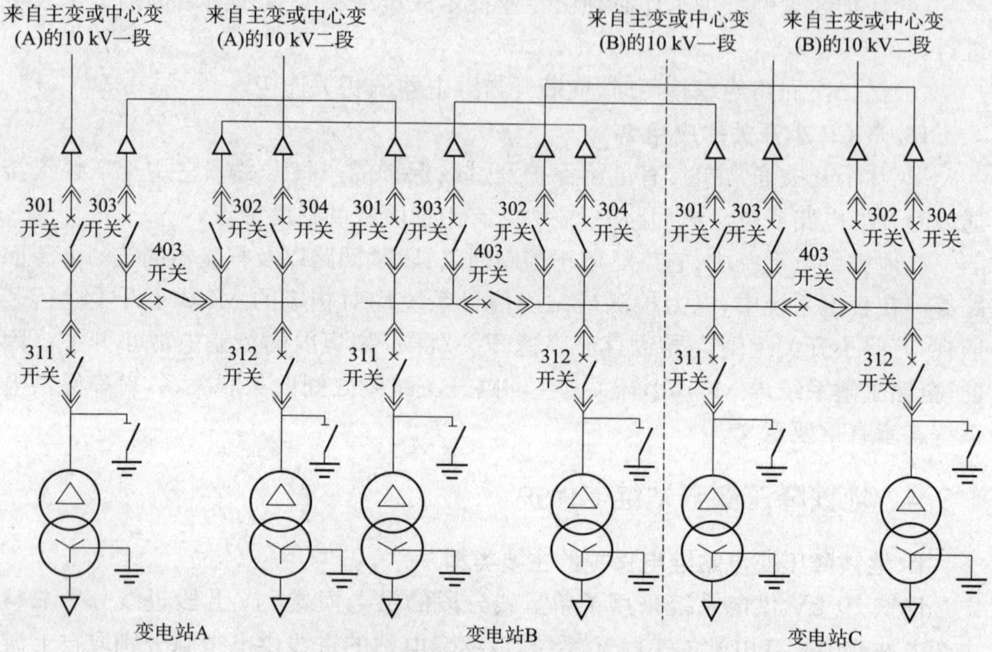

图 4-23 10 kV 环网供电系统结构

统中,10 kV 采用了单母线分段的供电方式,由中心变或主变 10 kV 馈往若干站(一般为 4 个站左右)的一段母线或二段母线,并与另一中心变或主变馈电的若干站点在某一变电站形成联络,联络开关处于热备用状态。一旦某一主变或中心变发生失电,可改变运行方式,由联络开关往失电的一侧供电,以使影响减小到最低(目前在实际运行中采取中心变中 10 kV 分段开关自切功能)。正常情况下,地铁的 10 kV 电流路径比较单一,分段母线上只带有进、出线及本站电力变、母联开关等电气设备。通过装设在进出线、母联等开关柜上的过流和速断保护,可实现对母线的保护,从而不需装设专门的母线差动保护。

同时,为了进一步提升供电的可靠性和灵活性,地铁 10 kV 系统还配备了母线分段自切功能。在正常一段母线失电的情况下,能通过母线的分段自切功能,实现由另一段母线对失电母线的供电,但在母线有故障的情况下,自切功能将被闭锁(目前在实际运行中 10 kV 环网联络供电功能停用,仅保留中心变中 10 kV 分段开关自切功能,其余 10 kV 分段开关自切功能停用)。

3. 变压器保护类型

地铁供电系统中,电力变压器一般配备速断、过流及零流等保护类型。其中速断保护主要用以防止变压器高压侧引出线及内部短路故障,再以定时限过流将保护范围延伸至变压器低压侧，以延时截断变压器低压侧引出线或相间出现的短路故障。零流保护则主要用于防御变压器内部可能出现的接地短路故障。同时，电力变 10 kV 过流保护作为 400 V 开关保护的远后备保护，在 400 V 母线出现短路故障而 400 V 进线保护拒动的情况下，能延时动作断开电力变 10 kV 开关以断开故障，这对于保证地铁供电设备的安全具有重要意义。

4. 400 V 母线保护类型

在地铁降压站 400 V 系统中，采用单母线分段的运行方式。通过与母线相接的开关设备（如 400 V 进线或联络线开关）上装设的速断、过流、零流等保护类型，实现对 400 V 母线的保护。

地铁供电 400 V 系统母线分段自切功能逻辑结构如图 4-24 所示。在非母线故障的情况下，如果某段 400 V 母线的上游 10 kV 或 35 kV 进线失电，该段 400 V 母线将因此失电，而如果此时 400 V 的另一段母线处于正常供电状态，则系统将启动 400 V 母线的分段自切功能。具体动作流程是：控制系统首先断开失电侧 400 V 进线开关，然后合上 400 V 母联开关，实现 400 VⅠ带Ⅱ或Ⅱ带Ⅰ。当然，如果上游电源的母线分段自切先于 400 V 系统，则 400 V 母线自切功能不会被启动，这种功能对于最大限度地减少系统的停电时间，确保系统的正常运营有积极的现实意义。在上海地铁后期建设的线路中，400 V 系统不但具备了母线分段自切功能，还具备了 400 V 系统自恢复功能，即失电一侧一旦恢复正常供电，400 V 系统能在经过一定的延时后，自动断开母联开关，合上原失电侧的 400 V 进线开关，使系统恢复到初始时的正常供电状态。

5. 变压器过负荷保护和过电流保护基本原理

变压器过负荷保护是为了防止变压器由于过负荷造成异常运行而设立的一种保护类型。在一般情况下，变压器的负载基本上都是三相对称的，所以，过负荷保护往往只接入某一相电流回路，用一相电流继电器来实现，并延时作用于信号。对双绕组的降压变压器而言，保护一般安装在变压器的高压侧。

过负荷保护的动作电流，应避开变压器的额定电流来选取，见式(4-1)。

$$I_{kact}=(K_{rel}/K_{re})\times I_{TN} \tag{4-1}$$

其中，K_{rel}为可靠系数，取 1.05～1.1；K_{re}为返回系数，取 0.85；I_{TN}为保护安装侧变压器的额定电流。

过负荷保护在保护时限上比同一设备的过电流保护动作时间长，一般 8～10 s 即可满足要求。

过电流保护是变压器保护中的另一种类型，它以避开变压器可能出现的最大负荷为整定原则，因此应该考虑到以下情况。

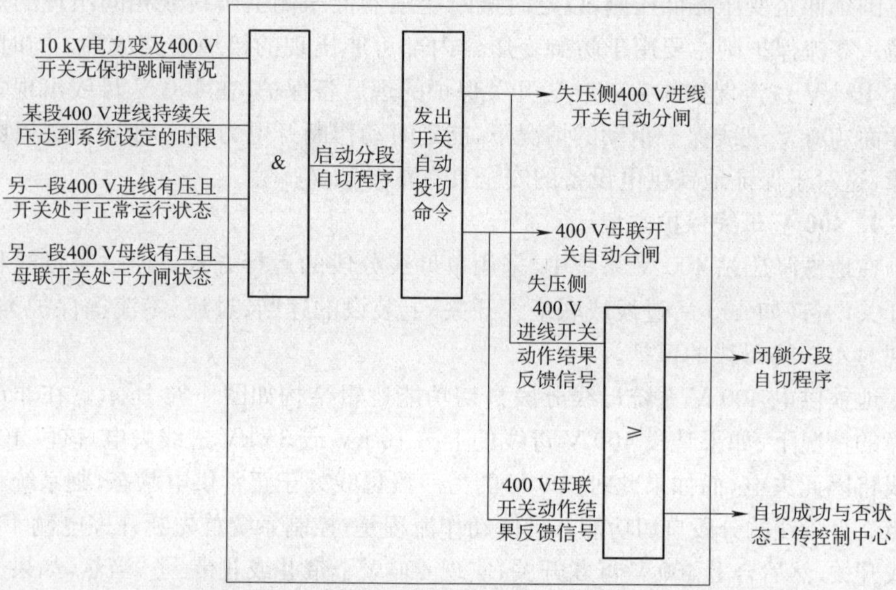

图 4-24 400 V 母线分段自切功能逻辑结构

(1)对多台并列运行的变压器,应考虑突然切除一台时出现的最大负荷。

(2)对降压变压器,如果负荷侧有电动机,则还应考虑电动机自启动时的最大电流。

总的来说,无论是过负荷保护还是过电流保护,均作为变压器的后备保护。

6. 变压器电流速断保护基本原理

在中小容量的变压器中,瞬时电流速断保护可用作变压器的主保护。装设瞬时电流速断保护的目的是防御变压器一次绕组及其引线端出现的短路故障。对于油浸式变压器,通过装设电流速断保护和瓦斯保护,可切除变压器高压侧及其内部的各种故障。

由于变压器相当于一个集中阻抗,对于小容量的变压器而言,在一次侧引线端和二次侧引线端发生故障时,流过故障点的短路电流相差很大。当故障点在一次侧时,保护具有足够的灵敏度,但故障点发生在二次侧时,灵敏度往往不够,这是电流速断保护的不足。在这种情况下,还需通过带一定时限的过流保护,将保护范围延伸到二次侧。

电流速断保护的灵敏度通常按保护安装处发生两相金属性短路时流过保护装置的最小短路电流来校验,要求灵敏度不小于 2。

4.4　计算机继电保护

4.4.1　计算机继电保护的特点

随着计算机技术的进一步发展，计算机保护的运用已呈现出网络化的特点。如今，各种类型的计算机保护装置已经被大量集成到电力保护及自动化系统中，形成了一套完整的保护体系。这些装置不仅具备强大的保护功能，还能与自动化系统紧密配合，实现远程监控和智能化管理。此外，随着集成度的不断提高，多种保护功能已经可以同时集成在同一台计算机保护装置中。这种集成化的设计不仅简化了接线方式，还使得保护装置在功能上更加全面和强大。相比传统型继电器，计算机保护装置在接线方式和功能上都表现出了明显的优势。

电力系统保护通过使用计算机保护装置的软件编程功能，灵活实现各种保护及逻辑功能，这种"软"接线大大提高了保护系统的工作效率，配合使用部分中间继电器，降低了系统接线的工作量，给日后系统的维护也带来了不小的方便。另外，随着计算机保护组网能力的提高，电力系统遥信、遥测、遥控及遥调均已实现通过网络通信来完成相应数据的收发，这也在很大程度上取代了传统电力系统的二次接线。

4.4.2　计算机继电保护的基本组成

由于采用了先进的数字信号处理技术，计算机继电保护与常规保护相比，在保护功能、可靠性和准确性等方面均有了很大提高。计算机继电保护系统主要由模拟量输入、A/D 转换及处理、保护控制、逻辑运算、虚拟变量输出、物理输出等部分组成，如图 4-25 所示。

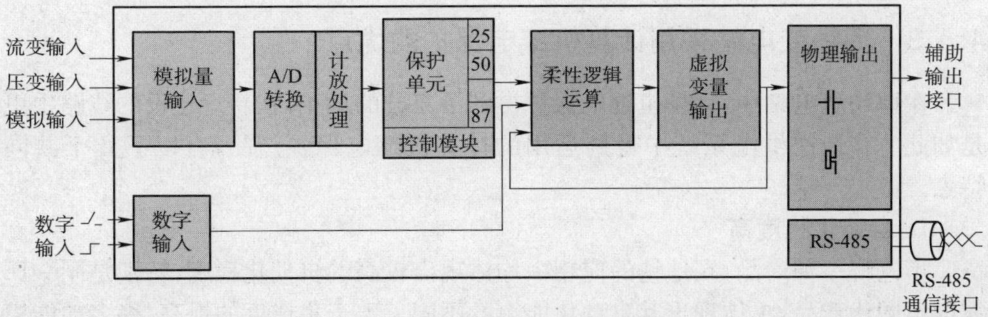

图 4-25　计算机继电保护系统组成

1. 模拟量输入

模拟量输入的主要功能是将电流或电压变换成符合 A/D 转换器量程要求的电压。同时，在电气上将电力系统与保护装置的数据采集系统形成隔离，并采取一定的过电压防护和干扰抑制措施。这个阶段往往还采用一定的技术措施滤除模拟信号中的高频分量，但被滤除的高频分量的截止频率应低于采样频率的一半，只有这样才能保证离散的量化能如实表达连续量，否则可能引起频率混叠，从而产生波形上的误差。

2. A/D 转换及处理

在数据采集系统中，通过 A/D 转换将输入的模拟量转化为数字量，并通过高性能的数字信号处理芯片协助 CPU 进行相应的数据处理。

3. 保护控制

经处理后的数字量在 CPU 的协调处理下，将完成与整定值的比较运算及保护动作类型的判别，计算的结果以变量的形式保存在相关的数据区中，以备进一步的逻辑运算。

4. 逻辑运算

逻辑运算阶段的主要任务是将 CPU 保护运算的中间结果与 I/O 信号、外部控制信号等，按 PLC 设定的逻辑程序进行运算，以决定继电器采取何种响应。

5. 虚拟变量输出

CPU 逻辑运算的结果首先将以某种类型的中间变量的形式在系统内存中存储，并不停被刷新，该部分变量与实际的输出通道形成一定的映射关系。

6. 物理输出

物理输出回路的功能是将 CPU 处理后的虚拟输出结果输出到控制回路中，激活相应的报警或跳闸回路，该部分回路与外部电路往往采取一定的技术隔离措施。

4.4.3 地铁变电站采用计算机继电保护的优点

在地铁变电站中，计算机继电保护得到了充分的运用，在新近建设的线路中更是如此。在地铁供电系统中得到运用的计算机继电保护产品，有以下几个共同特点。

1. 自动化程度高

不论哪一种产品，在地铁的应用中均体现出较高的自动化程度，特别是同一厂家的不同代产品，更体现出其自动化能力的不同。由于集成度的提高，很多功能模块集中在继电器中，用户只需按说明进行少量设定和接线，这对系统集成和设备维护有利。

2. 功能强

地铁使用的计算机产品中集成了多种保护类型供用户选择，例如 CSP1-L 差动继电器，其主保护类型是线路差动，但同时也可启用过流保护功能作为后备保护。当然，在上海地铁供电系统的实际应用中，往往只启用了其中的某一种保护类型，而同时配备另一只继电器来作为其后备保护，这主要是考虑到当主保护装置本身出现故障的情况下，后备保护装置可正常工作。

3. 强大的组网能力

目前，很多厂家的继电器产品均提供了系统接口，支持 IEC60870-5-101、IEC60870-5-103、IEC60870-5-104、DNP 及 MODBUS 或 PROFIBUS、HTTP、TCP/IP、DHCP 等多种通信规约。某厂家的最新一代保护装置可以根据用户系统的要求选择不同的通信规约，从而使保护装置能轻松接入电力监控自动化系统。通过自动化系统网络，用户可轻松实现遥信、遥控、遥测及遥调等功能，这从很大程度上降低了系统调试的难度。

4. 良好的交互性

良好的交互性使用户能方便地对继电器进行整定值设置、检查以及读取装置中的故障记录。当然，有关的故障信息也可以在 SCADA 系统中查询。

5. 维护方便

在设备的维护(如预防性试验)中，用户可以轻松地测试保护装置的各项功能。计算机继电保护的接线也非常简洁。

4.4.4　地铁系统中的计算机继电保护装置的功能特点

随着计算机技术的不断发展，计算机继电保护装置在地铁供电系统中得到了长足的应用。以上海地铁为例，其用到了不同品牌的计算机继电保护装置，这些继电保护装置具有相当多的保护类型供选择(但在实际运用中往往只启用了其中的一小部分功能)，且还配备独立的后备保护装置。

计算机继电保护装置 7SJ68 功能如下：

(1)提供多种可选择的保护类型。

(2)提供各种输入、输出及系统信号的矩阵配置功能。

(3)带多个功能键和液晶屏，功能键的功能可通过 DIGSI 专用软件设置；同时，液晶屏可以显示单线图、电流电压数值信号，查询时可显示各种事件及故障的记录。

(4)支持 CFC 语言编程，可通过编程灵活实现各种功能，如可通过逻辑实现牵引供电系统中联络站点之间 35 kV 进线、联络线开关的“四投三”功能。

(5)具有系统接口，支持 IEC60870-5-103、DNP、MODBUS、PROFIBUS-DP 等

通信协议，有强大的组网能力，能方便接入电力监控自动化(SCADA)系统。

(6)支持整定值组切换。

其他型号的计算机继电保护装置也具有类似的功能，不同之处仅在于配置或编程方式，但其核心都是通过计算机技术将各种保护功能集成在同一套计算机继电保护装置上，故它们具有很多的共同特点。

计算机继电保护装置的这些特点，使其在地铁供电系统中得到了充分运用，但同时也对维护人员提出了更高的要求，它要求维护人员必须具备以下能力：①熟悉继电保护的专业知识；②较强的计算机运用能力；③良好的耐心和责任心。

4.4.5 地铁降压变电站继电保护的配置实例

可根据降压变电站继电保护的不同类型，分别配置不同类型的继电器，目前上海地铁各线路均采用了功能先进的计算机继电保护装置。以 F650 为例，此型号的计算机继电保护装置具备多组保护供选择，用于适应各种运行方式下的保护定值切换，具有强大的逻辑编程功能，并具有系统接口，支持 MODBUS TCP/IP、IEC60870-5-104、DNP3.0 等通信规约，具有较强的组网能力。用户可根据需要灵活选择系统参数，以及打开或关闭包括过流、零流在内的多种保护功能。例如：上海地铁 4 号线各开关柜的 F650 或 F35 通过系统接口与 SCADA 系统对接，实现与控制中心及站内中央信号屏之间的数据交换。

4.4.6 继电保护装置常见故障处理

1. 定值问题导致的故障

(1)电力系统参数或元器件参数的标称值与实际值有出入，有时两者的差别比较大，这就有可能导致计算机的定值与实际有较大偏差，从而导致实际运行中的误动。解决的办法是适当提高整定值，但应与灵敏度结合起来考虑。

(2)设备整定错误。这类故障一般是由于工作人员不仔细，检查手段滞后，导致错误整定而引发误动。解决的办法是在现场整定时认真操作，仔细核对，尤其是要把好校验关，才能避免失误。

(3)由于定值的漂移导致误动作。引起定值漂移的因素很多，包括温度、电源、元器件老化、元件损坏等。发生这种情况时，应检查定值的偏差是否在许可范围之内，一般应不大于 5%，当大于 5%时，应查明原因，处理后方可将保护投入使用。

2. 回路绝缘损坏导致的故障

(1)因二次回路绝缘引起的故障。如某一运行中的保护，机箱后部跳闸插件板的背板接线距离很近，在跳闸触点出线处只有 2 mm，由于静电作用，导致灰尘聚集在接线焊点的周围，在潮湿环境条件下，两焊点绝缘击穿，导致跳闸事故发生。

为避免此类故障，应尽可能在设计或施工中增加焊点距离，并做好日常的维护清洁工作，保持二次回路绝缘良好。

(2)"mn"回路接地引起开关跳闸。原理如图4-26所示，"mn"回路接地前，绝缘检查回路上的两电容电压对称，均为110 V，但"mn"接地后 C_1 继续充电，C_2 放电。当跳闸线圈LT动作电压小于110 V时，回路"mn"接地将使得LT动作跳闸。这种故障只有通过提高二次回路绝缘水平，消除接地来解决。

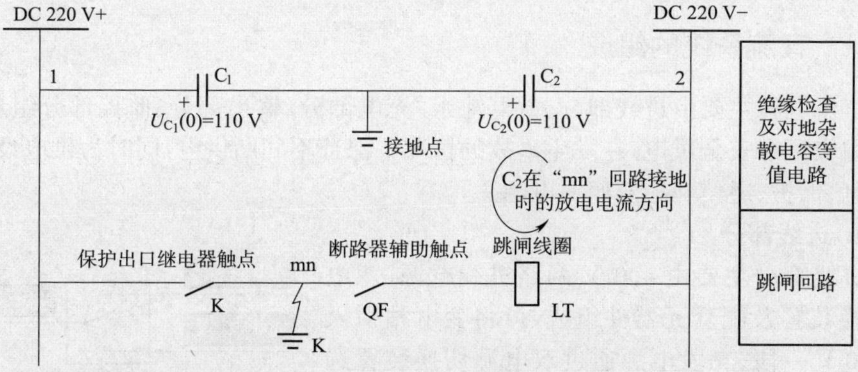

图4-26　"mn"回路接地导致开关跳闸原理

(3)由接线错误引起的保护误动作或拒动。发生这种情况时，应检查设计图纸及接线，确保图纸正确、接线正确。在新建或改建时，应通过试验检验接线的正确性。

(4)由于误碰或误操作引起的保护误动。这类故障往往是违章操作所致。因此，预防这类事故的关键是要在工作中严格执行各项安全、运行及检修工作规程。

(5)设备的抗干扰性能差导致保护误动。运行经验表明电磁型保护、整流型保护的抗干扰性能比晶体管保护、集成电路保护、计算机保护要好。集成电路保护的干扰问题尤为突出。因此，站内应严格限制使用无线电通信设备，同时做好相应的屏蔽措施，减少因操作、冲击负荷、变压器励磁涌流等因素带来的干扰。

(6)由工作电源引发的问题。在地铁供电运行过程中，应重视因直流屏直流电源故障导致跳闸的情况。在日常维护工作中须加强对直流系统的维护。只有这样，才能减少因直流屏电源电压过高或过低而引发的保护误动作问题。

总之，引起继电保护故障的原因有很多，应根据故障的情况做具体分析。

第5章　城市轨道交通变电站所用电系统

5.1　所用电交直流系统

5.1.1　直流系统的组成

直流电源主要由进线部分、蓄电池组、充电部分、输出部分、监控部分组成，直流电源应可靠安全供电，在发生事故的情况下保证不间断供电，同时为供电设备提供控制、保护、通信和应急照明电源。

1. 进线部分

进线部分主要由 400 V 两路进线电源、双电源切换装置及配套元器件组成，可将变电站引入的 400 V 一段、二段电源通过双电源切换装置选择其中一路电源向直流屏供电，如图 5-1 所示。

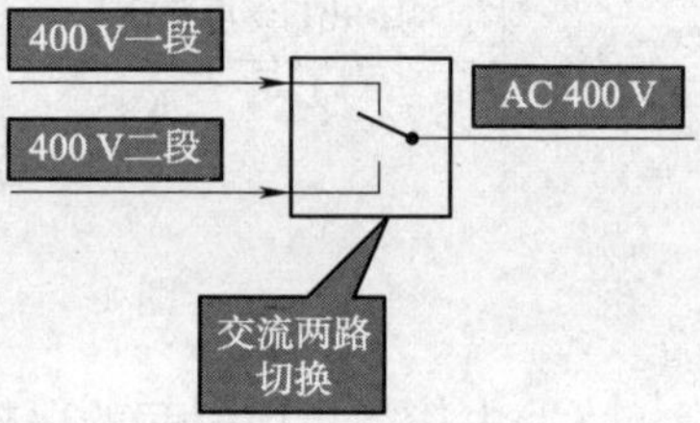

图 5-1　进线部分

2. 蓄电池组

蓄电池组作为直流电源中的后备电源，其作用为将电能转换为化学能储存或将化学能转换为电能释放，并且可以反复使用。目前常用的蓄电池组有两种，分别为铅酸蓄电池和磷酸铁锂蓄电池。

(1)铅酸蓄电池

铅酸蓄电池需长期工作在浮充状态下，浮充电压为 245 V，当失去交流电源后，铅酸蓄电池组对下级负载进行放电，确保下级负载持续运行。

(2)磷酸铁锂蓄电池

磷酸铁锂蓄电池必须配合电池管理系统(BMS)进行使用，通过 BMS 对单节蓄电池进行监测，控制蓄电池组是否进行充电。该类蓄电池充电完成后立即停止。磷酸铁锂蓄电池组的工作电压为 232 V，当失去交流电源后，磷酸铁锂蓄电池组对下级负载进行放电，确保下级负载持续运行。

3. 充电部分

充电部分主要由多个充电/控制模块并联而成，采用 $N+1$ 的方案进行模块配置，同时采用降压模块使充电模块对控制模块进行备份。单个模块输出电压为 198～254 V，电流上限为 10 A，通过并联多个模块得到不同输出容量配置并通过

PLC控制浮充和均充两种状态。根据搭配蓄电池组的不同，充电模组有两种配置方案。

(1)铅酸蓄电池组配置方案

铅酸蓄电池组配置方案如图5-2所示，正常运行时充电模块负责对蓄电池组进行充电，浮充电压在245 V左右，当蓄电池组放电后，充电模块恢复工作后开始对蓄电池组进行均充，均充经过恒流阶段、恒压阶段和延时均充阶段后转入浮充状态。控制模块负责对控制母线负载进行供电，控制母线电压为220 V(1±10%)，当控制模块均损坏后，充电模块通过降压模块将245 V直流电源降压至220 V直流电源对控制母线进行供电。

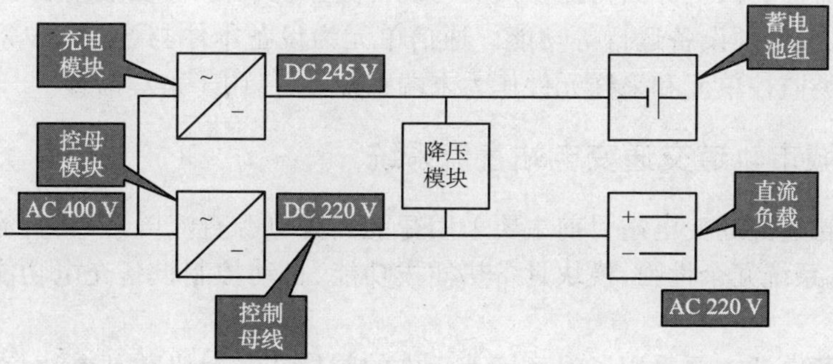

图5-2　铅酸蓄电池组配置方案

(2)磷酸铁锂蓄电池组配置方案

磷酸铁锂蓄电池组配置方案如图5-3所示。正常运行时充电模块负责对蓄电池组进行充电，同时对控制母线进行供电，输出电压为232 V。当蓄电池组放电后，充电模块恢复工作后开始对蓄电池组进行均充，均充经过恒流阶段、恒压阶段和延时均充阶段后转入浮充状态。

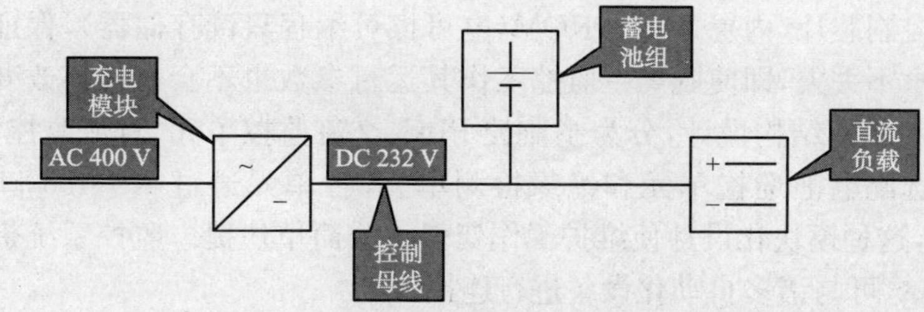

图5-3　磷酸铁锂蓄电池组配置方案

4. 输出部分

输出结构与直流控制母线结构、馈线保护、直流供电方式有关，对输出部分的要求是运行可靠，平面布置简单明了，电源走向一目了然，负载名称清晰准确。直流电源负极不直接接地，避免当绝缘不良时构成寄生回路，造成保护误动和电源短路，也避免了一次电网系统大电流接地时对直流电源的高压反击。

5. 监控部分

监控部分主要由 PLC、人机界面、通信单元、交流监控单元、直流监控单元、绝缘监察单元、电池巡检单元以及各采样元器件组成。其中 PLC 作为设备逻辑控制元器件，负责对设备整体的运行逻辑和设备告警信息等进行集中处理，是监控部分的核心元器件。人机界面为操作人员与设备交互的平台，可实现读取设备信息、监测数据、人工干预设备运行等功能。通信单元为设备本体与 SCADA 系统的交互接口。各类监控单元和采样元件作为末端感知元件，用于采集信息。

5.1.2 城市轨道交通变电站直流系统

城市轨道交通变电站目前主要采用智能高频电源直流屏，该类直流屏采用模块化设计，系统冗余性强，模块具备热插拔功能、自动控制设备充电功能和来电自复功能。

目前蓄电池主要采用了对环境无污染的阀控式密封铅酸蓄电池，直流屏还增加了蓄电池 V-T 曲线温度补偿装置。

智能型高频开关电源直流柜由充电模块、控制模块、蓄电池组、降压模块（硅链）、双电源供电的三相交流输入转换切换电路、人机界面（功能包括：充电终止切换、均衡充电、替代浮充电控制）、直流监控单元、电池检测单元、交流监控单元、模块监控、通信接口、直流馈出电路、绝缘监察装置、灯光等组成。它综合了高频开关技术和计算机技术。其中功率输出单元（高频开关电源模块）采用模块化（$N+1$）冗余设计，可热插拔，模块与模块之间采用隔离设计，防止模块间相互干扰。模块内部自带控制芯片，内置了 EEPROM（电可擦可编程只读存储器），保证了模块的运行参数永不丢失，即使脱离主监控工作其运行参数也不会有任何改变。监控系统采用积木式的结构设计，分为主监控 PLC、交流监控单元、直流监控单元，还可根据需要选配电池巡检单元和绝缘检测单元，各单元通过 RS-485 口与主监控 PLC 相连，这种模块化设计使维护工作变得十分简单快捷。监控系统带有智能化“四遥”接口，可与诸多自动化设备进行连接。

5.1.3　变电站交直流所用电系统

1. 牵引、降压变电站交流所用电系统

交流所用电系统采用单母线分段接线形式，由 0.4 kV 低压开关柜两段母线分别引入相互独立的两路电源，作为交流所用电系统的进线电源。有Ⅰ/Ⅱ段自切功能，正常运行时Ⅰ段为主供，Ⅱ段备用。交流所用电系统的负荷种类主要有：35 kV、10 kV 开关和触网开关柜内的加热器，牵引、降压变的温度控制仪电源、中央信号屏、所内动力箱、所内照明、钢轨电位限制装置和变压器风机等。

2. 牵引、降压变电站直流所用电系统

每个车站设两套直流装置，分别为其所在车站及区间事故照明供电，同时还负责向降压变电站和牵引变电站提供变电站内设备所需的正常及事故情况下的操作及控制电源。

直流所用电系统由充电装置和蓄电池两部分组成，正常运行时，蓄电池进行浮充电，充电装置负责全站直流负荷。当交流电源失电时，蓄电池将提供应急电源，确保变电站内操作电源等负荷能够连续工作 2 h，同时保证车站事故照明和区间事故照明负荷连续工作 1 h。放电后蓄电池的容量应满足变电站内断路器合闸所需容量。

直流所用电的负荷种类主要有：35 kV、10 kV、0.4 kV 开关柜的控制和保护电源，接触网开关和直流高速开关的控制和保护电源，中央信号屏和事故照明电源。

5.1.4　交直流系统中各类表计配置

直流系统的表计配备主要是为了运行监视，使运行人员从表计显示中了解直流系统运行情况。过去大都配备指针式仪表，现在已逐步被数字式仪表或者液晶显示器所替代。但是不管表计显示形式如何，以下的一些表计是基本必配的。

1. 交流电压表

交流电压表用于监视交流进线电压是否正常、是否缺相。一般使用一个电压表通过手动和自动方式显示三相交流电压。

2. 充电装置和浮充电装置输出电压表

充电装置和浮充电装置是电力系统中的重要组成部分，它们负责为蓄电池提供充电电流，并确保蓄电池在正常运行时保持足够的电量。充电装置和浮充电装置输出电压表用于监视充电装置和浮充电装置输出直流电压变化。通常浮充电装置输出电压应大于蓄电池浮充电压，留出一定的差值，以便需要时调整。充电装置的输出电压一般等于蓄电池的充电电压。

3. 充电装置和浮充电装置输出电流表

充电装置和浮充电装置输出电流表用于监视负荷电流、充电装置以及浮充电装置的电流。在正常运行时，蓄电池的浮充电流很小，而充电电流较大。这是因为充电装置在恒流输出阶段，会提供相对较大的电流以快速为蓄电池充电。而对于阀控铅酸蓄电池来说，随着充电过程的深入，蓄电池的电量逐渐增加，此时充电电压会保持在一个恒定值，但充电电流会逐渐减小。这是因为随着蓄电池电量的增加，其内部电阻会逐渐增大，导致充电电流减小。因此，需要密切监视电池的电量以及充电电流的变化情况，以确保蓄电池能够正常、安全地充电。

4. 蓄电池电压表

蓄电池电压表用于监视蓄电池组的端电压。在充电过程中，电压表的读数应与充电装置的输出电压保持一致，以确保电池组正在接受正确的充电电压。同时，在放电过程中，也应通过该电压表来监测电池组的端电压，以确保其工作在正常电压范围内。

5. 蓄电池电流表

蓄电池电流表用于监视蓄电池在各种运行状态下的电流变化情况，能显示小数点后面两位，便于在运行中看出浮充电流大小。对于密封阀控铅酸蓄电池而言，保证其充电电流不大于规定值是非常重要的，这是确保蓄电池安全运行的一个关键条件。当蓄电池开始充电时，蓄电池电流表应能实时显示充电电流的大小。如果发现充电电流超过了最大充电限流值，就需要考虑是否终止充电，或者对充电过程进行相应调整，以确保蓄电池的安全和稳定运行。

6. 浮充电流表

浮充电流表应能显示小数点后面两位，以便在运行过程中准确表现浮充电流的大小。在稳态情况下，如果此电流过大，往往代表蓄电池性能下降或发生热失控现象。因此，对浮充电流的监测和控制十分重要。要注意不能用霍尔传感器来采样此电流，因为霍尔传感器在零位附近的绝对误差较大，无法准确判读蓄电池浮充电流的数值。一般来说，只能使用电流分流器对蓄电池电流进行采样，以确保测量的准确性。

高频开关电源的直流稳定度很高。当显示几百毫安的充电电流时，应该非常平稳。如果电流不稳定，一般说明开关电源模块或控制模块出了问题，需要及时进行检修。磁饱和控制充电装置的电压稳定精度较差。在这种情况下，浮充电流表在零位附近左右晃动属于正常现象，但晃动幅度一般不会大于0.5A。如果晃动幅度过大，也需要进行检修。

7. 母线电压表

母线电压表用于监视母线电压，观察馈线屏上的母线电压能够判断直流电源是否正常工作。

5.2　蓄　电　池

5.2.1　定义

可以再充电并反复使用的电池，称为蓄电池或二次电池。它的工作原理和原电池一样，但这种电池应有很好的可逆性，放电时消耗的活性物质在充电时得以恢复。蓄电池放电时是化学能转化为电能的过程，而充电时是电能转化为化学能的过程，因此它是一种化学能和电能互相转化的储能设备。实物图如图 5-4 所示。

图 5-4　蓄电池实物

5.2.2　电池的分类

1. 原电池：也称一次电池，其活性物质在放电过程中被消耗，用尽后无法通过充电的方式恢复其原始状态，一旦电量耗尽，电池只能被丢弃，无法再次使用。

2. 蓄电池：也称二次电池，其活性物质用尽后能够用充电的方法恢复，因此电池得以再生。因为能够储存电能，故称蓄电池。

3. 储备电池：储备电池中的某一类重要组成部分与电池的其他组成部分分开存放。这种设计可以排除自放电的可能性，因此电池可以长期保存而不会损失太多电量。当需要使用电池时，可以通过不同的方法将其“激活”，使其恢复工作状态。

4. 燃料电池：将燃料（如氢气、甲醇、一氧化碳等）和氧化剂（如氧气）分别作为电池两极的活性物质保存在电池的本体之外。当反应物连续通入电池本体时，电池就可连续放电，故此类电池也称为连续电池。

5.2.3 电化学基本概念

1. 导体

能够传导电流的物体称为导体。在电化学领域，理论和应用的实现都离不开导体。根据传导电流的机制，导体主要分为两大类。凡依靠电子流动传导电流的导体称为第一类导体，如金属、碳、金属化合物等，半导体也属第一类导体。它们都有各自的物理性能参数，如电阻率、温度系数、密度、熔点、膨胀系数等。凡依靠离子移动来传导电流的导体，称为第二类导体，或称离子导体。这类导体包括电解质溶液和熔融态电解质。同样也有各自的物理性能。

2. 离子导体导电的特点

在电解质的水溶液中同时存在着带正电荷的离子和带负电荷的离子，它们不是自由状态的电子。但在电场的作用下，阳离子朝电解槽的阴极方向移动，这种现象称为电迁移，如图 5-5 所示。电迁移的方向与一类导体内电荷流动方向一致，这就形成了离子导体的导电性能。

3. 电化学反应

离子导体在导电的同时，除由于电阻的存在有热效应外，还经常伴随化学反应。单独的离子导体不能完成导电任务，必须由电子导体（第一类导体）连接。电解电路如图 5-6 所示。

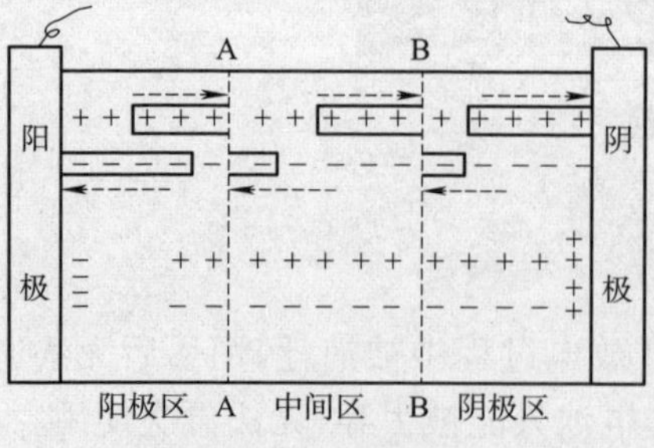

图 5-5 电迁移

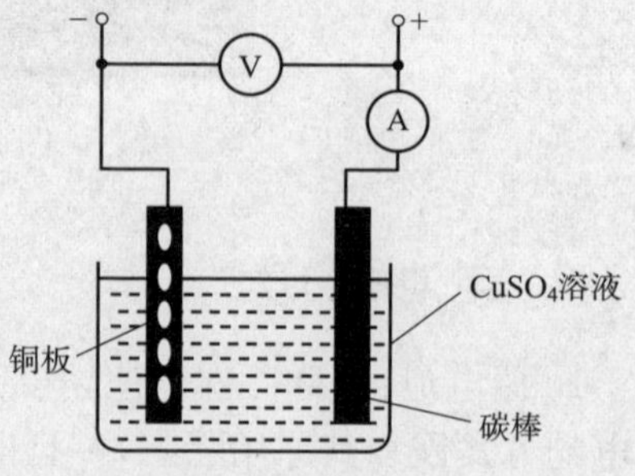

图 5-6 电解电路

电解槽内有两石墨电极，$CuSO_4$为电解液。与直流电源负极相连的石墨为阴极，接受外电源提供的电子，但该电子不能直接进入溶液传导电流。溶液中的Cu^{2+}在外电场的作用下朝阴极运动，并从第一类导体石墨上接受电子，发生还原反应。这时电子在第二类导体上的阴极面上消失，同时铜离子减少，金属铜产生。在此区的溶液中出现多余的SO_4^{2-}向右边的石墨电极移动，并将电子传给电极，发生氧化反应。这样，通过离子导体在两类导体界面上发生的氧化还原反应，把电子由左面的石墨电极上输送到右边石墨电极上。将这种两类导体界面上有电子参加的化学反应称为电极反应或电化学反应。

5.2.4　电化学电池的基本概念

1. 定义

电化学电池是一种把氧化还原反应所释放出来的能量直接转换为低压直流电能的装置。其优点是：

(1)既能释放能量又能存储能量。

(2)能量转换率高，能适应各种工作环境，对设备和周边环境没有污染、噪声。

(3)工作范围广，在高低温、振动、冲击、失重等条件下均可正常工作。

(4)电池的主要参数电压、电流、容量及电池形状均可在较宽的范围内变动，因此可设计成任意形状和大小。

(5)携带方便、使用简单，具有长期储存和瞬间释放出能量的能力。

2. 化学能转变为电能的条件

(1)化学反应中失去电子的氧化过程(在负极进行)和得到电子的还原过程(在正极进行)，须分别在两个区域进行，这不同于一般的氧化还原反应。

(2)两电极间有具备离子导电性的物质。

(3)化学变化过程中电子的传递必须经过外线路。

3. 实用的蓄电池体系还应满足的条件

(1)在一个电极上进行的电化学反应，正向和逆向可顺利进行。放电后的产物，可以通过反向直流电恢复其活性物质。

(2)只采用一种电解液，以避免两种电解液之间不可逆的扩散导致在充电时不能恢复。

(3)电池放电时生成的固体产物应难溶于水。这一特性是为了防止在充电过程中，这些固体产物溶解并导致枝晶(当电解质浓度达到一定程度时生成的结晶)过早出现。枝晶的生长可能会刺穿电池的分隔物，导致两级活性物质互相转移，进而缩短电池的使用期限。因此，难溶于水的固体产物能够保护电池结构，确保电池具有足够的使用寿命。

4. 电化学电池的基本组成

(1)正极活性物质:也称去极剂,具有较高的电极电势,电池工作时(放电)进行得到电子的还原反应或阴极过程。为了区别于电解槽的阴极,在电池中称为正极。

(2)负极活性物质:具有较低的电极电势,电池工作时进行氧化反应或阳极过程,给出电子,通过外电路传给正极。为了区别于电解槽的阳极,在电池中称为负极。

(3)电解质:使电池内部离子导电,有的电解质也因参加电极反应而被消耗。大多数为无机电解质、固体电解质、熔融电解质,非水溶液电解质和有机电解质只占小部分。

(4)隔膜:置于正负极之间,它能够避免正、负极活性物质因直接接触而短路,同时又能使正、负极之间尽可能保持小的距离,以便使电池具有较小的内阻。

(5)外壳:是电池的容器。要求必须能经受电解质的腐蚀,且具有一定的机械强度。

5. 电极的组成

化学电源中实际使用的电极除参加成流反应的活性物质外,还包括其他组成。电极可分为主要成分、次要成分、添加剂。

(1)主要成分:参加成流反应的物质,称为活性物质,它决定了电池的体系和电压。电池表达式中的物质均为主要成分。

(2)次要成分:虽然不直接参加电极反应,但在构成电极时却是必不可少的。例如,作为支撑活性物质的极栅板、导电网等,它们起到了电流聚集和传导的作用。这些次要成分确保了电极的结构完整性和功能的正常发挥。

(3)添加剂:这类物质在电极中的添加量很少,但它们的作用却非常重要。添加剂的加入通常是为了实现特定目的。添加剂主要分为阻化剂、去纯化剂、电催化剂。

6. 电池的容量

电池在一定的放电条件下能输出的电能量称为电池的容量,以符号 C 表示。常用单位为 A·h 或 mA·h。电池的容量可分为:理论容量(又叫计算容量,是由电极里含有活性物质的量决定的)、实际容量(是指电池在一定的条件下所能输出的电量,它等于放电电流与放电时间的乘积)、额定容量(又叫标称容量,是指在制造厂规定的条件下,蓄电池能保证的最低容量)。

7. 影响实际容量的因素

电池实际容量主要取决于电池正、负极活性物质的数量和利用程度,而活性物质利用率主要受到下列因素的影响：

(1)放电制度：指放电速率、放电形式、终止电压和温度。高速率及大电流、低温条件下放电时，将减少电池输出容量。

①放电速率：简称放电率，常用时率和倍率表示。

a. 时率：是以放电时间表示的放电速度，即以某电流放电至规定的终止电压所经历的时间。电池的正负极容量是不相等的，一般由容量较小的电极来决定。

b. 倍率：是指电池放电电流为额定容量数值的倍数。

②终止电压：指电压下降到不宜继续放电时的最低工作电压。一般在高倍率、低温条件下放电时，终止电压规定得低一些。

(2)电极的结构：包括电极的高宽比例、厚度、孔隙率以及导电栅网的形式。

(3)制造工艺。

8. 电池内阻

电流通过电池内部受到阻力，使电池的电压降低，此阻力称为电池内阻。电池内阻包括欧姆内阻和极化内阻，二者之和为电池的全内阻。欧姆内阻遵守欧姆定律；极化内阻随电流密度增加而对数增大。与其他电源内阻不同，电池内阻不是常数，这是因为活性物质的组成和温度在放电过程中随时间变化而不断变化。内阻的存在，使电池放电时的端电压低于电池电动势电压，充电时端电压高于电池电动势和开路电压。各种规格和型号的蓄电池内阻各不相同，一般来说大型电池内阻较小。在低倍率放电时，内阻对电池性能影响明显；但在高倍率放电时，电池全内阻明显增大，电压降损失可达数百毫伏。

9. 电池的自放电

电池的自放电是指电池在储存期间容量降低的现象，电池无负荷时自放电会使容量损失。自放电通常在负极发生。

10. 电池的能量

电池的能量是指在一定的放电制度下，电池所给出的电能，分为理论能量和实际能量。理论能量可用理论容量和电动势的乘积表示，实际能量为一定放电条件下的实际容量与平均工作电压的乘积。通常用比能量(单位质量或单位体积所能输出的电能)来比较不同的电池系列。

11. 电池功率与比功率

电池的功率是指在一定的放电制度下，在单位时间内所给出的能量大小，单位为 W 或 kW。单位质量电池能给出的功率称为比功率，单位为 W/kg 或 kW/kg。比功率大的电池表示可以承受大电流放电。比功率随比能量增加而降低。

5.2.5　电池电动势的基本概念

1. 电池及其电动势

(1)电池和电解池

化学能与电能互相转变的装置称为电化学电池,利用两电极的电极反应产生电流的装置称为化学电池。利用电能发生化学反应的装置称为电解池。

无论电池还是电解池都包含两个电极,每一电极均由第一类导体与离子导体直接接触构成。一个电极与它所接触的电解质溶液构成一个半电池,两个半电池组成一个化学电池。

(2)电池的电动势

电池在断路的情况下,正、负两极间的平衡电势之差,即为电池的电动势。电动势大小由电池中的反应性质和条件决定,与电池的形状、尺寸无关。电动势是电池产生电能的推动力。

2. 电池电动势的温度系数

电池电动势的温度系数就是电池电动势随温度的变化率,在某些条件下能表明电池的性能。例如,当电池电动势温度系数小于零,且数值较大时,表明成流反应(即电池中的氧化还原反应)过程中有较多的热生成,同时电池工作时,电阻、极化引起的电压降也以热的形式释放出来。这时,如果电池散热不畅,就有可能过热,导致热失控,甚至可能导致电池燃烧、爆炸。

5.2.6　蓄电池的电特性

1. 主要蓄电池体系的电动势

电动势是电池输出能量大小的度量之一。如果其他条件相同,电动势越高的电池,理论上能输出的能量就越大,使用价值就越高。为了简明区分电池的系列(体系),使用标称电压。它是电压的近似值,或者说是在规定条件下电池工作的标准电压。不同系列的标称电压为:铅酸蓄电池 2.0 V;碱性蓄电池 1.2 V;锌银蓄电池 1.5 V;镍氢蓄电池 1.2 V。

2. 开路电压

电池在开路状态下的端电压称为开路电压。电池的开路电压等于组成电池的正极混合电势与负极混合电势之差。电池的开路电压在数值上接近电池的电动势。

3. 工作电压

工作电压是指电池接通负荷后放电过程中显示的电压。电压随放电时间变化的曲线,称为放电曲线。

4. 终止电压

终止电压又叫放电终止电压，蓄电池放电低于这一规定的电压时，电池就不能正常工作，如果继续放电可能会造成蓄电池永久损坏。

5.2.7　蓄电池的使用寿命

在规定条件下，电池的有效寿命期限称为该电池的使用寿命。蓄电池内部发生短路或损坏，以及容量达不到额定要求时，电池的使用寿命终止。蓄电池的使用寿命包括使用期限和使用周期。使用期限是指蓄电池可供使用的时间，包括蓄电池存放时间。使用周期是指蓄电池可供重复使用的次数。例如镉镍中倍率碱性蓄电池规定：在环境温度为 20 ℃±5 ℃下，全充全放的循环次数不少于 900 次，浮充使用时，寿命一般为 15～20 年。

蓄电池每经受一次全充电和全放电叫作一个周期或一个循环。锌银蓄电池循环次数为 30～500 次；铅酸蓄电池循环次数为 300～500 次；碱性镉镍蓄电池循环次数为 500～1 000 次。

影响蓄电池寿命的主要因素有：①电池容量逐渐下降。这是因为活性物质晶型改变，表面积收缩，活性物质膨胀、脱落，骨架或基板腐蚀等。②内部短路。蓄电池的使用与维护对预期寿命有着很大的影响，蓄电池运行环境温度过高，超过 35 ℃，会导致电池寿命下降。

5.2.8　蓄电池的运行

蓄电池的运行制度一般有三种：充放电制（循环使用）、定期浮充制和连续浮充制。

1. 充放电制（循环使用）

充放电制多用于小容量、移动型便携式蓄电池，这种运行制度的蓄电池使用寿命较短，因为电池频繁进行全充电和全放电，水消耗较多，须注意经常维护。

2. 定期浮充制

定期浮充制也叫半浮充制，是一种定期将直流电源设备（如整流器）和蓄电池并联的工作方式。用电设备部分时间由蓄电池供电，部分时间由整流器供电，并补充蓄电池组已放出的容量及自放电损失的容量。采用定期浮充制运行方式的蓄电池寿命较使用充放电制运行方式的长一些。

3. 连续浮充制

连续浮充制也叫全浮充制。运行时始终将蓄电池组和整流设备并联在用电设备回路上。整流设备不但对用电设备供电，还对蓄电池保持少量的充电电流，当电网停电或整流设备故障时，蓄电池自动切换过来对用电设备供电，直至交流进线供电恢复，可以保证不中断对用电设备的供电。

5.2.9 蓄电池的充电

1. 恒流充电

恒流充电用调整整流装置输出电流大小的办法使充电电流自始至终恒定不变。数量较多的电池串联组最适用于这种方法。这种方法宜用小电流长时间对电池充电。这种充电方式的不足之处是:对蓄电池而言,开始充电阶段充电机输出电流相对不足,而在充电后期充电电流又相对过大,整个充电时间长,时间一般在15 h以上,析出气体多,对极板冲击大,能耗高,充电效率不超过66%。因此,除非蓄电池需要长时间用小电流进行活化充电外,已经较少使用这种充电方法。为了弥补上述缺陷,通常采用分段恒流充电,以避免充电后期电流过大,此法也叫递减电流充电法。

2. 恒压充电

充电机以恒定电压对每只电池进行充电,在充电初期电流相当大,随着充电进行,充电电流会逐渐减小,到充电终期只有很小的电流通过。这样在充电过程中就不必调整电流。由于充电电流自动减小,因此充电过程中析气量较小,充电时间短,耗能低,充电效率可达80%以上。如果充电电压选择恰当,可在8 h内完成充电。这种充电方式的缺点是:①在充电初期,对于放电过深的蓄电池,充电电流会很大,这不仅危及充电装置安全,蓄电池也会因过流而受到损伤。②如果充电电压选择过低,后期充电电流又会过小,导致充电时间过长,不适合串联数量多的电池组充电。③充电过程中很难维持蓄电池端电压的一致性,充电落后的电池很难完全充电。恒压充电一般应用在电池组电压较低的场合。

3. 限流恒压充电

限流恒压充电是在充电机输出端子与蓄电池之间串接一限流电阻。充电初期电流大时,其上的电压也大,从而减小了充电电压;充电后期电流小时,电阻上的电压也很小,充电设备输出电压损失就小。这样就自动调节了充电电流,使之不超过某个限度,充电初期的电流得到了控制。此法可以弥补恒压充电的缺陷。

4. 快速充电

快速充电是通过专用的充电设备提供脉冲电流和负脉冲给电池,且随着充电时间的延续,电池有一个瞬间的大电流放电(称为负脉冲),使电极去极化。此法可以在短时间内将蓄电池充足电。既不用恒流大电流,也不用较高的恒定电压,这样可以避免蓄电池很快升温,损伤电极和浪费电能。

5. 智能充电

智能充电利用智能化技术,动态跟踪电池的实际状态和可接受充电电流的大小,不断测量蓄电池端口 dU/dt 的变化,使充电机的输出始终符合蓄电池的充电曲线。充电电流自始至终处在电池可接受的充电电流曲线附近。对于铅酸蓄电池来说，后期 dU/dt 很小，即充电完全，dU/dt 就越小，只要确定了 dU/dt 值，充电深度就基本确定。这样来判断终止的条件是比较科学的，既不会过充也不会欠充。

6. 均衡充电

尽管蓄电池的全组电池都处在同样的条件下运行，但由于蓄电池内部情况的种种差别，总会产生一些容量落后的蓄电池。对此，采用均衡充电的方法来消除电池之间的差别，可使全组电池均衡。均衡充电实际使用小电流进行 1～3 h 的过充电，所以不能频繁进行。当然，均衡充电不仅限于上述情况，当出现以下情况时也要进行均衡充电：①浮充机退出运行，蓄电池组担负直流负荷。②由于某种原因迫使蓄电池组以较大电流放电。③放电后未能及时进行充电。④发现个别电池电压、电解液密度偏低，全组电池产生差别。⑤电池维护规定的定期充电、放电的周期延长后，再实行定期放电之前。

7. 补充充电及初充电

当蓄电池搁置一段时间后，会有一点自放电，此时需要进行适当的补充充电。对于新蓄电池，在投入使用前要按使用说明书的规定加入电解液，进行小电流长时间的初充电。

5.2.10　蓄电池的维护

1. 铅酸蓄电池

(1)蓄电池必须始终保持清洁；

(2)和外界保持隔离，以免任何外来杂质落入蓄电池内；

(3)使用的一切工具、材料必须干净、整洁，保存妥善不被污染；

(4)必须定期擦净蓄电池；

(5)各单体电池间的连接线必须安全可靠；

(6)蓄电池的密封盖和通气栓塞，必须定期检查和擦拭；

(7)经常检查电解液面的高度，不要让极板和隔板露出液面；

(8)必须保持电解液的正常密度，而且只能在蓄电池充电时进行；

(9)放电过程中要经常检查各单体电池端电压和电解液密度，密切注意蓄电池的放电程度，绝不允许电解液密度和端电压低于其要求；

(10)放电电流始终保持低于制造厂家的规定值；

(11)电解液温度始终低于说明书的规定值，不允许超过 45 ℃；

(12)充电电流必须低于制造厂家的规定值；

(13)按规定定期进行均衡充电；

(14)如蓄电池需长期搁置，为了避免过度自放电和严重的硫酸盐化，应每月进行一次补充电。

2. 磷酸铁锂蓄电池

(1)蓄电池必须始终保持清洁；

(2)和外界保持隔离，以免任何外来杂质落入蓄电池内；

(3)使用的一切工具、材料必须干净、整洁，保存妥善不被污染；

(4)必须定期擦净蓄电池；

(5)各电池模组间的连接线必须安全可靠；

(6)蓄电池通信线缆连接必须安全可靠；

(7)密切关注蓄电池组中个别电池出现的离散性问题，如单节电池电压过高或过低等情况；

(8)充电电流必须低于制造厂家的规定值。

5.3 铅酸蓄电池

5.3.1 铅酸蓄电池的结构和原理

铅酸蓄电池分为富液式和贫液式两种，基本结构相同，电化学反应原理相同。铅酸蓄电池结构如图 5-7 所示，其结构组件有：正极板、负极板、电解液、容器外壳、引出正负极板的极柱等。

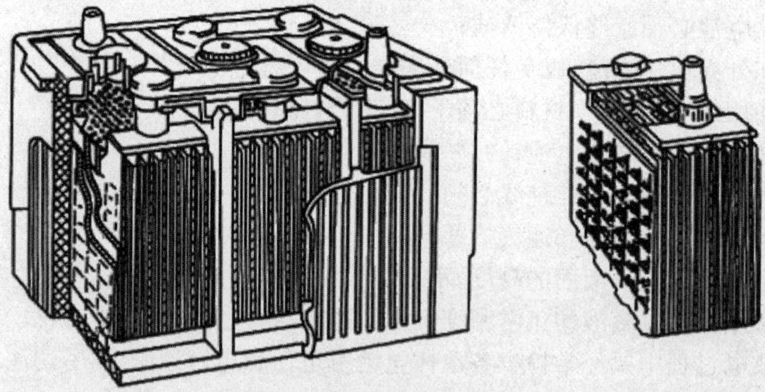

图 5-7 铅酸蓄电池结构

1. 富液式铅酸蓄电池

这种蓄电池极板可分为涂膏式和管式两种，如图 5-8 所示。涂膏式极板是将活性物质铅膏涂在铅锑合金制成的板栅上，阳极上铅膏为褐色的二氧化铅(PbO_2)，阴极上的铅膏为灰色的铅棉(Pb)。

管式铅板如图 5-9 所示，正极是在玻璃丝套（玻璃丝套为多孔性）内灌入铅粉或将铅膏挤入，使用玻璃纤维编织后经树脂固化而成的。

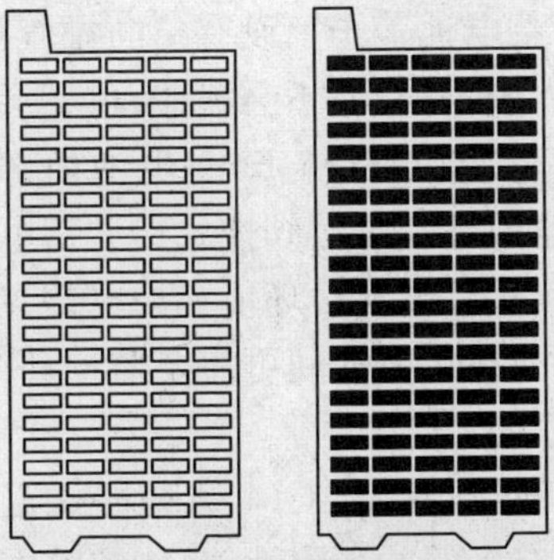

图 5-8　富液式铅酸蓄电池极板

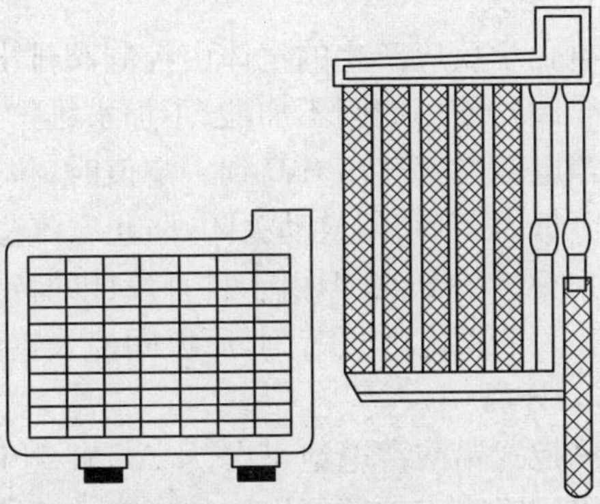

图 5-9　管式极板

蓄电池的总板数总是不小于 3 的奇数，铅酸蓄电池布置在两侧的负极板比正极多一块，以防止正极板翘曲变形。各正极板、负极板均有极耳，通过汇流排连在一起组成正、负极板群，正负汇流排通过极柱引出壳体外形成正负极连线端，正负极板之间都用微孔橡胶隔板或塑料隔板隔开。

2. 电解液

电解液是将浓硫酸（H_2SO_4）与纯水配置而成的稀硫酸溶液。通常富液式铅酸蓄电池电解液在 15 ℃时的密度为 1.21。

3. 壳体及其他组件

电池壳体一般用玻璃、塑料或硬橡胶等制成，正负极板交叉安装示意如图 5-10 所示。

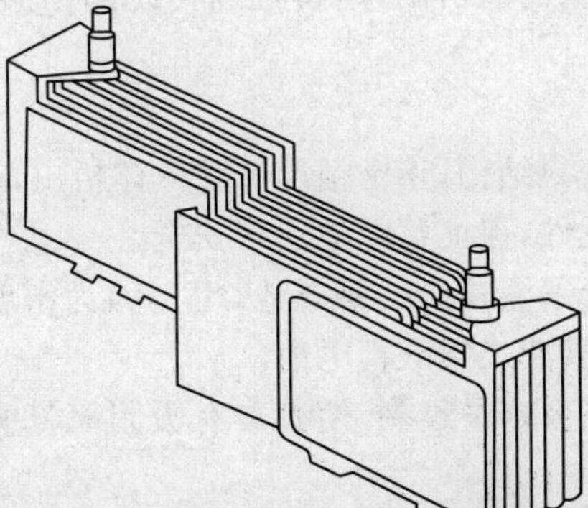

图 5-10　正负极板交叉安装示意

5.3.2 阀控式铅酸蓄电池

1. 定义

电化学反应产生的气体由控制阀排出，所以蓄电池盖子上设有单向排气阀(也叫安全阀)，使用期间不加酸、不加水维护，电池为密封结构，不会漏酸，也不会排酸雾。当电池内部气压升高到一定值时，排气阀打开，排出气体，于是电池内部气体压力降低，控制阀门自动关闭，防止空气进入电池内部。虽然阀控式铅酸蓄电池宣称其为免维护电池，但由于自身设计的特点，阀控式蓄电池对环境和充电装置设备要求比一般蓄电池更苛刻，所以阀控式铅酸蓄电池在运行期间更需要监控和维护。

2. 分类

阀控式铅酸蓄电池可分为AGM型和GEL型两种。AGM型阀控式铅酸蓄电池采用吸附式玻璃纤维作为隔膜，这种隔膜具有良好的吸附性能，能够将电解液均匀地吸附在极板和隔膜之间。同时，该类型电池采用贫液设计，电池内部无流动的电解液，从而有效避免了因电解液泄漏导致的安全隐患。AGM型阀控式铅酸蓄电池具有较高的灵活性，可以立放也可以卧放使用，适用于不同的安装环境和空间要求。GEL型阀控式铅酸蓄电池采用SiO_2作为凝固剂，将电解液凝固成胶体状态。这种胶体电解液不仅能够有效地防止电解液泄漏，还能提高电池的抗震性能和耐候性能。同时，由于胶体电解液的黏度较高，使得电池内部的化学反应更加均匀，从而提高了电池性能的稳定性。GEL型阀控式铅酸蓄电池一般立放工作，因为立放状态能够更好地保证电解液在极板和胶体之间均匀分布，从而提高电池的使用效率和寿命。

3. 优点

阀控式铅酸蓄电池无漏酸跑液，维护工作量低，基本无酸腐蚀、爬酸现象，绝缘良好。运行期间只有少量的氧析出，电特性与传统的铅酸蓄电池一样。其与传统铅酸蓄电池的区别如下：

(1)无液态硫酸。

(2)整个壳体采用密封结构，正常情况下无气体析出，基本无水分丢失。

(3)设置过压阀控元件，保证蓄电池运行安全。

(4)电解液密度高于富液式铅酸蓄电池，也正因为密度较高，所以阀控式密封蓄电池浮充电压略高于富液式铅酸蓄电池。

(5)负极容量相对正极容量过剩，使其具有吸附氧气并将其化合成水的功能，以抑制氢氧气体发生速率。

(6)阀控式密封蓄电池充电最高电压低于富液式铅酸蓄电池，前者最高为2.4 V，后者可达2.8 V。

5.3.3　阀控式密封蓄电池氧复合原理

阀控式密封蓄电池的负极采用活性物质的过量设计，例如负极板总是比正极板多，这样正极在充电后期产生的氧通过空隙扩散到负极，与负极板上的海绵状铅发生反应变成水，使负极处于去极化状态或充电不足状态，达不到析氢过电位。所以负极不会由于充电而析出氢气，电池失水很小，使用期间不需加水维护。

在阀控式铅蓄电池中，负极起着双重作用：在充电末期或过充电时，一方面极板中的海绵状铅与正极产生的 O_2 反应而被氧化成一氧化铅；另一方面极板中的硫酸铅又要接受外电路转过来的电子进行还原反应，由硫酸铅反应成海绵状铅。在电池内部，若要使氧的复合反应能够进行，必须使氧气从正极扩散到负极。氧的移动过程越容易，氧循环就越容易建立。

在阀控式蓄电池内部，氧以两种方式传输：一是溶解在电解液中，即通过在液相中扩散，到达负极表面；二是以气相的形式扩散到负极的表面。传统富液式电池中，氧的传输只能依赖于氧在正极区 H_2O 溶液中溶解，然后依靠液相扩散到负极。

在阀控式铅蓄电池中，当正极上的活性物质发生氧化反应时，会释放出氧气。这些氧气在极化作用下，会在正极附近形成一个轻微的真空区域。由于正负极之间存在压差，这一压差会推动气相氧沿着电极间的气道向负极移动。阀控式铅蓄电池的独特设计正是为了提供这样的氧气流动通道，确保氧气能够顺利地到达负极并参与后续的化学反应。

5.4　磷酸铁锂电池

5.4.1　磷酸铁锂电池的结构

磷酸铁锂（$LiFePO_4$）电池，是指用磷酸铁锂作为正极材料的锂离子电池。磷酸铁锂电池的封装形式主要有圆柱、软包及方形三种。三种封装形式各有优缺点，可以根据用途进行选择。三种封装形式的对比如图 5-11 所示。磷酸铁锂电池的结构组件有正极、负极（一般为石墨）、隔膜、电解液、外壳和引出正负极板的极柱等。

方形锂电池通常是指铝壳或钢壳方形电池。国内多采用电池能量密度较高的铝壳方形电池。因为方形电池的结构较为简单，不像圆柱电池采用强度较高的不锈钢作为壳体且具有防爆安全阀等附件，所以整体附件质量要轻，相对能量密度较高。方形电池电芯工艺采用叠片和卷绕两种，叠片式裸电芯先将正负极极片、隔膜裁成规定尺寸，随后将正极极片、隔膜、负极极片叠合成小电芯单体，然后将小电芯单体叠放并联起来组成一个大电芯，如图 5-12 所示。叠片式裸电芯相对卷绕式电芯具有内阻低、散热性好、倍率性能好、安全性更高等优点。

图 5-11 三种封装形式的对比

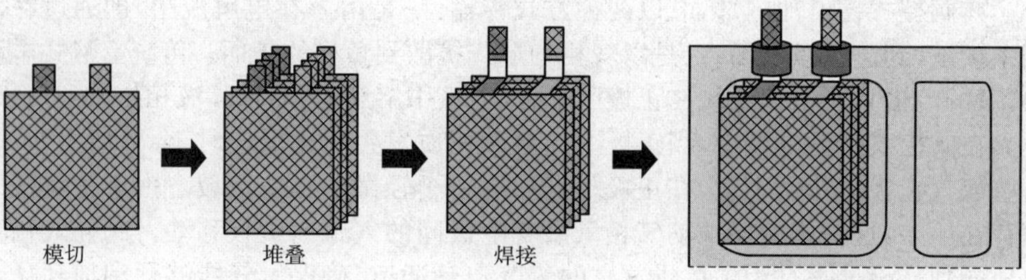

图 5-12 叠片工艺

方形铝壳磷酸铁锂电池结构如图 5-13 所示。方形电池顶盖主要由顶盖板，正、负极柱，防爆装置，注液孔等组成，结构如图 5-14 所示。一般极柱部分包含翻转片装置(OSD)、电流切断结构(CID)和短路装置(fuse)等。

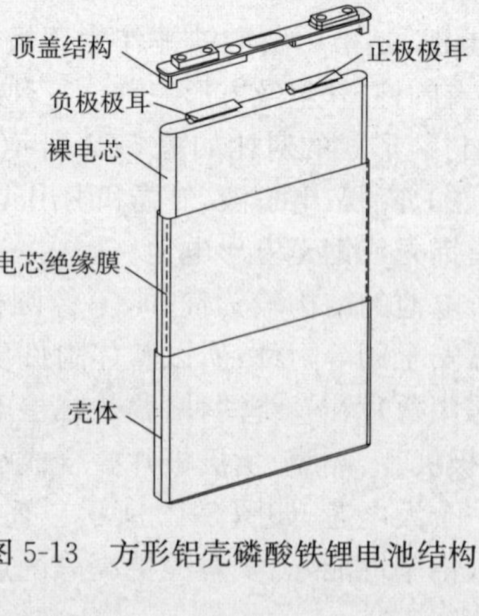

图 5-13 方形铝壳磷酸铁锂电池结构

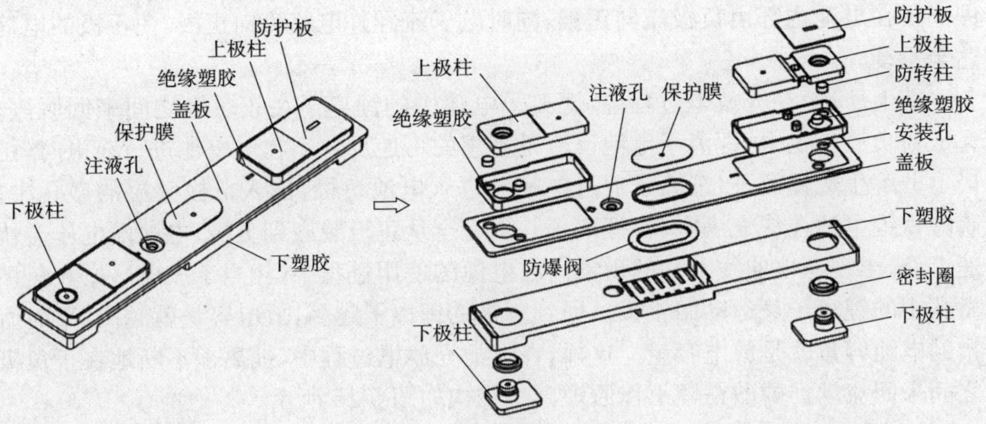

图5-14　方形电池顶盖结构

5.4.2　电解液

锂离子电池的电解液主要是由有机溶剂组成的，比如碳酸丙烯酯、碳酸乙烯酯、碳酸二甲酯、碳酸二乙酯、碳酸甲乙酯等，目前主要采用 $LiPF_6$ 作为锂盐，并附加一些其他的添加剂。电解液pH值一般在5.5～6.5之间，略显酸性。

5.4.3　壳体及其他组件

圆柱和方形电池主要采用金属材料作为外壳，而软包锂电池采用铝塑膜作为封装外壳。

隔膜的主要作用是分隔正、负极，以防止两极接触而发生短路。充放电过程中隔膜能够导通锂离子，但电子和其他离子不能通过。对于锂离子电池来说，一般采用高强度薄膜化的微孔聚丙烯薄膜或特殊处理的低密度聚乙烯膜来匹配有机电解液。

5.4.4　磷酸铁锂电池电化学原理

锂离子电池实际上为锂离子浓差电池，正负两极由锂离子嵌入化合物组成，因工作状态下锂在正负极之间来回摆动又被称为“摇椅电池”。磷酸铁锂电池以磷酸铁锂材料为正极，石墨材料为负极，当电池充电时，锂离子从磷酸铁锂材料中迁移到晶体表面，从正极材料中脱出，在电场力的作用下进入电解液并穿过隔膜，再经电解液迁移至石墨晶体表面，然后嵌入负极中。此时正极磷酸铁锂氧化转变成磷酸铁，处于贫锂态，而负极石墨转化成嵌锂化合物 LiC_6，处于富锂态。与此同时，电子流通过正极的铝箔，经极耳、电池极柱、负载、负极极柱、负极耳流向负极，再经负极集流体铜箔流入石墨材料，使负极的电荷达到平衡。电池放电时为相反过程，锂离子在电池内部由负极流向正极，同时电子流经外电路流向正极，使正极的电荷达至平衡。

综上所述，在充放电过程中，锂离子电池中的锂离子在正负极之间来回脱嵌，完成对负载的供电，锂离子电池反应是理想的可逆反应。在对电池进行充电时，正极上分解生成锂离子，锂离子通过电解质进入电池负极，嵌入负极碳层的微孔中。磷酸铁锂电池在快充满电时，锂离子几乎完全从正极脱嵌到负极，电池端电压会快速上升，出现充电曲线上翘的现象。在电池的使用过程中（相当于放电），嵌在负极微孔中的锂离子又运动回正极。回到正极的锂离子越多，放电容量就越高，平时所指的电池容量就是放电容量。这样，在电池充放电过程中，锂离子不断地在正负极之间来回流动。磷酸铁锂工作原理微观结构如图 5-15 所示。

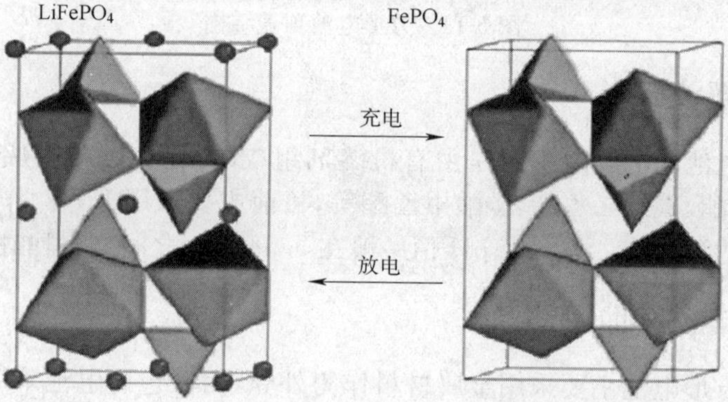

图 5-15　磷酸铁锂工作原理微观结构

5.4.5　磷酸铁锂电池优点

磷酸铁锂电池凭借其原料广泛、价格低廉、环境友好等多重优势，广泛应用于锂离子电池新型正极材料。磷酸铁锂电池具有以下优点：

1. 安全性高。磷酸铁锂晶体中的 P-O 化合键非常稳定，很难分解，即使在高温和过充状态下，也不会像钴酸锂一样出现结构崩塌发热或形成强氧化性物质的现象，因此不会因过充、温度过高、短路等因素爆炸，是目前最安全的锂离子电池。

2. 循环寿命长。磷酸铁锂电池在 100%放电的条件下，可以充放电 2 000 次以上，寿命达到 10～15 年，而其余三种锂离子电池的循环寿命在 1 000 次左右。

3. 可快速充放电。磷酸铁锂电池可以使用大倍率电流充放电，放电电流一般为 1C～5C（C 表示电池的放电速率或充放电倍率。1C 表示电池在 1 h 内完全放电或充电的速率），连续高电流放电可达 10C，瞬间脉冲放电（10 s）可达 20C，而钴酸锂电池的标准放电电流仅为 0.5C。

4. 环保性好。磷酸铁锂电池不含任何重金属与稀有金属，无毒（SGS 认证通过）、无污染，为绝对的绿色环保电池。其他锂离子电池含有钴、镍、锰等重金属，不仅对人体和环境有危害，而且为稀有金属元素，价格较高。

5. 高温性能好。磷酸铁锂电热峰值可达 350 ℃～500 ℃，锰酸锂和钴酸锂电热峰值在 200 ℃左右。

5.5 充电装置

5.5.1 充电装置的分类及性能

由电力电子器件组成的充电装置可分为磁饱和稳压充电装置、相控充电装置、高频开关充电装置三类。其中最早出现的是磁饱和稳压充电装置，这种充电装置至今仍然广泛使用。相控充电装置从投运以来又经历了从分立式电路到集成电路，再到数字逻辑电路的过程，后期有些厂家推出了计算机相控电源。目前高频开关充电装置正不断普及使用，它的直流输出技术和性能全面高于前两种充电装置，采用计算机技术进行监控，使充电装置在直流监测、蓄电池管理、自动化通信等各方面达到了比较理想的状态，能轻易完成现场运行所有需要的功能。充电装置性能比较见表 5-1。

表 5-1　充电装置性能比较

功　能	分　类		
	磁饱和稳压充电装置	相控充电装置	高频开关充电装置
输出稳压功能	有	有	有
输出稳流功能	有	有	有
输出限流	无	有	有
过流保护	有	有	有
过压保护	有	有	有
定期均浮充转换	无	部分有	有
蓄电池限流	有	部分有	有
蓄电池温度补偿	无	无	有
运行参数设置及显示	无	无	有
运行测量数据遥测	无	无	有
遥信报警	有	有	有
运行遥控及遥调	无	部分有	有

5.5.2　磁饱和稳压充电装置

1. 原理

磁饱和稳压充电装置通过调节串联在交流输入回路的电抗大小，使加载到变压器一次侧的交流输入电压发生变化，以引起变压器的二次侧电压变化，满足调整直流电压输出的要求。工作原理图如图 5-16 所示。L_1 是可调电抗，改变其电抗值就可调节主变压器输入端电压。当反馈电压输入至电抗器上叠加的直流助磁线圈，使得电抗铁芯磁化而改变电感大小。

铁芯在不同磁场强度 H 下对应的磁感应强度 B 曲线如图 5-17 所示。当磁场强度 H 从零开始逐渐增大时，磁感应强度 B 随磁场强度 H 增加的速度较快。这一个阶段通常被称为非饱和区。之后 B 随 H 的增加而逐渐趋于线性增长，直至达到一个特定的 c 点（饱和点）。饱和点 c 是 B 增长趋势发生显著变化的关键点。一旦 H 超过这个点，铁磁材料的导磁率将急剧下降，这意味着铁磁材料对磁场的响应能力减弱。因此，在饱和点之后，即使继续增加 H，B 的增长也将变得非常有限。在铁芯磁路的设计中，通常会选择让磁路工作在近饱和区段，即 bc 段。这是因为在这个区域内，电感的变化最为显著。当 H 在 bc 段内变化时，由于铁磁材料的导磁率发生较大变化，导致电感也随之发生显著变化。

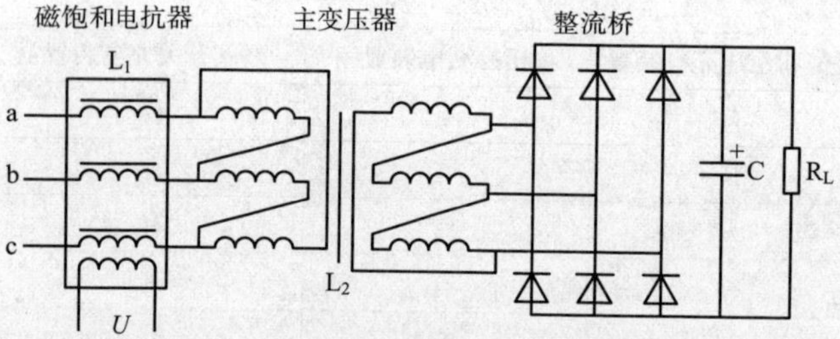

图 5-16　磁饱和稳压充电装置工作原理

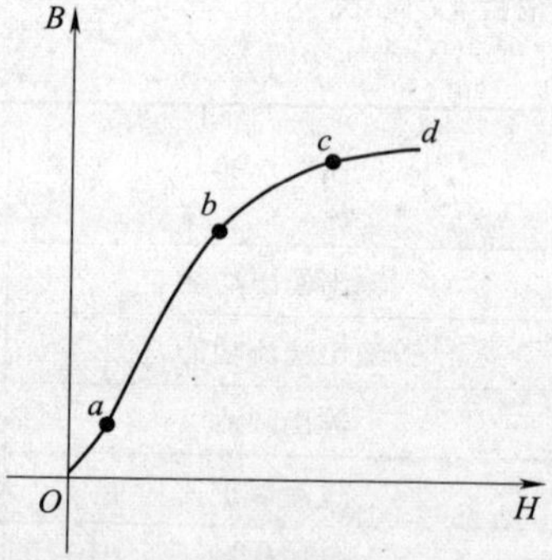

图 5-17　磁场强度和磁感应强度对应关系

2. 典型电路分析

在城市轨道变电站中，常用 GZD-3 系列直流屏。其充电装置输出电压自动调节是靠磁饱和电抗器来实现的，而磁饱和电抗器输入电压的调节又是依靠相控式整流装置来实现的。可以说这种充电装置结合了磁饱和和相控式充电装置的优点，具有性能稳定、可靠性高、经济、易于维护等优点，是一种较为理想的直流电源，能满足变电站的控制电源、操作电源及应急照明等需求。

GZD-3系列直流屏由一屏或多屏组成，充电、浮充电装置及电池均被完整地装于屏内。一套充电、浮充电系统中，当充电装置正常工作时，浮充电装置会作为恒压源，持续稳定地对控制母线进行供电，并同时对电池进行长期的浮充电操作，以保证电池的电量充足。充电装置则作为恒流源，定期对电池进行充电，以确保电池的性能和寿命。在充电过程中，当充电电压逐渐上升到电池的终止电压时，充电装置会自动从恒流源工作状态转变为恒压源工作状态，对电池进行均衡充电。均衡充电的目的是确保电池内部各部分的电量分布均匀，从而提高电池的整体性能和延长使用寿命。均衡充电结束后，充电装置会自动关机，以节省能源和保护设备。此外，当浮充电装置发生故障或工作异常时，充电装置能够迅速自动启动，替代浮充电装置继续工作，确保控制母线的持续供电和电池的正常充电。这种自动切换功能大大提高了充电、浮充电装置的可靠性和稳定性，为设备的正常运行提供了有力保障。

系统采用免维护铅蓄电池作为储能设备。在充电过程中，电池充电采用0.1C的恒流充电方式，恒流精度控制在5%以内。同时，系统还采用了充电终止控制形式，以确保当电池组达到终止电压时，能够自动停止充电装置，并转入长期浮充电状态。

直流屏具有以下特点：无论在任何状态，交流失电时能无间隙地使电池自动向母线供电；能在无人值班的状态下工作，全部采用自动控制，同时还具备整套的手动操作功能；具有多路输出，供控制、合闸、信号、继电保护、事故照明和应急使用；具备交流失电、交流缺相、母线接地、欠电压、过电压、浮充装置故障、音响报警、绝缘检查、闪光试验等各项自检功能；为了方便用户对电池进行维护，设有电池活化装置。

(1)主电路工作原理

直流屏具有双路交流进线电源，两路交流电源分别经过输入空气开关，以第一路优先供电为主。电路中的交流接触器具有以下功能：作为第一路的断相保护；作为第二路的缺相保护；保证两路自切以第一路为主，相序不短路；组成浮充电装置电源交流输出的缺相保护；组成充电装置交流输出的断相保护；组成充电、浮充电的直流输出切换。

正常工作时浮充电装置作为恒压源，负极直接接到控制母线负极、负合闸，正极220 V(110 V、48 V、24 V)经熔丝、隔离二极管、分流器至控制母线正极，供控制母线输出。控制母线电压可通过电压表观察。浮充电输出正极260 V(130 V、64 V、32 V)通过熔丝、隔离二极管、直流接触器触头、电阻、电位器、浮充电流表、隔离二极管，经空气开关对电池进行长期浮充电，浮充电时可以通过浮充电流表观察。

充电装置作为恒流源工作时，负极经空气开关、熔丝至电池负极，正极经熔丝、隔离二极管、分流器、直流接触器触头、空气开关、熔丝至电池正极。电池充足时，充电控制器能自动控制充电设备，使充电设备从恒流源工作状态转为恒压源工作状态，对电池组进行均衡充电，SB5 指示灯亮，均衡充电一般为 4～8 h 。由时间继电器对均衡充电进行控制，均衡充电结束，充电设备自动关机。此外，如果充电控制器检测到电池已经充满，它会发出电控制信号，使充电装置转为恒压源状态。此时，时间继电器的设定时间为 10 h，用于确保电池在恒压源状态下充分稳定。

浮充设备故障时，充电装置能自启动，替代浮充设备。负极直接接控制母线负极、负分闸，控制正电源输出端 220 V 经熔丝、隔离二极管、直流接触器触头、分流器至控制母线正极。替代浮充电压经熔丝、隔离二极管、直流接触器、电位器、浮充电流表、隔离二极管、空气开关、熔丝至蓄电池组正极。

整机在充电时(浮充电装置、充电装置全部工作)，直流接触器工作，直流接触器主触头释放，此时电阻也起降压作用，以保证电池充足。当充电装置停机时，直流接触器主触头吸合，以保证交流失电时无间隙对控制母线供电。如果充电时交流失电，在直流接触器主触头吸合转换的瞬间，由电阻维持对控制母线的供电，以保证无间隙地切换。

交流失电时，电池负极经过熔丝直连控制母线负极，电池正极经过熔丝、直流接触器主触头、硅链、分流器至控制母线正极，确保控制母线不失电。

直流电压表可以指示浮充装置输出电压、充电装置输出电压、蓄电池组电压。当充电设备作为恒压源使用时，电压表还可以指示均充电压和浮充电压。母线电压表可以测量正、负母线对地绝缘电压，也可以监视控制母线、合闸母线电压。

(2)信号回路工作原理

整机信号回路可同时提供灯光、音响报警。有故障时，灯光报警必须在故障排除后才能恢复，音响报警则可手动关闭。

交流失电时，交流接触器、直流接触器复位。直流继电器动作提供灯光、音响报警，有远动信号输出的机型向 RTU 远动柜提供一位开关接点，供远动输出。

浮充电装置故障时，直流继电器恢复吸合，继电器动作，提供灯光、音响报警，有远动输出的机型提供远动输出。

当控制母线电压高于 245 V 时，电压继电器的触点闭合，直流继电器动作，提供灯光、音响报警，有远动输出的机型提供远动输出。

当控制母线电压低于 200 V 时，电压继电器的触点恢复闭合，直流继电器动作，提供灯光、音响报警，有远动输出的机型提供远动输出。

有的机型充电装置、浮充电装置的直流输出装有熔丝报警器、电池正负极的熔丝报警器和主电路工作状态切换直流继电器的熔丝报警器。只要任意一个熔丝报警，对应的常开触点闭合，直流继电器动作，提供灯光、音响报警，有远动输出的机型提供远动输出。

3. 控制电路工作原理

GZD-3系列充电装置能正常工作，除了主电路接线正确外，还取决于控制恒流、恒压稳定工作的电子电路板的调试是否正确，该电路板由磁饱和电抗器直流助磁电流输出电路、移相控制电路、给定控制电路和充电、浮充电反馈控制电路、晶闸管脉冲输出电路四部分组成。

(1)磁饱和电抗器直流助磁电流输出电路

磁饱和电抗器直流助磁电流输出电路由磁饱和电抗器、三绕组整流变压器、整流二极管、晶闸管(控制其触发角)、阻容吸收器组成。

电路原理：形成约400 V的直流输出电压。每个周期有两个脉冲送至晶闸管的控制极，调节其触发角，可以改变磁饱和电抗器的输出电压，进而改变三绕组整流变压器的输入电压，由此改变三绕组整流变压器的输出电压大小。

(2)移相控制电路

①锯齿波发生电路

锯齿波发生电路由同步变压器的10 V绕组、整流二极管、二极管、三极管、电阻、电容组成。

电路原理：在一个工频周期内，由同步变压器的10 V绕组、整流二极管组成的整流电路输出约9 V的脉动电压，输出波形为正半周的正弦波形。每次电压过零时，三极管导通，引起电容对地直接放电。

②脉冲触发电路

脉冲触发电路由同步变压器15 V绕组、整流管、二极管、三极管、电阻、电容组成。

电路原理：脉冲触发电路是一个多谐振荡电路，两个三极管轮流导通，在一个振荡周期内，输出一个矩形脉冲，通过二极管送到电路中某点。这是一个低电位有效的信号。

(3)给定控制电路和充电、浮充电反馈控制电路

给定电压输入由电阻、稳压管、电位调节器等组成。

给定控制由集成电路运放和电阻、整流变压器、二极管组成。

电路负反馈由电位调节器、电阻、电容组成。

变压器的2×20 V电源、整流二极管、稳压管、滤波电容以及电阻组成直流双电源，为集成电路运放工作提供电源。

电路原理：当反馈电压减小时，集成电路输出一个电压增量信号，经变压器、二

极管放大输出。反馈电压增减量的大小决定锯齿波的斜率。锯齿波的斜率越大，触发角的脉冲信号越提前。反之，触发角的脉冲信号越滞后。

5.5.3 高频开关充电装置

1. 脉宽调制技术(PWM)

脉宽调制技术(pulse width modulation ，PWM)是一种通过改变脉冲信号的宽度(占空比)来控制模拟电路的有效电压或电流的技术。PWM 技术广泛应用于电力电子、自动化控制、电机调速、照明调光等领域，是实现高效、精确控制的重要手段。PWM 技术具有控制简单、效率高、功耗低等优点，能够实现对模拟信号的数字化控制，提高系统的稳定性和可靠性。

斩波电路如图 5-18(a)所示，这类电路又称逆变器，统称电能变换装置。R 为负荷电阻，S 为开关，U_i 为输入电压，U_o 为输出电压的平均值。当开关 S 切断时，负荷上的电压为零，并持续 t_{off}时间。T 为斩波器的工作周期($T=t_{on}+t_{off}$)。斩波电路的输出波形如图 5-18(b)所示。定义斩波器占空比为 $D=t_{on}/T$。

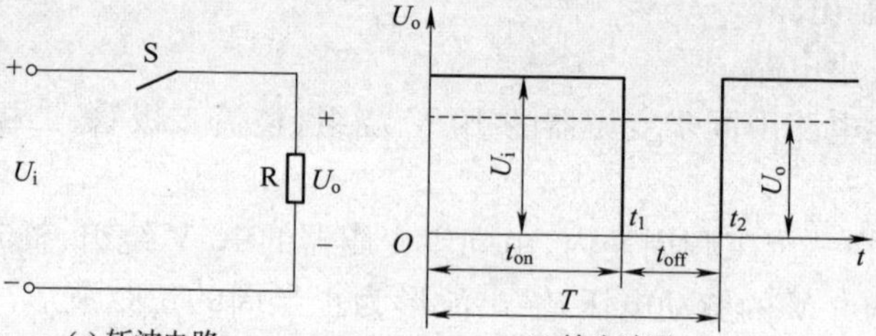

(a) 斩波电路　　(b) 输出波形

图 5-18　斩波电路及其输出波形

当占空比 D 从 0 变到 1 时，输出电压平均值 U_o 从 0 变到 U_i。显然，通过调整占空比即可实现控制输出电压的目的。从输出结果看，这样的直流输出电压波形无法实际应用，还要经过电容器的滤波后才能得到波形比较好的直流电压，如图 5-19 所示。

图 5-19　不同脉宽加电容滤波后的输出电压波形

图5-19中，输出电压波形在前后不同脉宽作用下，经过电容滤波后变成比较平滑的不同电压幅值的直流电压。当然由于电容器的充放电原因，输出电压有点波动，但开闭频率越高脉冲间隔就越小，加之电容足够大，输出波动的幅值就越小，波形越平直，可达到使用的质量要求。通过调整图5-18(a)中开关S打开与闭合的频率，就可以调整脉宽，改变输出电压的有效值，从而可以得到任何想要的电压。高频开关直流模块电源与工频整流电源相比，在同等功率容量条件下有明显的三大优势：体积小、耗铜材料低、效率高。变换频率越高，高频变压器的体积越小，但对大功率开关器件的开关特性和整流二极管的开关特性要求随之提高，即开关期间的导通和关闭时间短，开关损耗才可以降低，如果开关时间长就会导致元件剧烈发热而不能工作或损坏。

应用高频开关电源技术基本原理可以组成各种各样的电能变换电路结构，在大功率电能变换中分为半桥式、全桥式和推挽式三种，其中常见的是前两种。

(1)半桥式逆变电路

半桥式逆变电路如图5-20(a)所示。

两个相同的电容串联在直流输入端，它们的联结点O可以看作虚零，所以每个电容上的电压为$u_d/2$。控制T_1、T_2的基极，使开关管T_1、T_2轮流导通，O点电位基本维持不变。若负载为纯电阻，T_1和T_2分别接通$T_0/2$时间，则获得如图5-20(b)所示的输出波形。u_A为A点对O点的电压，i_d为负荷电流。V_1与V_2是保护二极管，对于电阻负荷，两只整流管V_1和V_2都不起作用。输出波形中，电压是方波，其幅值为$u_d/2$，输出电压有效值为$u_A=\frac{u_d}{2}$。

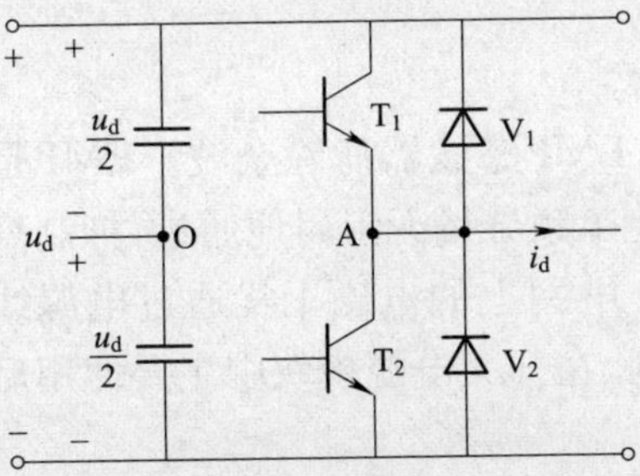

(a) 半桥式逆变电路

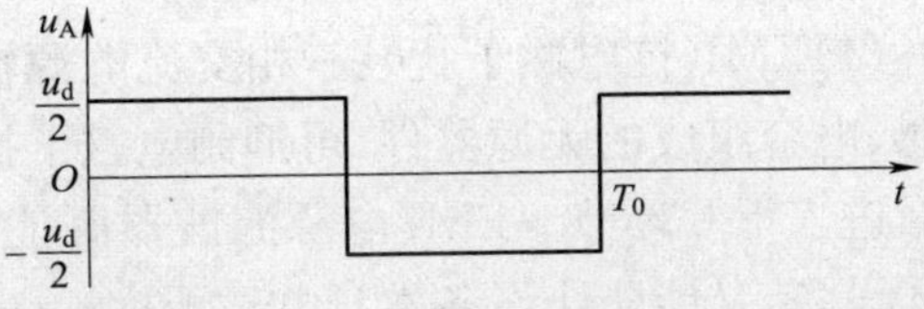

(b) 输出电压波形

图5-20　半桥式逆变电路及其输出电压波形

为保证电路正常工作，T_1和T_2不能同时导通，否则将出现直流短路现象，即逆变颠覆。改变开关T_1、T_2控制信号频率，输出电压的频率也会随之改变。

(2)全桥式逆变电路

全桥式逆变电路如图 5-21 所示，它由两个半桥式逆变电路构成。在输入电压相同的条件下，其输出电压最大值是半桥式逆变电路的两倍。如果输出功率相同，其输出电流和开关电流则是半桥式逆变电路的一半。全桥式逆变电路的工作原理同半桥式逆变电路一样，VT_1 和 VT_4 同时导通 $T_0/2$，VT_2 和 VT_3 同时导通另外 $T_0/2$，在负载上得到交变电压方波。当电源电压 U_d 和负荷 R 不变时，全桥式逆变电路的输出功率是半桥式逆变电路输出功率的 4 倍。

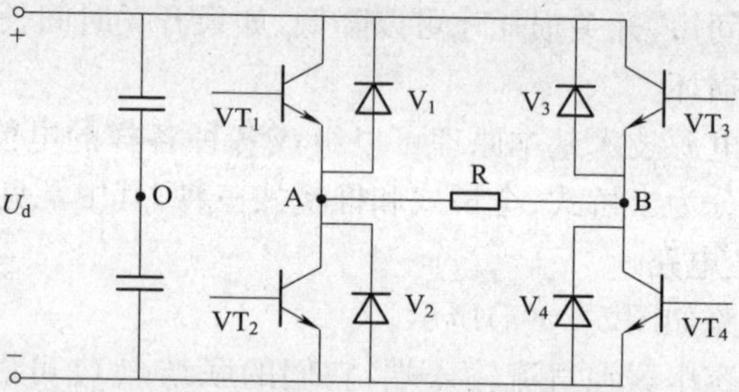

图 5-21　全桥式逆变电路

全桥式与半桥式逆变电路各有优点，前者多用了两个开关元件，价格稍贵了一些，但输出功率大。后者少用两个开关元件，价格便宜，接线简单，适合于小功率变换。由于全桥式逆变电路在相同的工作电压下输出功率大且便于控制，尽管其多用两个开关元件，大功率变换场合几乎都采用它。

2. 高频开关电源模块内部结构

高频开关电源模块内部结构如图 5-22 所示。

(1)EMI(抗电磁干扰)：三相交流电源输入 EMI 滤波器滤除杂波。EMI 是由电感、电容组成的无源器件，可抑制电磁干扰，让工频分量无阻碍地通过，抑制高频分量进入下一环节。EMI 电源滤波器既能防止电网上的电磁干扰通过电源线路进入设备，又能防止设备本身电磁干扰污染电网，在开关电源模块中主要使用后一功能。EMI 元件是为满足电磁兼容条件而设的。

(2)两种交流输入：三相 380 V 交流输入和单相 220 V 交流输入。前者用于大功率三相输入，后者用于小功率单相输入。单相输入的优点是当输入交流缺相时仅仅减少 1/3 模块(正常时所有模块均摊在三相电源上)，其余模块照常工作。缺点是单相整流后的直流纹波要远远大于三相整流，滤波电容相对来说使用得多一些。但对经过 PWM 逆变后的直流波形基本没有影响。

(3)工频整流：三相交流电进入 EMI 后经全桥整流电路变成直流脉动电压。

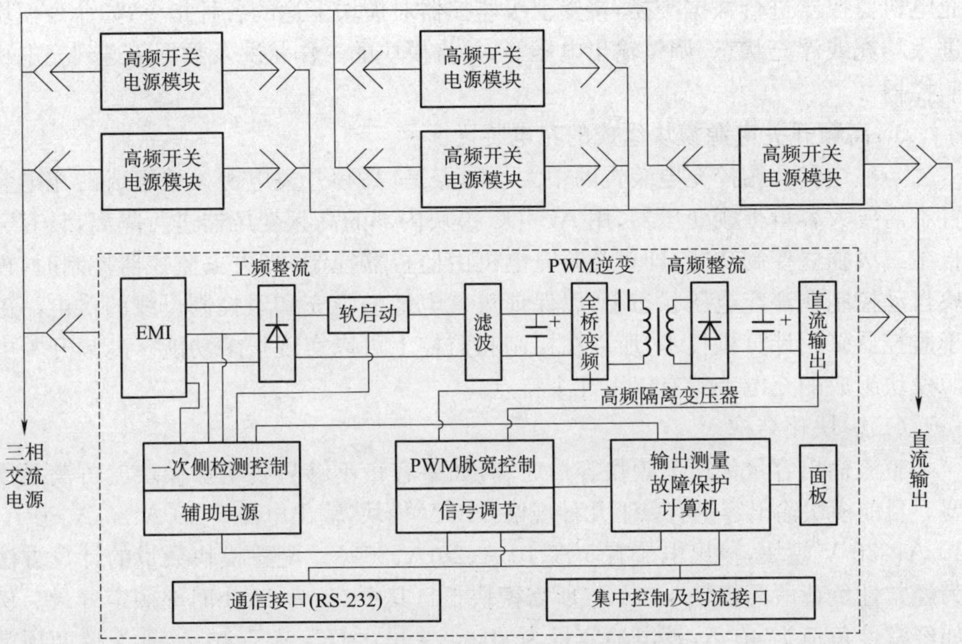

图 5-22　高频开关电源模块内部结构

(4)软启动:限制开机时很大的冲击电流。

(5)滤波:直流脉动电压不能直接使用，需经过电容滤波,使直流中的纹波大大降低,才可供全桥式逆变电路 PWM 使用,但这个输出直流电压不稳定,随交流输入电压变化而变化。

(6)PWM 和高频整流:滤波后的直流电压经过 PWM 全桥变换转换成高频方波,经过高频隔离变压器变换及隔离输出,再经过高频整流后得到所需要的直流电压。直流输出电压由“PWM 脉宽控制”模块调节。这个控制回路从直流输出端采样,与给定电压相比后向高频开关输出导通与闭合的频率,以控制全桥式开关导通时间,于是得到了需要的电压。输出电压大于设定值时减少导通时间,输出电压小于设定值时增大导通时间,通过这个过程,将不稳定的交流输入和负荷变化引起的电压波动调整为稳定的直流电压输出。

(7)辅助电源:提供整个模块内部的工作电源。

(8)一次侧检测控制:是对输入交流电源的监控。当输入交流电压过、欠压时对电路进行保护,对软启动电路进行控制。

(9)输出测量故障保护计算机:收集一次侧检测控制的所有信号和由直流输出的采集信号。该单元计算机采用单片计算机技术组成的模块内部管理单元,能够对整个高频开关电源内部各模块所有工作状态进行检测和控制。该单元同时还与充电机监控器进行数据交换,接受上级监控器对模块下达的各种指令,如命令模块进入均充或浮充状态、调整输出电压等,并将模块的工作状况及数据传送到充电机监控器。

3. 高频开关电源模块组成的充电装置

与磁饱和及相控充电装置的很大不同点是,高频开关电源模块组成的充电装置不需要大容量工频变压器,用 AC/DC 模块内部的高频变压器进行隔离,具有分自主二级独立控制功能,即正常时充电机由监控器控制,当失去监控器控制时,模块自动控制在浮充电压状态下,以保证对蓄电池的浮充和对控制母线的供电。由于监控器采用计算机技术,所以在控制和监控上可以实现很多功能。高频开关电源模块组成的充电装置有以下几个特点。

(1)模块化结构

直流输出容量为所有模块容量之和,如果容量不够只要增加模块就可满足需要。目前模块输出容量有以下几种规格:110 V 模块,输出电流有 10 A、20 A、30 A、40 A;220 V 模块,输出电流有 5 A、10 A、20 A、25 A。配置模块数量的计算方法为经常性负荷所需模块$+0.1C_{10}$所需模块$+1$,其中C_{10}为 10 小时率额定容量。例如经常性负荷为 40 A,蓄电池容量为 400 A · h,$0.1C_{10}$就是 40 A,那么这两项就是 80 A,需 20 A 模块 4 块,再加冗余模块 1 块,总共需使用 5 个模块。

(2)模块可独立运行

如果监控器出现问题,各模块可自主运行,按设定电压(浮充)值工作,不会造成整机停止工作或蓄电池异常充电。在监控器恢复正常工作之前,能长期保证输出电压的稳定以及各模块输出电流的均衡分配。

(3)自动均流

在各模块之间设有一根均流总线,用于联系各模块,使模块输出电流平均分配,保证输出功率平均分配给每一模块,避免由于各模块输出电压的差异,造成个别模块重载长期运行。有了均流这一控制环节,运行中即使某一模块退出工作或增加一个模块,也会再次自动平均分配每个模块的工作电流。

(4)自动限流

①基本的模块输出限流

各个模块最大输出电流之和就是充电装置的最大输出电流。如 20 A 模块就表示输出电流最大为 20 A,大于 20 A 的电流无法输出。高频开关电源模块输出特性如图 5-23 所示。高频开关电源模块的特点之一就是输出短路对模块本身不会造成损害,最大短路电流就是输出电流,短路消失电压自动恢复。

②充电机输出限流

为了避免因负荷变动而影响输出,监控器会发出指令对充电电流进行控制。限流值的设定为经常性负荷+0.2C_{10}，其中0.2C_{10}是阀控式密封铅酸蓄电池充电电流的上限。这样可以保证蓄电池在任何情况下不会过充电。当充电机输出短路时，由监控器控制的限流动作将先于各模块本身的限流。任何限流方式都通过调整输出电压来达到目的，因此限流动作的结果就是输出电压低于均充电压。在限流状态下调整输出电压设定值，输出电压将不会变化，因此不能在此种情况下设定电压值。

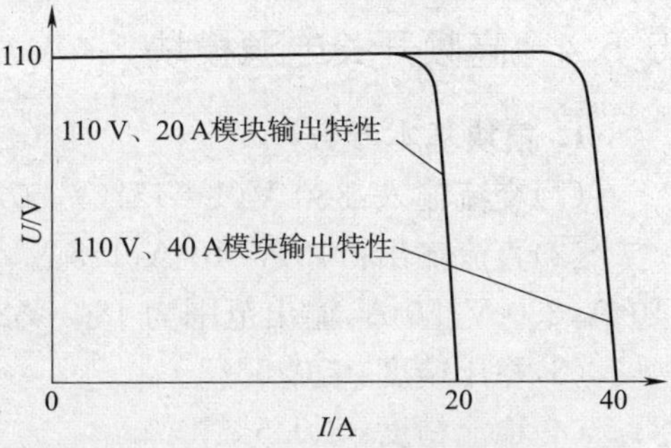

图 5-23　高频开关电源模块输出特性

(5)增容简单

如果电源容量不足，无需更换整台整流器，只需再增加模块，就可满足输出增容要求。

(6)计算机监控

监控器是直流系统的智能监控管理单元，负责采集、显示直流电源系统各充电模块单元运行状态与数据，设定系统各单元运行参数，控制各单元正常运行。

(7)远程通信

监控器都由 RS-232、RS-485 接口与综合自动化系统相连，或通过 MOKEM 与远方监控中心相连，实现遥控、遥测、遥信、遥调功能，完成远方对直流系统运行参数和工作状态的巡检等。

(8)自动均浮充

监控器自动检测蓄电池盈亏状况，从而决定对蓄电池进行均充还是浮充。如果是均充，则进入稳流限压对蓄电池进行充电，稳流数值为 0.1C_{10}，限压设定值比浮充电压设定值约高 4%～8%。

(9)可靠性高

在由电源模块组合成的充电机运行过程中，个别模块损坏不会影响充电机正常工作，其他模块可照常工作。因此可以从容地更换故障模块，大大提高了充电机的可靠性。

(10)维护方便

每个充电模块可带电插拔，不用停电，在插拔过程中不会接触裸露导体，所以安全性也很高。整个模块可以从前面抽出，退出工作的模块输出电流会自动平均分配给其他正在工作的模块。模块可在线带电更换，提高了充电机检修速度。监控器退出进行检修不影响充电机工作。

5.5.4 高频开关电源模块

1. 模块基本参数

(1)交流输入:380 V(1±15%),50 Hz(1±10%)。

(2)直流输出:115 V、10 A,115 V、20 A,输出范围为90~160 V可调;230 V、10 A,230 V、20 A,输出范围为180~320 V可调。

(3)稳压精度:≤0.5%。

(4)稳流精度:≤0.5%。

(5)纹波系数:≤0.1%。

(6)转换效率:≥95%(满负荷输出)。

(7)动态响应:在20%负载跃变到80%负载时,恢复时间≤200 μs,超调≤5%。

(8)可闻噪声:≤55 dB。

(9)工作环境温度:−5 ℃~45 ℃。

(10)绝缘:

①绝缘电阻:直流部分、系统部分与地之间相互施加500 V、50 Hz的交流电压,绝缘电阻>2 MΩ。

②绝缘强度:交流部分、直流部分和机壳间施加50 Hz的2 kV的交流电压,1 min无击穿,无闪络。

(11)模块四遥功能:

①遥测:输出电压、电流。

②遥信:开/关机状态、工作状态。

③遥控:开/关机、均浮充转换。

④遥调:使输出电压、输出电流连续可调。

2. 模块工作原理

(1)模块结构

模块结构框图如图5-24所示。

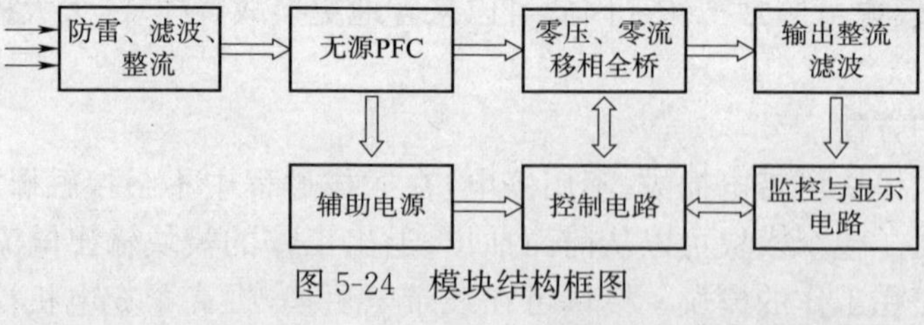

图5-24 模块结构框图

防雷、滤波电路的作用是避免电网中由于各种原因造成的电压浪涌对模块的损坏以及滤除来自电网的谐波、噪声干扰,保证模块正常工作。

无源 PFC 电路的作用是和后极的电容形成 LC 滤波以稳定变换电路的母线电压;提高功率因数,降低模块对电网的污染。

零压、零流移相全桥电路是模块的主电路,也是整个模块的核心部分,其功能是将整流滤波后的母线高压电转换为用户所需的各种规格的直流电。

输出整流滤波电路是模块的输出级,其功能是将经全桥移相电路处理并经变压器隔离后的交流高频电压脉冲转化为直流电压脉冲并滤除其高频部分,以提供平稳的直流电。

辅助电源为控制电路提供多路低电压电源。

控制电路通过对输出电压、电流信号的采集并经电压、电流环来完成对全桥移相电路的控制,使输出达到设定值。

监控与显示电路完成对模块工作状态的监测,并通过人机界面使用户随时读取模块工作数据并对之实现简单控制。

(2)模块主电路

模块主电路如图 5-25 所示。

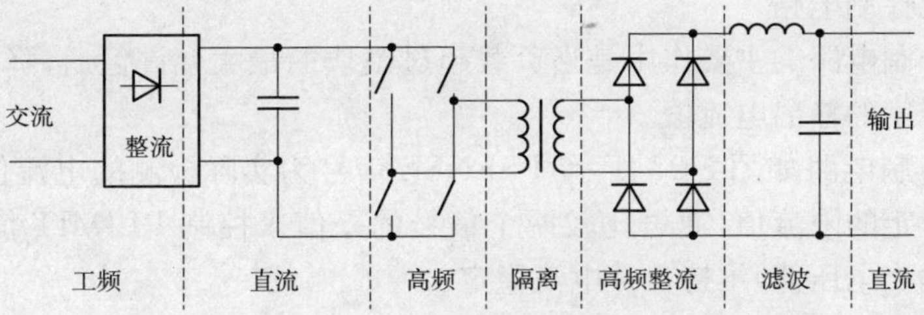

图 5-25　模块主电路

工频整流:交流输入经全桥整流电感电容滤波后变为高压直流。

高频逆变:高压直流经全桥逆变为高频交流,采用 PWM 调制实现稳压限流。

隔离:高频交流经高频变压器隔离,通过调节变比满足输入输出工作范围。

高频整流:高频交流经快恢复管整流、电感电容滤波后输出稳定直流。

(3)模块主电路工作原理

零压、零流移相全桥电路如图 5-26 所示。模块实现输入至输出电能的转换主要就是靠控制此主电路工作。

零压、零流移相全桥电路通过控制桥臂上对角功率管共同的导通时间,在变压器原边形成一个交流的高频电压脉冲波,然后通过高频变压器将此高频脉冲串传递到副边,经过全桥整流滤波后,在输出端得到一个平稳的直流电压。通过控制对角功率管共同导通的时间便可以控制高频电压脉冲的宽度,从而控制输出电压的大小。

(4)模块控制电路工作原理

模块控制电路的控制模式为电压单环控制。按照模块功能分,控制电路主要

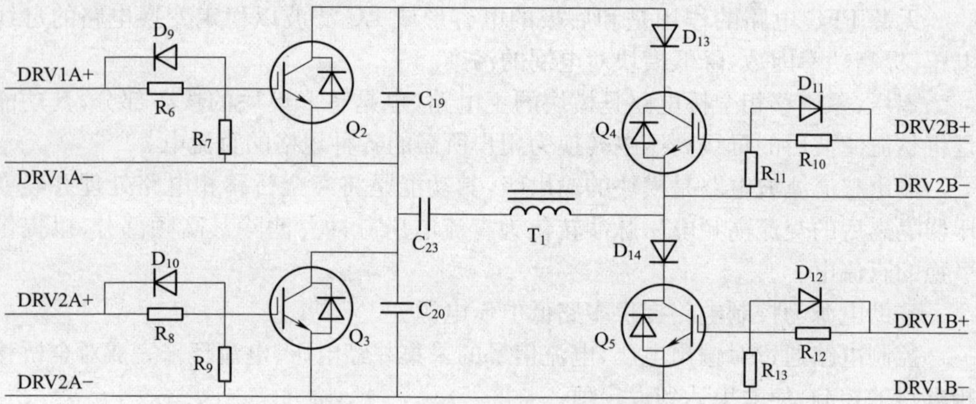

图 5-26　零压、零流移相全桥电路

分为电压环电路、限流控制电路、均流控制电路。

①电压环电路

电压环电路的主要作用是控制输出电压为设定电压，并保证系统的稳定。

②限流控制电路

限流控制电路的主要作用是当负载超过模块的最大允许值后，降低输出电压值以维持稳定的输出电流值。

限流控制电路如图 5-27 所示，I-SENSE 信号为实际检测的电流值，I-ADJ 信号为软件设定的限流值，通过比较两个信号的差值来控制 I-LIMIT 信号的大小，从而控制输出电压值，维持负载电流稳定。

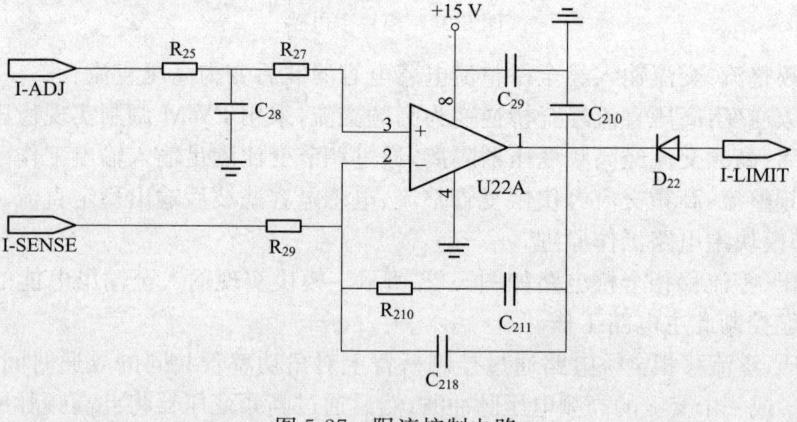

图 5-27　限流控制电路

③均流控制电路

均流控制电路如图 5-28 所示，主要作用是在多个模块并联运行时控制各个模块承担同等的电流以提高整个系统的可靠性。

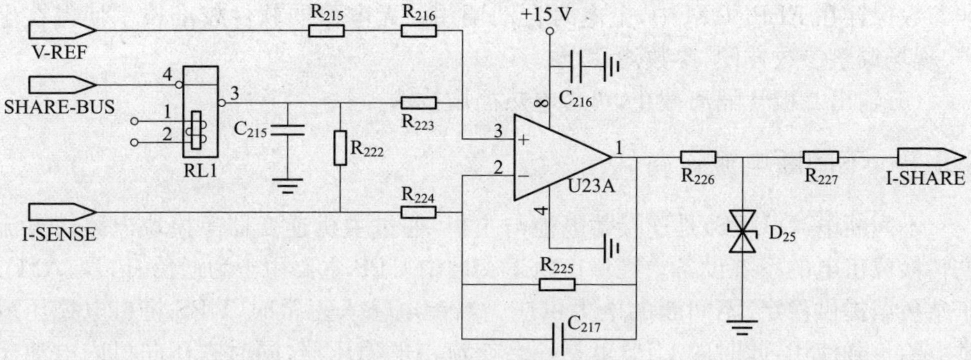

图 5-28　均流控制电路

SHARE-BUS 信号为各模块并联运行的均流母线，V-REF 为系统硬件给定的参考值，I-SENSE 信号为实际检测的电流值。通过比较 SHARE-BUS 信号与 I-SENSE 信号的差值来控制 I-SHARE 信号的大小，对各模块的输出电压值进行微调，从而维持负载电流在各模块间的平均分配。

3. 模块控制新技术及特点

(1)相移软开关控制技术。

高频开关电源损耗主要由功率因数损耗、工频整流损耗、开关管开通损耗、导通损耗、关断损耗、高频整流损耗构成。硬开关在开通、关断过程中，电压和电流均不为零，因此开关管功率损耗很大；软开关在开通、关断过程中，电压或电流几乎为零，因此开关管功率损耗值几乎为零。所以采用软开关技术的高频整流模块效率要高一些，对散热器的要求也低一些。

(2)自主均流技术。

高频开关电源可实现 $N+1$ 备份。模块之间要求均分负载，通过均流线传递模块平均输出电流。模块内部通过误差 PI 调节使输出电流稳定。模块故障时均流线自动脱离以保障系统均流稳定性。

(3)模块监控技术。

①监测量：输出电压、电流、故障状态。

②控制量：输出电压、输出限流、开关机、均浮充。

模块采用 CPU 控制，LCD 显示，模块参数可按键设置或通信设置，由 EEPROM 保存，掉电不丢失。电压控制采用 12 位 D/A 输出，控制精度高。

模块通过 RS-485 和主监控通信，主监控通过通信设置模块参数、采集模块工作参数、控制模块工作状态。

(4)无电位器软件校准技术。

智能模块采用无电位器设计，通过软件校准实现模块工作参数的一致性。校准参数保存在 EEPROM 中，上电时自动调用。无电位器软件校准技术使得在生产、现场调整参数方便，参数漂移小。

（5）输出二极管隔离截止，可带电热插拔技术。

5.5.5 不间断电源设备

不间断电源（UPS）是连接蓄电池与主机，通过主机逆变器等模块电路将直流电转换成市电的系统设备。在城市轨道交通中 UPS 主要用于为通信、信号、AFC、车站负载提供稳定、不间断的电力供应。当市电输入正常时，UPS 将市电稳压后供应给负载使用，此时的 UPS 就是一台交流市电稳压器，同时它还向机内电池充电；当市电中断（事故停电）时，UPS 立即将电池的直流电，通过逆变零切换转换的方法变为 220 V 交流电向负载继续供应，使负载维持正常工作并保护负载软、硬件不受损坏。UPS 柜如图 5-29 所示。

图 5-29 UPS 柜

UPS 柜内包含整流逆变模块、相应的蓄电池以及各类断路器。系统设备还包含用于隔离 UPS 设备的旁路开关，该开关可以直接将市电（通过电子旁路或手动旁路）提供给负载。UPS 的控制显示面板由按钮、图形、LED 和液晶显示屏（LCD）等组成。通过按钮和 LCD，可实现 UPS 参数的设置、修改、记录读取等功能，对 UPS 设备的各类操作均可以在该面板上完成。

若系统为两台 UPS 设备并联运行，则该系统内包含一个用来控制电源、电池，使其在操作过程中同步运行的智能同步模块（简称 ISM）。ISM 允许 UPS 系统两个独立组同步，实现第一台与第二台的同步输出。UPS 的冗余电源系统电路如图 5-30 所示，UPS 的电路系统结构如图 5-31 所示。

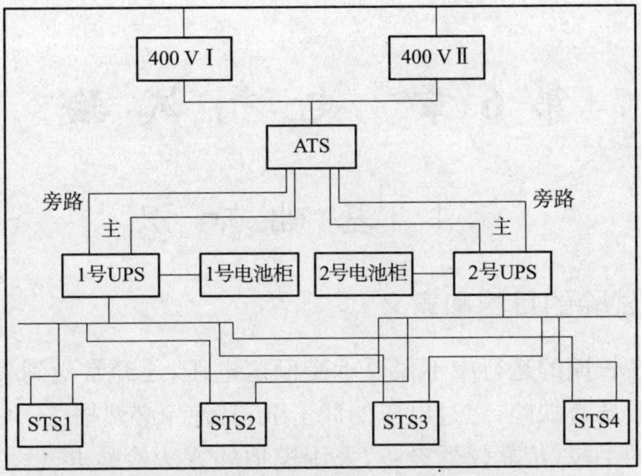

图 5-30　UPS 的冗余电源系统电路

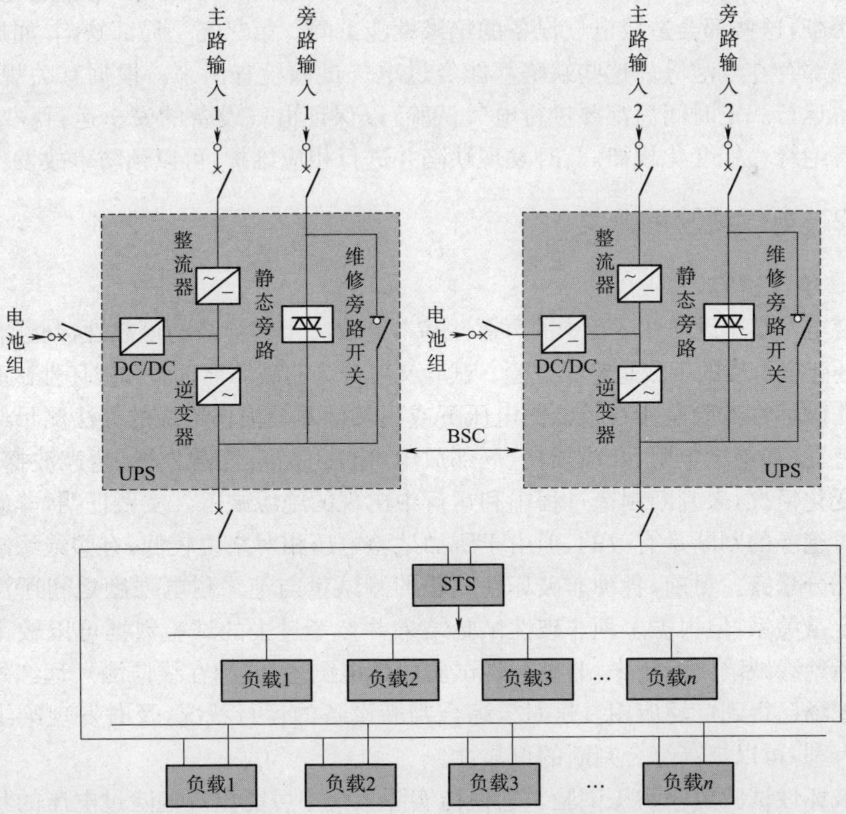

图 5-31　UPS 的电路系统结构

第6章 电气试验

6.1 基础知识

6.1.1 电气试验的目的和意义

电气设备在长期的运行中不仅要承受额定电压，还经常受到各种过电压的冲击。如果电气设备有缺陷，在过电压的冲击下，其绝缘必然损坏。电气试验的目的就是通过一定的手段，依靠仪器设备，采用模拟的方法检验电气设备绝缘性能，及时发现其缺陷。

电气设备的绝缘缺陷可分为两大类：第一类是整体性缺陷，如绝缘老化、潮湿和被污染，这些都会造成电气设备的绝缘性能下降。第二类是局部缺陷，如局部潮湿和局部存在气泡等。这些缺陷都能经过电气试验检查出来。根据有关规定，电气设备运行一定时间后都要进行电气试验，以保证电气设备的安全运行。掌握电气设备绝缘性能变化规律，及时发现缺陷并进行相应维护，可以预防事故发生。

6.1.2 电气试验的分类

1. 绝缘试验

变电站高压设备在运行中的可靠性基本上取决于其绝缘的可靠性，判断和监督绝缘性能最可靠的手段是绝缘试验。试验又可分为非破坏性试验和破坏性试验。

非破坏性试验是指在较低的电压下或用其他不会损伤绝缘的办法测量绝缘的某些特性（如绝缘电阻、介质损耗、局部放电、电压分布、色谱分析、超声波探测等）及其变化情况，来判断制造过程中和运行中出现的绝缘缺陷。实践证明，非破坏性试验对绝缘的判断是有效的，但由于所加试验电压相对来说较低，有些绝缘缺陷还不能充分暴露。目前，各种非破坏性试验的测试量与绝缘耐电强度之间还没有准确的定量关系，但根据多种非破性试验结果并参考过去的试验数据可以较为准确地判断绝缘缺陷。近年来，非破坏性试验的带电测量（或称在线监测）、远红外测温等在现场已得到广泛应用。这对于综合判断设备的运行状况，及时发现绝缘缺陷非常有利，可以提高综合判断的可靠性。

破坏性试验也叫耐压试验。它模仿实际运行中可能出现危险过电压的状况来对绝缘施加与之等价的高电压。这类试验对设备绝缘的考验非常严格，发现绝缘缺陷是最有效的，特别是对那些危险性较大的集中性缺陷。通过试验能保证被试设备具有一定的绝缘水平或裕度，但在试验过程中有可能损坏设备的绝缘，因而称之为破坏性试验。为尽可能避免在试验过程中损坏设备，增加不必要的检修工作量和难度，常在耐压试验之前进行一系列的非破坏性试验作初步判断，如果绝缘存在问题应先查明原因并加以消除后再进行耐压试验。

2. 特性试验

通常把绝缘试验以外的试验统称为特性试验。这类试验主要对电气设备的导电性能、电压或机械方面的某些特性进行测量。变压器绕组的直流电阻测量、变比试验、连接组试验以及断路器的接触电阻、分合闸时间及速度特性试验等都属于设备特性试验。

上述两类试验的目的都是通过试验来发现运行中或新投入的设备在绝缘和特性方面存在的问题。但各种试验又都具有一定的局限性，因此，试验人员应根据试验结果，结合出厂和历年试验数据进行纵向比较，并与同类型设备试验数据及有关标准进行横向比较，经综合分析比较来发现设备的绝缘缺陷或薄弱环节以及其他损伤，为设备检修或更换提供可靠的依据。

6.1.3 电气试验的安全措施

预防性试验或交接试验一般都在变电站现场进行，被试设备的周围常有带电运行的高压设备，并且在试验中还要对被试设备施加交、直流高压，因此，为了确保人身安全和设备的正常运行，应在做好完备的安全措施后，再开展试验工作。

试验工作中的安全措施如下：

(1)现场工作必须执行工作票制度，工作许可制度，工作监护制度，工作间断、转移和终结制度。

(2)试验现场应装设遮拦或围栏，悬挂“止步，高压危险！”的标识牌，并派专人看守；被试设备两端不在同一地点时(例如电力电缆试验)，另一端还应派人看守。

(3)高压试验工作不得少于两人，试验负责人应由有经验的人员担任。开始试验前，负责人应对全体试验人员详细地说明试验中应注意的安全事项。

(4)因试验需要断开电气设备接头时，断开前应做好标记，恢复连接后应进行检查。

(5)试验器具的金属外壳应可靠接地，高压引线应尽量缩短，必要时用绝缘物将引线支持牢固。为了确保试验时高电压回路的任何部分不会对接地体放电，高压回路与接地体(如墙壁、金属围栏、接地线等)的距离必须有足够的裕度。

(6)试验装置的电源开关应使用具有明显断开点的双极闸刀，并保证有两个串联断开点和可靠的过载保护装置。

(7)加电压前必须认真检查接线、表计量程,确认调压器在零位、仪表的开始状态正确无误后,通知有关人员离开被试设备,并取得试验负责人许可,方可加压。加压过程中应有人监护并呼唱。高压试验人员在加压过程中,注意力应高度集中,随时注意防止异常情况的发生。操作人员应站在绝缘垫上。

(8)变更接线或试验结束时应首先将调压器回零,然后断开电源进行放电,并将高压输出端接地。

(9)对没有进行短路接地放电的大容量试品,应先行放电,再做试验。进行高压直流试验时,每告一段落或试验结束后,应将试品对地放电数次并短路接地后方可接触。

(10)试验结束时,试验人员应拆除自装的接地线,检查被试设备并清理现场。

(11)在专门的高压试验室进行试验时,高压室中应设置金属屏蔽网围栏,围栏不仅要有机械联锁,还要有电气联锁,并设有红色信号灯和挂有"高压危险"的标识牌。试验工作人员均应在金属屏蔽网围栏外面进行观察和操作。

(12)在现场进行试验工作时,正常活动范围内作业人员与带电设备的安全距离规定见表6-1。

表6-1 正常活动范围内作业人员与带电设备的安全距离

电压等级/kV	安全距离/m	安全距离(无安全遮拦设备)/m
≤10	0.35	0.70
20～35	0.60	1.00

6.2 电气设备试验的基本方法

6.2.1 绝缘电阻和吸收比测量

测量电气设备的绝缘电阻和吸收比,是检查和了解设备绝缘状况最简便的方法。实践证明,通过测量绝缘电阻、吸收比和极化指数能有效地发现电气设备普遍存在的受潮、表面脏污、绝缘老化和贯穿性等缺陷。其中,绝缘电阻和吸收比测量是绝缘试验最基本的方法,是电气检修、运行和试验人员都应掌握的。

1. 绝缘介质在直流电压作用下的电流

绝缘介质在直流电压作用下的等值电路如图6-1(a)所示,可以看出,流过绝缘介质中的电流有三种。

(1)电容电流 i_c。它是绝缘介质内的电子或离子在直流电场的作用下产生位移而形成的电流,它与介质的几何尺寸有关,所以又称几何电流。由于电子或离子在电场作用下移动非常快，极短的时间内就可完成，所以电流迅速衰减为零，如图 6-1(b)中的曲线 i_c 所示。

(2)吸收电流 i_a。它是夹层极化和偶极子转向极化形成的。这两种极化属于缓慢极化，所以吸收电流衰减得很慢，它相当于电源经电阻向电容充电的过程，如图 6-1(b)中的曲线 i_a 所示。

(3)泄漏电流（也称电导电流）I。它是由绝缘介质中的极少数载流子（主要是离子）定向移动形成的。它在加压后瞬间趋于稳定值，与加压时间无关，其变化如图 6-1(b)中曲线 I 所示。

三个电流合成的总电流曲线 i 称为吸收曲线，其随时间变化情况如图 6-1(b)中的曲线 i 所示。

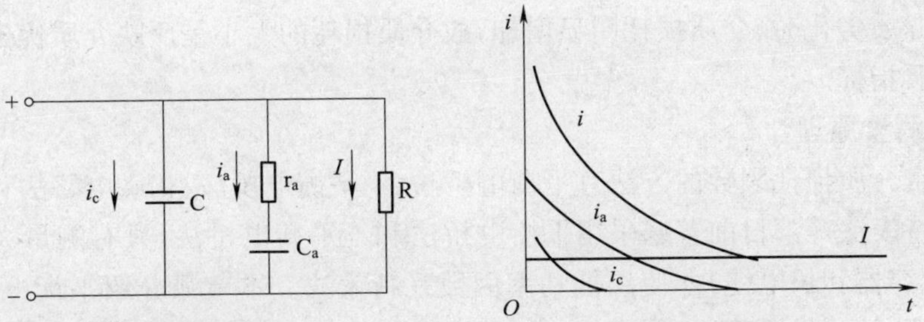

(a) 等值电路　　(b) 电流随时间变化曲线

图 6-1　绝缘介质在直流电压作用下的等值电路及电流随时间变化曲线

2. 绝缘电阻测量

绝缘电阻 R 等于加在绝缘介质上的直流电压 U 与其泄漏电流 I 之比，即 $R=U/I$。

当试验电压一定时，良好绝缘的电导电流很小，即绝缘电阻很高。但当绝缘介质受潮、表面脏污或局部开裂时，绝缘性能很快下降，电导电流急剧增加，绝缘电阻显著减小。因此，测得的绝缘电阻可间接地表示与时间无关的电导电流的大小，可以初步反应绝缘状况。试验时必须注意保持足够的加压时间，以使电容电流和吸收电流衰减完毕，流过绝缘介质的电流仅剩下电导电流 I，这样才能测得真实的绝缘电阻值。理论上加压时间需无限长才能达到上述要求，为了缩短测量时间和便于比较，工程上一般将加压 1 min 所测得之值作为绝缘电阻值。高电压大容量的电力变压器将加压 10 min 后测得的值作为绝缘电阻值。

3. 吸收比测量

绝缘介质在受潮或有缺陷时，电导电流显著增加，吸收曲线随之发生显著变化。工程中用加压 60 s 后测得的 R_{60} 与加压 15 s 后测得的 R_{15} 之比表示吸收比，即 $K= R_{60}/R_{15}$。

6.2.2 介质损耗因数测量

对介质损耗因数的测量，习惯上称为介损试验。该试验在现场应用较广，是判断绝缘状况较为有效的一种方法。

1. 介质损耗因数的物理意义

介质在交流电压作用下，除电导和周期性缓慢极化引起的损耗外，有时还可能产生游离损耗，即电晕和局部放电损耗，这些损耗统称为介质损耗。介质损耗能引起绝缘介质发热，损耗越大，产生的热量越多，介质的温度就会越高，使介质损耗继续增大。当散热条件较差时，发热量有可能大于散热量，这时介质的温度会不断升高，损耗也会不断增大，如此恶性循环，会在绝缘的薄弱点形成热击穿。

当介质劣化时，介质损耗明显增加，故介质损耗的大小是反映介质优劣程度的一个重要指标。

2. 测量原理

测量介质损耗因数的方法有平衡电桥法、不平衡电桥法、相敏电路法和低功率因数瓦特表法等。目前普遍采用平衡电桥法和不平衡电桥法，只有测量大电容量试品（电容器和长电缆）才使用低功率因数瓦特表法。本节只介绍平衡电桥（QS1型电桥）法的测量原理。

平衡电桥法接线示意如图 6-2 所示。被试品用 C_X、R_X表示，C_N为标准空气电容器（介质损耗因数≈0），G 为检流计，R_3 和 C_4为两个低压臂，R_4 为可调电阻，电桥工作电压为 10 kV。当被试品两极对地绝缘时，采用图 6-2(a)所示的正接线法。在正接线法中，由于 D 点接地，操作人员在调节电桥 R_3和 C_4的手柄时比较安全。但在测量现场，被试品的一极通常是接地的，使其绝缘也比较困难，因此不得不采用图 6-2(b)所示的反接线法，此时电桥的调节部分对地都处于高电位。为了保证操作人员的安全，R_3和 C_4都采用绝缘手柄，并且将电桥处于高电位的部分都放在接地的屏蔽箱内。但在使用中还要注意，电桥引至被试品和标准电容器的引线都处于高电位，但桥臂上的电压降U_{DA}和U_{DB}通常只有几伏，电源电压实际都加到 C_X和 C_N上。

为了对大电容量试品进行测量，在 R_3旁并联具有不同挡位的分流电阻，使被试品的电容由 3 000 pF 扩大到 0.4 μF。

图 6-2 表示的是一种理想情况，没有考虑任何杂散或干扰电流对电桥测量的影响。当电桥平衡时，流过被试品和 R_3臂中的电流是相同的，流过 C_N和流进 R_4、C_4臂的电流也是相同的，而且 $U_{AD}=U_{BD}$，即 $U_{AB}=0$，在这种情况下介质损耗因数在数值上等于 C_4的微法数。要在实际测量中达到上述平衡条件就必须注意桥臂

A、B 两处对地杂散电流分流的影响。采用正接线法时，由于 R_3 和 R_4 数值小，其中的杂散电流和它们并联产生的分流影响较小；采用反接线法时，由于试品和 C_N 的阻抗均较大，特别是在测试小电容量试品时，杂散电流的分流影响不能忽略。为了消除杂散电流分流的影响，可将电桥本体和电桥接至被试品 C_X 和标准电容 C_N 的引线都屏蔽起来，并把屏蔽线接至电桥的 D 点。电桥的屏蔽如图 6-3 所示，其中虚线表示屏蔽。

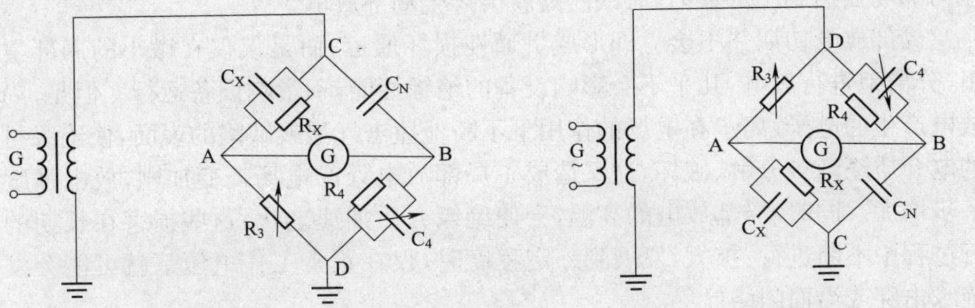

(a) 正接线法　　(b) 反接线法

图 6-2　平衡电桥法接线示意

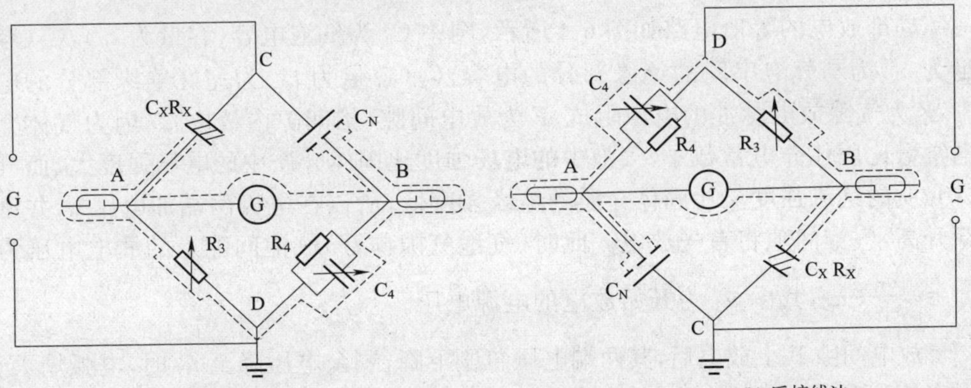

(a) 正接线法　　(b) 反接线法

图 6-3　电桥的屏蔽

除采用屏蔽及屏蔽线来减少杂散电容电流的影响外，在反接线时，还需要注意 C_N 及 C_X 的表面绝缘电阻，必须保持绝缘表面干燥、清洁，以消除杂散电导电流的影响。图 6-3 中 A、B 两处与屏蔽之间有放电管，以保证 A、B 两处与屏蔽之间在各种情况下不会出现较高的电位差。

6.2.3 局部放电测量

1. 局部放电原因

高压电气设备经过一段时间运行，随着绝缘材料表面的污秽积累、绝缘介质的老化，绝缘性能会逐渐下降。因为在制造过程中，高压电气设备绝缘内部总会不可避免地留下一些气泡、杂质和缺陷等，在强电场作用下，这些气泡、气隙或表面的污秽局部场强达到一定数值，有缺陷处就会产生局部放电。

局部放电初期并不会立即形成贯通性损坏通道，而是仅仅在微小的局部空间里，分散地进行放电，几乎不会影响设备的绝缘性能，不影响设备运行。但是，局部放电产生的电子、离子在电场的作用下不断地撞击气泡或缺陷的表面，使绝缘材料的电介质逐渐被分解、破坏，这又造成了局部放电处的电场畸变加剧，放电强度进一步增大。同时，局部放电的高温，会使绝缘介质加速老化，这些损害在长期的运行过程中不断进行、扩大，发展到一定程度时，仅在正常工作电压下就可能会发生绝缘击穿或沿面闪络。

所以测定绝缘在不同电压下局部放电强度的规律，能反映内部绝缘的情况，它是判断电气设备绝缘性能较好的手段。

2. 测量原理

局部放电的等值电路如图 6-4 所示，图中 C_0 为气泡电容（容量为 c_0），C_1（容量为 c_1）为与气泡串联的绝缘部分的电容，C_2（容量为 c_2）为完好绝缘部分的电容，Z 为气隙放电脉冲的电源阻抗，F 为放电间隙（指间隙内放电）。因为气体介电常数比固体介电常数小，气泡中的电场强度比固体介质中的电场强度大，而气体介质的绝缘强度又比固体介质的绝缘强度低，所以在电极两端加电压 u，并逐渐升高，气泡间隙将首先放电。此时（气泡气隙击穿）气泡间隙上的放电电压为 $u_F=\dfrac{c_1}{c_0+c_1}u_T$，其中 u_T 为开始放电的电源电压。

放电间隙 F 上放电后，其两端电压急剧下降，剩余电压降至 u_s 时，电弧熄灭。由于外加电源电压继续升高，气隙上的电压又上升到其击穿电压 u_r 时，气隙又开始第二次放电。图 6-4(c)为气隙放电时的电压和电流波形图，局部的反复充放电，使之产生脉冲电流。气隙放电产生的电压波动“u_F-u_s”将按比例分配在 C_1 和 C_2 上，从气隙两端看 C_1 和 C_2 是串联的，故 C_2 上的电压变动为 $\Delta u=\dfrac{c_1}{c_1+c_2}(u_F-u_s)$。这就是说，当气泡间隙放电时，试品两端电压也突然下降 Δu，而试品放掉的电荷为 $q=(c_1+c_2)\Delta u=c_1(u_F-u_s)$，$q$ 也称为视在放电量。目前常用的电测法就是通过测量 Δu 和 q 来判断局部放电情况。

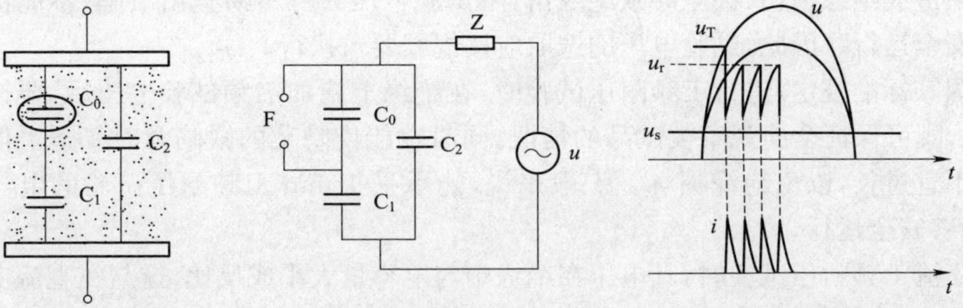

(a) 介质中有气泡　　(b) 等值电路　　(c) 气隙放电时的电压和电流波形

图 6-4　局部放电的等值电路

6.2.4　交流工频耐压试验

1. 交流工频耐压试验基本原理

交流工频耐压试验将一个高于正常工作电压的 2.5 倍交流工频电压加在被测设备的绝缘体上，并持续一段规定的时间，如果其绝缘性足够好，加在上面的电压就只会产生很小的漏电电流。如果一个被测设备绝缘体在规定的时间内，其漏电电流保持在规定的范围内，就可以确定这个被测设备能在正常的运行条件下安全运行。

从介质损失的热击穿试验中可以有效地发现局部游离性缺陷及绝缘老化问题。由于试验在交变电压下进行，被试品绝缘体主要按电容分压，气隙或缺陷越大，击穿电压越小，故能够有效地暴露设备绝缘缺陷。但是，交流耐压对绝缘的破坏性比直流大，因此必须在一系列非破坏性试验合格之后，才允许进行。由于试验电流为电容电流，所以需要大容量的试验设备。

2. 交流工频耐压试验目的

交流耐压试验是电气设备绝缘的重要试验项目，是考核和检查绝缘电气强度普遍采用的方法。它可以考核设备绝缘承受各种过电压的能力，并能有效发现绝缘强度降低的各种缺陷，对保证设备的安全运行具有重要的意义。

3. 交流工频耐压试验的特点

交流工频耐压试验是一种破坏性试验，是在其他较低电压的非破坏性试验合格的基础上进行的。交流工频耐压试验中必须利用表计进行严格的监视，并有防止电压升高的措施。

交流工频耐压会使固体有机绝缘中原有的缺陷得到发展，造成绝缘强度降低，形成绝缘劣化的累积效应。因此，必须正确地选择试验电压标准和加压时间。各种电压等级的电气设备的试验电压值是根据系统中的长时间工作电压、大气过电压、内过电压以及过电压保护装置的水平等因素确定的，不能随意改变。试验电压太高易造成绝缘损伤，甚至导致绝缘击穿；试验电压太低不易查出缺陷，不能保证设备安全运行。因此，试验电压的选取应按规程要求执行。

国家标准规定，进行工频耐压试验时，在绝缘上施加工频试验电压后，要持续1 min，既可保证全面观察被试品的情况，同时也能使隐藏的缺陷及时暴露。但该时间不宜过长，以免绝缘损坏。一般来说，能承受1 min工频耐压试验的电气设备，能够安全运行。

交流工频耐压试验时，其电压在绝缘中与电容量大小成反比，这与在直流电压作用下按电阻成正比分配不同。因此交流工频耐压试验更能符合设备在运行中承受过电压的情况，比直流耐压试验更能有效地发现绝缘薄弱点。

综上所述，直流耐压试验和交流工频耐压试验都能有效地发现绝缘缺陷，但各有特点，因此两种方法不能相互代替，必要时，应同时进行，相互补充。

6.2.5 直流泄漏电流的测量与直流耐压试验的优点

1. 直流泄漏电流的测量原理

在高电压的作用下流过电器绝缘体的电流，称为泄漏电流。直流泄漏电流的测量原理和用兆欧表测量绝缘电阻的原理相同，只不过直流泄漏电流测量试验中所用的直流电源由高压整流设备供给，用微安表来指示泄漏电流。

某变压器绝缘的泄漏电流随所加直流电压变化曲线如图6-5所示。可以看到，在同一直流电压作用下，绝缘良好的泄漏电流较小，而且随电压的升高成正比例增加，如曲线1所示；绝缘受潮且无缺陷时，泄漏电流较大，泄漏电流随电压的升高成正比例增加，如曲线2所示；当有集中性缺陷时，随着电压升高，泄漏电流激增，如曲线3所示；绝缘的集中性缺陷越严重，出现泄漏电流激增的电压越小，如曲线4所示。当泄漏电流超过一定标准时，应找出原因并消除。

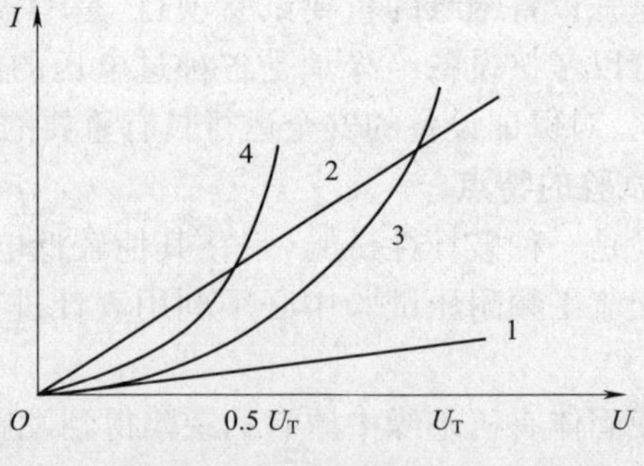

图6-5 某变压器绝缘的泄漏电流随所加直流电压变化曲线

2. 直流耐压试验的优点

与交流耐压试验相比，直流耐压试压的优点有：相比兆欧表，微安表读数灵敏度高；高压整流设备提供的试验电压高、可调节，能更有效地发现一些尚未完全贯通的集中性缺陷；在试验升压过程中，可随时观察微安表的变化，及时了解绝缘情况；能有效地发现绝缘受潮、脏污等整体缺陷，并能通过电流与泄漏电流的关系曲线发现绝缘的局部缺陷；由于在直流电压下被试品绝缘体上的电压按绝缘电阻分压，所以，能比交流更有效地发现端部绝缘缺陷；由于在直流电压下绝缘基本上不产生介质损失，因此，直流耐压对绝缘的破坏性小；由于直流耐压只需供给很小的泄漏电流，因此所需试验设备容量小，携带方便。

第 7 章 电力监控与综合自动化

7.1 电力 SCADA 系统

1. SCADA 系统定义

数据采集与监视控制(supervisory control and data acquisition,SCADA)系统是以计算机为基础的 DCS 与电力自动化监控系统。其应用领域很广,可用于电力、冶金、石油、化工、燃气、铁路等领域的数据采集与监视控制,以及过程控制等领域。

在电力系统中,SCADA 系统也称为 POWER-SCADA(简称 PSCADA),应用最为广泛,技术发展也最为成熟,可以对现场的运行设备进行监视和控制,以实现数据采集、设备控制、测量、参数调节以及各类信号报警等功能,即"四遥"功能。远程终端单元(RTU)、馈线终端单元(FTU)是它的重要组成部分,在如今的变电站综合自动化建设中起到了相当重要的作用。

2. SCADA 系统特征

(1)远程性:系统使用了通信技术。

(2)实时性:数据采集能及时反馈到调度所,调度所的控制命令也能及时下达到控制对象。

3. SCADA 系统基本构成

SCADA 系统由设置在控制中心的电力调度系统(主站)、设置在全线的变电站(包括主变电站、牵引降压混合变电站、降压变电站、跟随降压变电站等)综合自动化系统(子站)、设置于线路各值守点内的电力监控复示系统,以及联系主站和子站的专用数据通信通道组成。

整个系统采用了三级控制(控制中心、控制信号屏、就地)、两级管理(控制中心、变电站)的模式。电力监控系统采用主备、冗余、分层、分布式 C/S 结构,采用 TCP/IP 协议。

4. SCADA 系统主要业务

(1)数据采集业务:通过智能测控单元进行电力监控实时数据的采集。实时数据采集的对象主要是监视设备运行的电气模拟量、开关量等,数据实时地传送至线路级电力调度系统。线路级电力调度系统通过以上采集数据,产生各种实时数据,供数据库更新,并形成历史数据库,满足日常运营指挥的需求。

(2)数据处理业务:电力监控系统数据处理的主要内容包括各种开关操作记录、各种故障记录、统计报表记录、遥测(如电流、电压等)曲线、遥测量超限报警、数字滤波、跳变滤波、零漂处理、过负荷发生及持续时间、开关动作次数统计等。对本系统的运行进行管理能精确地描述变电站的数据,使人机能够对话,使 SCADA 系统运行具有更高的灵活性,使系统具有数据安全保险功能。

(3)数据转发业务:数据接收和转发功能是指电力调度系统与其他系统通信,把本系统的相关信息转发给其他系统,如综合监控系统、网络电力调度系统、智能运维系统等,同时可接收其他系统发送的数据。跨系统的数据转发或接收需增设相对应的、满足等保要求的网络信息安全防护设备。

5. SCADA 系统的"四遥"功能

(1)遥控功能

电力监控系统的遥控功能满足供电系统运行时改变运行方式、维护检修、故障处理等方面的倒闸作业。

控制对象包括供电系统中可以远方控制的断路器、电动隔离开关、自动装置以及计算机保护的定值组切换、保护复归等。调度人员可以在调度员工作站的 LCD 屏上可靠、直观、方便地操作,实现对供电系统的远方控制。系统提供必要的安全检查、提示、口令检验、返校确认、撤销和防同时操作等功能,并且将操作人员姓名、操作对象、操作时间、结果均记录存档,可供翻阅、打印。

为了保证控制输出的安全,需根据供电系统安全配置相应的闭锁功能,如接触网联络开关与对应馈线开关之间的闭锁。

(2)遥调功能

系统可对主变电站内有载调压变压器进行有级调节,遥调结果在调度终端主接线画面上显示。

(3)遥信功能

系统从变电站综合自动化系统采集各种遥信信息,包括位置遥信和保护遥信。系统应具有逢变则报的功能,遥信信息在人机界面上实时自动刷新,刷新速率可根据网络状况在用户定义范围内自动调整;可对被控对象的状态信号、继电保护信号和信号回路发出的供电系统或设备异常信号(事件变位)进行实时采集;可实现接触网相关信息的采集,并转发给信号系统。

(4)遥测功能

系统对变电站主要电流、电压、功率等电气量进行实时采集,并在监视器上通过窗口、曲线、棒图等方式动态显示。对变压器过负荷情况和出现时间、各种模拟电量的极值和出现时间进行统计处理,并对越限量报警。供电设备的电流电压等遥测值能以曲线的形式在控制中心显示。

6. SCADA 系统优点

SCADA 系统保证调度人员在控制中心对供电系统中的主变电站、牵引供电系统及供配电系统的供电设备运行状态进行监视、控制及数据采集，直观了解所有运行设备的工作状况，优点如下：

(1)对供电系统安全运行状态进行在线集中监控，保证供电质量和用户的用电要求。

(2)对供电系统运行实现经济调度，达到降低损耗、节约电能的目的。

(3)对供电系统运行实现安全分析和事故处理。

7.2 电力 SCADA 系统架构及组成

1. 系统架构

电力 SCADA 系统架构如图 7-1 所示。

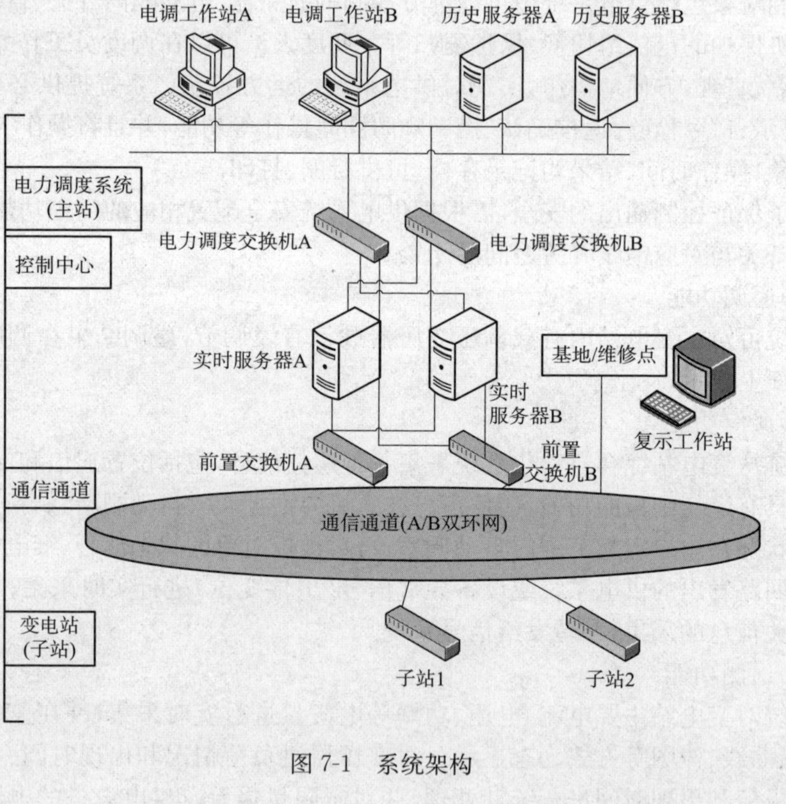

图 7-1 系统架构

2. 系统组成

(1)电力调度系统(主站)

①服务器

电力调度系统应配置独立且互为冗余的电力实时服务器,完成实时数据的采集和处理等工作,故障状态下应自动进行切换。每个历史服务器应通过冗余的千兆以太网接口与前置交换机连接。

电力调度系统应配置独立且互为冗余的电力历史服务器,完成历史数据的存储、记录和管理等工作,故障状态下应自动进行切换。每个历史服务器应通过冗余的千兆以太网接口与电力调度交换机连接。电力历史数据应采用关系型数据库管理。服务器如图 7-2 所示。

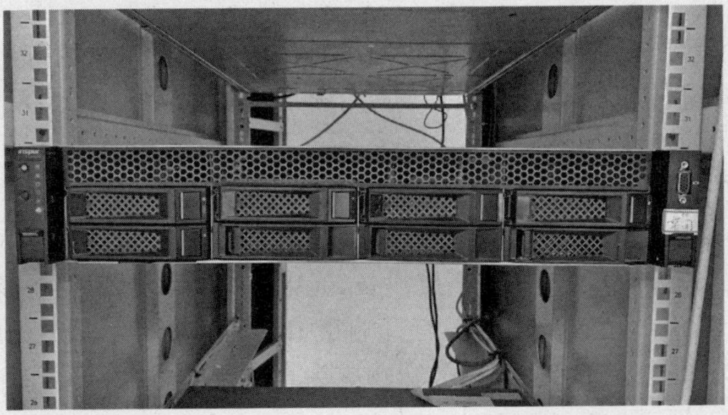

图 7-2　服务器

②电力调度交换机

电力调度系统应配置互为冗余的两台三层千兆电力调度交换机,用以连接服务器、各类工作站、网络打印机等设备。

③前置交换机

电力调度系统应配置互为冗余的两台三层千兆前置交换机,用于连接线路侧交换机,为电力监控系统提供千兆冗余、相互独立的网络,用以采集、汇聚车站电力监控数据。

④调度工作站

电力调度系统应配置两套功能完全等价、并行工作的实时监控调度工作站,用于调度人员的日常控制、监视和调度管理工作。两台工作站均能同时监视各种信息,但在任意时刻仅允许一台调度工作站发出控制命令。

⑤系统维护工作站/数据文档工作站

系统维护工作站/数据文档工作站用于维护系统软件、定义系统运行参数、定义系统数据库及编辑、修改、增扩人机界面画面等工作；具有网络管理功能，对全线网络设备进行设置和管理；利用各种实时数据和报表组态工具对数据进行选择、组合、累积、统计等加工处理，生成各种报表。

⑥等保三级设备、防火墙、工控主机加固软件

电力监控系统应按照等保三级要求配置相应的信息安全设备，或通过云平台完成系统的信息安全防护。

⑦打印机

系统应配置两台双网卡打印机、一台连续走纸 A3 针式打印机作为事件打印机，事件打印作为操作记录、事故记录、测量数据的实时打印；配置一台 A4 彩色激光打印机作为报表打印机，报表打印用于数据和图表的输出打印。

⑧应急电源

系统应设置足够容量的 UPS 实现对线路级电力调度系统内部所有服务器、工作站、网络设备等的供电。在失电后，应能满足电力监控系统设备全部负荷的要求，备用时间不应小于 1 h。

(2)站内综合自动化(子站)

控制信号屏安装在变电站控制室内，包含通信控制器与站内以太网交换机、人机接口装置、测控装置(PLC)、间隔层设备、光电转换器及配套网络接口等设备，并预留便携式计算机的位置。屏上设有音响报警装置，应具有事故、预告两种音响，并设置音响"投入/撤除"转换开关。音响应为自动复归方式，报警时间应可调整。

(3)复示系统

复示系统由电力监控复示工作站、打印机、具备声光报警的音响等组成，为设备维护、管理提供信息支持。电力监控复示工作站可监视全线供电状态和设备信息，使供电维护人员及时了解现场事故信息，提高事故处理效率，缩短停电时间，与控制中心实现远程通信。

(4)网络传输通道

变电站综合自动化系统可通过传输专业提供的 SCADA 系统专用通道为电力调度系统采集各车站、停车场、主变等的电力数据提供可靠、冗余的通信通道。SCADA 系统的传输通道应为双环网冗余的千兆专网，A/B 环网使用 2×2 芯，备芯应预留 4 芯，总计 8 芯。

3. 软件

(1)系统软件配置要求

各服务器的操作系统采用 UNIX 或 LINUX 操作系统。

(2)支撑软件配置要求

支撑软件应具有系统通信服务、系统配置管理、分布式任务管理、系统性能监

视、设备监视及告警、支持数据在线备份和恢复(全系统)、权限管理和时钟管理等功能,在数据库、画面、进程管理、多机通信方面提供 API,支持第三方软件开发。

(3)图模库一体化平台

系统应考虑不同的应用对图模库一体化技术的不同需求,各种应用只需维护一套数据库和一套图形。系统的全部操作完全基于人机接口进行,实现供电系统模型统一维护和图模库一体化功能。

(4)数据库管理系统

系统应设置实时数据库及历史数据库管理系统,用于对在线运行数据及历史数据的管理,并具有历史数据备份与复原功能。数据库管理系统应是成熟的产品,具有高性能、高可靠性、高可用率、高效的可管理性和综合的可访问性,具有分布式处理、并行处理、数据完整性、性能优化等特征。

7.3　数据通信方式

1. 并行通信

数据以成组的方式在多个并行信道上同时进行传输,称为并行通信。优点是速度快,且收、发双方不存在字符同步的问题;缺点是费用高,仅适合于近距离和高速率的通信。并行通信常用于计算机内部数据总线或 PC 与打印机接口。并行通信示意如图 7-3 所示。

2. 串行通信

将数据信息按时间顺序一位一位地传送,称为串行通信。串行通信发送端设置并/串变换,接收端设置串/并变换。优点是只需要一条传输信道,成本低,速度也低,是目前远程通信主要采用的一种传输方式。串行通信的缺点是收、发双方必须保持字符同步。串行通信示意如图 7-4 所示。

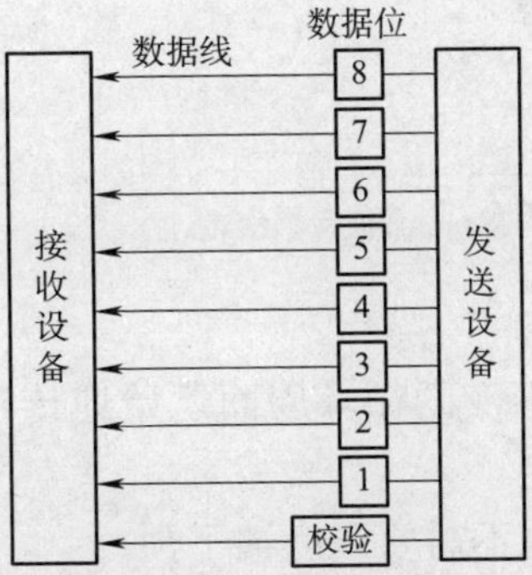

图 7-3　并行通信示意

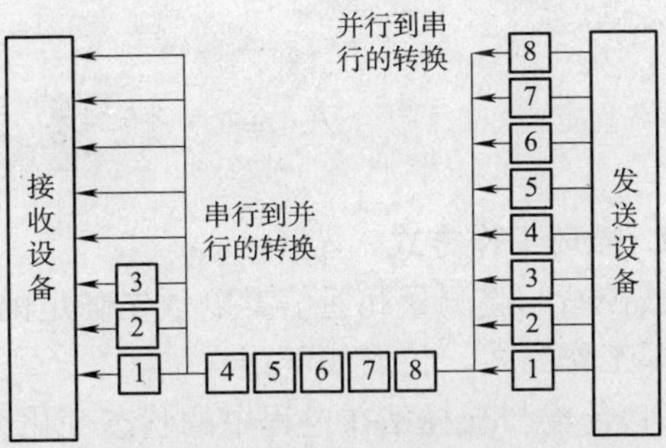

图 7-4　串行通信示意

(1)单工通信

单工通信指通信信道是单向信道，数据信号仅沿一个方向传输，发送方只能发送不能接收，接收方只能接收不能发送，任何时候都不能改变信号传送方向。单工通信示意如图 7-5 所示。

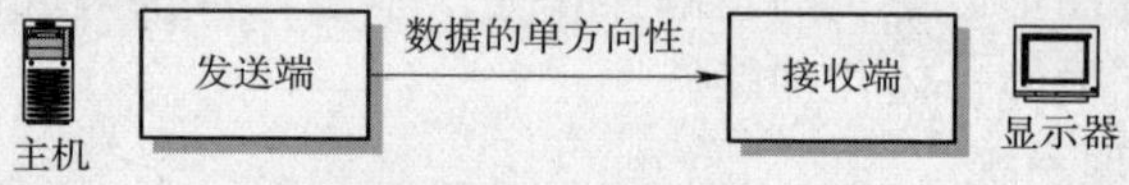

图 7-5　单工通信示意

(2)半双工通信

半双工通信是指信号可以沿两个方向传送，但同一时刻一个信道只允许单方向传送，即两个方向的传输只能交替进行，不能同时进行。当改变传输方向时，要通过开关装置进行切换。半双工通信示意如图 7-6 所示。

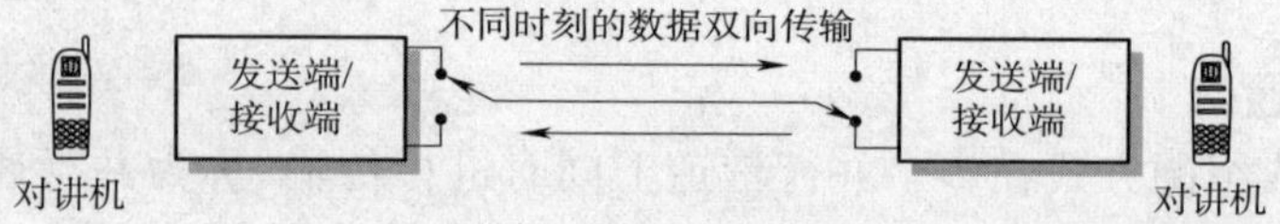

图 7-6　半双工通信示意

(3)全双工通信

全双工通信是指数据可以同时沿相反的两个方向作双向传输。全双工通信示意如图 7-7 所示。

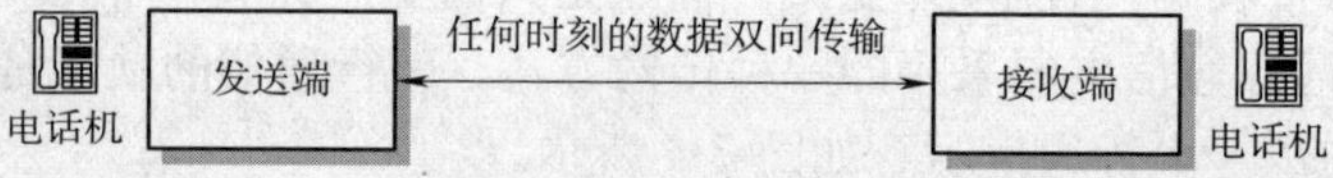

图 7-7　全双工通信示意

7.4　数据交换方式

1. 循环工作方式

被控站的遥测量和遥信量以预先确定的固定不变的循环周而复始地传输，称为循环工作方式。特点如下：

(1)传输与被控站在过程中的状态变化无关，也不需要调度端干预。

(2)传输信息时只需使用单工信道。由于是循环发送，因此当传输出错时，不需要重发，可以用下一循环中的数据来补救。

(3)循环工作方式的传输延时与一个循环中发送的监控信息有关。传输延时最大可达一个全循环时间,调度端可能不能及时捕捉到遥信变化。

(4)即使用户数据毫无变化,也照样循环不停地向调度端发送数据,因此在正常情况下,信道的有效利用率不高。

(5)当调度端到被控站不需要传输命令信息时,监控系统采用循环工作方式有利。

2. 自发工作方式

(1)只有在被控端要传输的监控信息发生变化时(例如开关位置状态发生变化,测量的变化超过给定范围等)才向调度端发送。

(2)若同时出现几个状态变化,则传输的先后次序按固定的优先级确定(如报文地址的顺序)。

(3)采用自发工作方式传输时,受到干扰的报文不会自动重发。因此自发工作方式要求一个双工信道,以便调度端收到干扰报文后能发出请求重发报文。

(4)减轻了正常运行情况下的信道负担,但在异常或事故情况下传送的工作量将大量增加。为避免信道拥挤,可采用按优先级分批传送等办法来缓解。

(5)自发工作方式通常和其他工作方式组合使用。

3. 询问工作方式

(1)询问工作方式以调度端为主动方发送信息,由调度端向被控站发出命令报文,被控站按调度端请求发送有关信息。由于其以问答方式进行通信,故也称问答工作方式。

(2)需要双工信道。

(3)通常由调度端逐一轮询各被控站,循环下发下行命令或查询命令。

(4)为了使调度端及时掌握各被控站是否有事件发生,应采取辅助措施。例如,在被控站给调度端回答的信息中附加标志,表明是否有紧急情况要发送。

4. 混合工作方式

(1)循环/自发工作方式:在点对点信息交换中被控站以循环工作方式传输测量值,以自发方式传送遥信变位信息。当被控站被监控信息无变化时,测量值报文循环传输。当过程中有一监控信息状态发生变化,则当正在发送的报文结束之后,循环就被中断,并插入包含监视状态变化的报文。若在此时出现了多个变位信息,则具有较高优先级的报文最先被发出。全部监控变位信息报文发送结束之后,循环传输再继续进行。

(2)循环/询问/自发工作方式:按循环工作方式传输测量值,按自发方式传输监视信息,按询问方式传输表计读数等。要确定一个优先准则,当自发产生的询问要求同时出现时,便于组织发送的先后次序。

7.5 通信协议

通信协议是为描述计算机系统之间进行的数据交换而建立的规则、步骤和约定。通信协议应由以下三部分组成:

①语法:规定通信双方彼此"如何讲",即确定协议元素的格式,如数据控制信息的结构或格式、编码及信号电平。

②语义:规定通信双方彼此"讲什么",即确定协议元素的类型,如规定通信双方要发出何种控制信息,执行什么动作和返回什么应答等,包括用于协调和差错处理的控制信息。

③定时关系:规定事件执行的顺序,即确定通信过程中通信状态的变化,如规定正确的应答关系等,包括速度匹配和排序。

1. 循环式传输通信协议

循环式传输通信协议基于循环工作方式,特点是以被控端为主动方,循环不断地向调度端发送遥测、遥信等数据,即被控端按通信协议规定及时组织好要发送的数据,然后按字节逐一交给串行通信接口,再经调制解调器发往信道,调度端按规定的格式逐一接收。

2. 问答式传输通信协议

问答式传输通信协议的主要特点是调度端掌握通信的主动权,被控端不能主动发送信息,而是按调度端的要求发送。调度端可以按需要指定被控站传送某一个或某一类数据,传送有差错时调度端可以要求重传。与循环式传输不同,问答式传输在被控站有遥信变位、遥测越阈值等情况发生时,不立即发送这些数据,而是先存储,等调度端查询到该站时,被控站才发送。

3. SCADA 系统中常用规约

在电力系统中,为了正确地传送和接收信息,必须有一套关于信息传输顺序(流程)、信息格式(帧格式)和信息内容(四遥)的约定,这套约定称为远动规约(协议)。

(1)规约的基本要求

①传输效率高。

②重要数据优先传送。

③容错性好,有重传机制,对通道质量要求不高。

④实现方便。

⑤易于理解和掌握,不易引起歧义。

⑥适用于多种通信拓扑结构(监听和共线)。

⑦可扩展性好。

(2)规约主要的任务

①数据传输(遥测、遥信、电度量、SOE等)。

②控制功能(遥控、遥调)。

③特殊功能(对时、传送计划值、参数下载、文件传输、监视数据运行状态等)。

(3)路网主要使用的规约

①IEC 60870-5-101:基本远动任务配套标准(上海地铁1号线有部分站使用该规约)。

②IEC 60870-5-104:采用标准传输协议子集的IEC 60870-5-104网络访问(大部分线路采用IEC 60870-5-104规约)。

(4) IEC 60870-5-101与IEC 60870-5-104的主要区别

①通信介质不同:IEC 60870-5-101使用串行通信,IEC 60870-5-104使用网络通信。

②链路层不同。

③差错控制机制不同:IEC 60870-5-101通过FCB的翻滚表示确认,IEC 60870-5-104通过S格式或I格式报文中的接收计数来确认。

④通信机制不同:IEC 60870-5-101一般采用非平衡方式通信, IEC 60870-5-104采用平衡方式通信。

⑤应用报文结构不同:报文头不同;IEC 60870-5-101报文有校验字节,IEC 60870-5-104报文没有校验字节;IEC 60870-5-101有单字节、固定帧长和可变帧长三种报文结构,IEC 60870-5-104只有一种报文结构和三种报文格式。

⑥报文长度使用原则不同:IEC 60870-5-101报文长度受通信速率限制,IEC 60870-5-104应该使用最大规定的报文长度。

4. SCADA系统中常用协议

(1)HTTP

HTTP负责web服务器与web浏览器之间的通信;用于从web客户端(浏览器)向web服务器发送请求,并从web服务器向web客户端返回内容(网页)。默认端口号为80。

(2)TCP

TCP用于从应用程序到网络的数据传输控制,负责在数据传送之前将它们分割为IP包,然后在它们到达时将它们重组。

(3)IP

IP为网际协议,负责计算机之间的通信;负责在互联网上发送和接收数据包。

(4)TCP/IP

TCP/IP协议是基于TCP和IP这两个最初的协议之上的不同通信协议的大

的集合,用于从应用程序到网络的数据传输控制。

(5)DHCP

DHCP 用于向网络中的计算机分配动态 IP 地址。

(6)Modbus

Modbus 是一种串行通信协议,是工业电子设备之间常用的连接方式。

(7)PROFIBUS

PROFIBUS 是现场总线标准,是一种用于现场设备层数据通信与控制的现场总线技术,可实现分散式数字控制和现场通信网络。

(8)MQ

MQ 是一种应用程序对应用程序的通信方法。应用程序通过写入和检索出入队列的针对应用程序的数据(消息)来通信,而无需专用连接来连接它们。消息传递指的是程序之间通过在消息中发送数据进行通信,而不是通过直接调用彼此来通信。直接调用通常是用于诸如远程过程调用的技术。队列指的是应用程序通过队列来通信。队列的使用无须接收和发送应用程序同时执行。

7.6 城市轨道交通变电站自动化系统

城市轨道交通变电站自动化系统是实现变电系统电气设备按行业或用户要求自动按设定程序动作的控制系统。随着计算机技术的发展,变电站自动化系统已经成为 SCADA 系统的重要组成部分,它通过与 SCADA 系统的接口,实现与监控中心调度系统信息的交互,信息交互的程度与系统的设计及设备的自动化程度有关。

1. 城市轨道交通变电站电气设备的自动化功能需求

城市轨道交通供电系统与普通电网有相似性,同时也有其自身的特点。相似性主要表现在交流供电方面,它与其他普通电网基本相同。不同部分则主要体现在直流牵引供电方面。作为城市交通中的大量能运载工具,轨道交通对一个城市的交通状况有极其重要的影响。城市轨道交通供电系统作为城市轨道交通系统中的重要组成部分,为车站及各类设施设备的运行提供了各种电力服务,如车站、区间的照明、动力,隧道及地下车站的环控用电,各类机房内重要设备的用电,售检票系统及列车的牵引用电等。因此,城市轨道交通供电系统对供电可靠性的要求比其他常规供电系统更高。

(1)400 V 系统的自动化功能需求

为减少用户停电时间,城市轨道交通 400 V 系统普遍采用了单母线分段的供电方式,在任何一路进线出现失电时,通过 400 V 系统自切功能,能迅速实现

400 V母线"Ⅰ段带Ⅱ段"或"Ⅱ段带Ⅰ段"。考虑到在这种方式下，系统的供电能力受到了一定影响，因此，母线的自切功能中还加入了使三类负荷开关跳闸的功能。

另外，为了在400 V进线恢复正常后，使400 V系统能快速恢复到母线自切之前正常的分段运行的供电模式，400 V自动化系统在设计时往往还应考虑设置"来电自复"功能，同时还应设置400 V自切远方投入撤除功能，提升400 V系统自动化程控能力。

(2)10 kV及35 kV系统的自动化功能需求

与400 V自动化系统不同的是，10 kV及35 kV自动化系统未选择"来电自复"功能，仅考虑了母线的分段自切，这样做主要是为了降低环网供电模式下逻辑配合关系的复杂程度。

随着上海城市轨道交通新近建设线路供电系统设计方式的新变化，10 kV及35 kV自动化系统还应考虑设置10 kV及35 kV备自投远方投入撤除功能、远方复位、整定值组远方切换、综保装置远方故障录波等智能化功能，提升10 kV及35 kV系统自动化程控能力。

(3)1 500 V直流系统的自动化功能需求

城市轨道交通1 500 V直流系统担负着为列车供电的重任。为提高城市轨道交通牵引供电的可靠性，1 500 V系统在设计上采用了接触网分段双边供电的方式，在开关的动作方式上考虑了双边联跳及自动重合闸功能，其中重合闸功能启动与否由直流保护根据相关的跳闸参数判断。主站PLC还按系统设定的固有逻辑对牵引供电系统的有关保护动作进行反应，形成相应的闭锁。

目前使用的与SCADA系统的接口方式主要有两种，一种是通过硬接线方式连接，另一种是通过通信方式实现与SCADA系统的对接。随着通信技术的发展，将来也许有可能实现与SCADA系统的无线传输。

随着上海城市轨道交通新近建设线路供电系统设计方式的新变化，1 500 V系统自动化系统还应考虑设置1 500 V联跳远方投入撤除、一键停送电、远方复位、综保装置远方故障录波等智能化功能，提升1 500 V系统自动化程控能力。

2. 城市轨道交通变电站自动化系统的表现形式

城市轨道交通变电站自动化系统作为SCADA系统中的重要组成部分，担负着各自系统的不同功能。在400 V系统中，自动化系统完成的是400 V系统的"分段自切/自复"、400 V系统重要信息与SCADA系统之间的交换等功能。10 kV、35 kV乃至1 500 V直流系统也与400 V系统类似，所不同的是自动化系统所完成的功能与各自供电系统密切相关。

目前各供电子系统的自动化系统有两种表现形式，一种是传统的通过二次回路构建的自动化系统，另一种是基于辅助现代化计算机技术构建的自动化系统，两种方式各有利弊。传统的通过二次回路构建的自动化系统的优点是可视性强，上手容易；不足之处是二次接线过于复杂、繁多。基于辅助现代化计算机技术构建的自动化系统则不同，由于采用通信方式传输相关信息，二次接线大大减少，从而大大降低了二次接线的难度和工作量，控制柜变得简洁、美观；不足之处是对维护人员的总体素质提出了更高要求，它不仅要求维护人员具备传统的电气知识，还要求维护人员必须具备有关的工业控制计算机知识。